LA JEUNESSE

DE

FRÉDÉRIC OZANAM

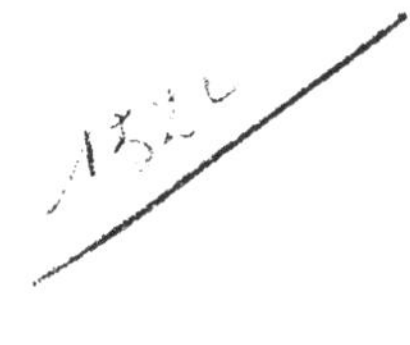

FRÉDÉRIC OZANAM

LA JEUNESSE

DE

FRÉDÉRIC OZANAM

PAR

LÉONCE CURNIER

MEMBRE DE L'ACADÉMIE DE NÎMES

MEMBRE CORRESPONDANT

DE L'ACADÉMIE DES SCIENCES ET LETTRES DE MONTPELLIER

ET DE L'ACADÉMIE D'ARRAS

QUATRIÈME ÉDITION

AVEC UN PORTRAIT D'OZANAM DESSINÉ PAR F. LIX

ET GRAVÉ PAR L. ROUSSEAU

Ouvrage couronné par l'Académie française.

PARIS

A. HENNUYER, IMPRIMEUR-ÉDITEUR

RUE LAFFITTE, 47

1890

PRÉFACE

Je dédie ce livre à mes petits-enfants ; car c'est surtout pour eux que je le publie. A la veille de m'en séparer, suivant la loi commune, j'ai tenu à leur présenter, d'une manière durable, comme un modèle qu'ils devraient s'efforcer d'imiter, l'édifiante jeunesse de Frédéric Ozanam.

Un célèbre écrivain a raconté à ses petits-enfants, dans un ouvrage immortel, l'histoire de leur pays, cette histoire glorieuse, où nous voyons la France, en tant de circonstances mémorables, servir d'instrument à la Providence pour l'exécution de ses arrêts (1). Il a pensé, sans aucun doute, que, venant d'un grand-père tendrement aimé, ce récit aurait encore plus d'action sur de tels lecteurs, et porterait au plus haut degré leurs sentiments de patriotisme. Je

(1) Voir note *a*, à la fin du volume.

a

m'appuie, dans l'œuvre que j'entreprends, sur un raisonnement du même genre : je me propose de prémunir les miens contre les dangers d'un monde souvent, hélas! incrédule ou sceptique, et de les préserver des tristes résultats de son influence, en leur montrant ce qu'a été et ce qu'a pu faire au dix-neuvième siècle un jeune chrétien non moins éclairé que fervent. Cette œuvre n'est donc pas seulement une œuvre littéraire; elle a d'abord un but d'un ordre supérieur.

J'ai eu le bonheur d'être lié d'amitié avec Frédéric Ozanam, l'un des hommes qui ont le plus honoré en même temps les lettres et la religion. J'ai vu de près, dans une douce intimité, cette nature d'élite, qu'on n'approchait pas sans devenir meilleur, et je ne saurais attacher trop de prix à ce bienfait de Dieu.

Dans une relation du séjour que fit Ozanam aux Eaux-Bonnes pour essayer de ranimer ses forces épuisées, le pieux ami qui s'y trouvait avec lui, s'écrie, en parlant des heures délicieuses qu'ils avaient passées à épancher l'une dans l'autre deux âmes vraiment sœurs : « O Seigneur ! combien je vous remercie de m'avoir donné ces heures ! » Que de fois, à la suite d'un de ces entretiens où, avec une modestie et une simplicité adorables, le bon Frédéric prodiguait, comme sans le savoir, les richesses de son esprit et de son cœur, j'ai éprouvé une impression pareille, et j'ai adressé au ciel les mêmes remerciements ! Que de fois, dans l'élan de ma reconnaissance, je l'ai béni de m'avoir permis d'aspirer un souffle de cette âme, qu'il s'était plu à parer de tous ses dons ! Aujourd'hui même, je ne peux me reporter à ces jours heureux sans être vivement ému.

Le souvenir de cette ancienne liaison n'a cessé de me rappeler d'admirables exemples comme d'admirables enseignements. Ce sont ces enseignements et ces exemples que j'ai voulu transmettre à ceux que j'aime ; le tableau qui va se dérouler devant eux, ne leur paraîtra pas, assurément, la partie la moins précieuse de mon héritage, grâce à la beauté du sujet et à l'effet moral qu'elle doit produire. Puissent-ils en pro-

fiter autant que je le souhaite! « La vertu, a
très bien dit Ozanam, est une ligne droite qui
marque le chemin de la vie, en supposant un
Dieu créateur au commencement et l'immortalité rémunératrice à la fin. » Qu'ils prennent
Ozanam pour guide, et, sous sa direction, ils ne
s'éloigneront jamais de cette ligne droite; pleins
d'une noble ardeur pour marcher sur ses traces,
ils vivront et mourront, comme lui, en chrétien.
Ils monteront, eux aussi, selon le sublime langage de Victor de Laprade, dont les plus belles
poésies sont nées du même idéal,

> Sur cette échelle d'or qui va se perdre en Dieu.

AVANT-PROPOS

Frédéric Ozanam a été enlevé dans la force
de l'âge ; une mort prématurée a brisé sa plume
au milieu de ses plus brillants travaux. Il n'eut
pas de son vivant toute la renommée dont il était
digne. Sa réputation qui ne le préoccupait pas
beaucoup, parce qu'il nourrissait une ambition
plus élevée, n'avait guère dépassé le cercle assez
restreint du monde universitaire. Ses succès
n'avaient eu qu'un faible retentissement dans
la presse quotidienne qui a si vite popularisé les
écrivains qu'elle encense.

Quel que fût le mérite d'Ozanam, son humilité
était plus grande encore. Dédaignant les vaines
satisfactions de l'orgueil, accoutumé à planer
au-dessus de ces régions inférieures où se débattent les passions humaines, il n'avait pas recher-
ché les faveurs du journalisme, et il s'était fait
peu de bruit autour de son nom.

Une éclatante réparation lui était due. Le lendemain du jour où il avait rendu son âme à Dieu, cet acte de justice commençait à s'accomplir.

M. Victor Leclerc, doyen de la Faculté des lettres, présidant aux obsèques de son ancien collègue, fit merveilleusement ressortir l'étendue de la perte que la Faculté avait à déplorer, et des larmes coulèrent de tous les yeux.

M. Ampère fils qui aimait Ozanam comme un frère, le Père Lacordaire qui le chérissait comme un disciple, M. Caro qui le vénérait comme un maître, l'exaltèrent à l'envi dans des articles ou des brochures fort remarquables. D'autres, moins illustres, mais aussi dévoués, ajoutèrent par l'effusion de leurs regrets à ce magnifique tribut d'hommages (1).

L'Académie française qui aurait certainement appelé Frédéric Ozanam à s'asseoir sur un de ses fauteuils, si la mort ne l'eût sitôt ravi, résolut de déposer une de ses couronnes sur la tombe de l'historien de *la Civilisation chrétienne au cinquième siècle*, la couronne destinée à la *haute littérature*. « Ce mot de *haute littérature*, disait M. Villemain dans son rapport, nous a

(1) Voir note *b*.

paru désigner ce qui est à la fois savant et inspiré, ce qui ne se sert des lettres que pour parler à l'âme, ce qui ne conçoit et n'applique l'art d'écrire que sous les formes les plus graves et les plus pures....... La condition qu'exprime ce mot ne sera jamais mieux remplie que par ce monument inachevé d'une vocation ardente qui a coûté si cher à Frédéric Ozanam. » Le dsicours de cet éloquent interprète de l'Académie française fut une véritable oraison funèbre, où l'homme de cœur le disputa au critique éminent. Déjà, l'Académie des inscriptions et belles-lettres avait couronné les *Études germaniques* d'Ozanam, ces études, « non moins inspirées que savantes », comme eût dit M. Villemain, des diverses péripéties de la transformation de races barbares par l'Évangile, où l'auteur, évoquant en quelque sorte l'antique Germanie, la tire de ses ruines, l'accompagne dans ses migrations et ses conquêtes, nous initie à ses vieilles croyances et à ses vieilles institutions, découvre, chemin faisant, les vestiges d'une même tradition chez les peuples errants du nord et les sociétés policées du midi, nous montre ensuite les Francs convertis par le christianisme en vaillants pionniers de la civilisation. Elle lui avait accordé deux fois le premier prix de la fondation Gobert.

Peu de temps après, l'Académie des Jeux Floraux mettait son éloge au concours. Elle avait compris que, s'il était vrai qu'on dût refuser les honneurs réservés au génie ou au talent, selon l'expression de M. de Maistre, à l'homme qui avait abusé de ce don divin, on ne pouvait les décerner avec trop d'éclat à celui qui regarda toujours comme un devoir de le consacrer à glorifier Dieu. Elle avait compris que l'apologie d'une belle âme qui, offrant l'étroite alliance de la charité, de la science et de la foi, laissait parmi nous un ineffable parfum de sainteté, viendrait en aide à la propagation des saines doctrines et servirait à répandre l'amour de la religion et de la vertu.

En dehors de ces sérieuses considérations, l'auteur, si plein de grâce, des *Poètes franciscains au treizieme siècle* éveillait nécessairement les sympathies d'une compagnie faite, comme son nom l'indique, pour apprécier les jeux les plus charmants de l'esprit.

Le prix fut remporté par M. Alfred Poulin, licencié ès lettres, qu'Ozanam avait compté au nombre de ses élèves, et qui prouva brillamment

que ses leçons n'avaient pas été sans fruit pour
lui.

Une Irlandaise, une fille de cette île martyre
d'une longue oppression, de ce pays infortuné qui
avait eu dans le cœur d'Ozanam une si grande
place, et dont il avait plaidé la cause avec tant de
chaleur, Mrs. O'Meara, a publié, en anglais,
une biographie de Frédéric, où respire un vif
enthousiasme. Saint-René Taillandier l'a signalée dans un article élogieux de la *Revue des deux
mondes*. Des hommes tels qu'Ozanam n'appartiennent pas seulement à leur patrie, ils appartiennent à l'humanité. Mrs. O'Meara a beaucoup
emprunté au riche bagage littéraire de son héros.
On rencontre presque à chaque page des extraits
heureusement choisis et parfaitement traduits de
ses lettres, de ses discours et de ses ouvrages.
Je ne puis qu'approuver Mrs. O'Meara de lui avoir
souvent donné la parole, afin qu'en Angleterre
et en Irlande on apprît par là à le bien connaître.
C'était pour elle le plus sûr moyen de communiquer à ses compatriotes son propre enthousiasme, quoique la meilleure des traductions n'arrive guère à transporter d'une langue dans une
autre les finesses du style. Ce système est, du
reste, bon à suivre, même en France, où bien

des gens reculent devant la lecture des onze gros volumes in-8° dont se composent les œuvres complètes d'Ozanam (1).

Plus récemment encore, une dame protestante de Genève, Mme Edouard Humbert, a étudié d'une façon toute spéciale la correspondance d'Ozanam, qui nous présente une si attrayante image des différentes périodes de sa vie. Elle a saisi sur place et fixé, en habile photographe, les traits du catholique zélé dont elle avait subi le charme, malgré les dissentiments qui la séparaient d'un adversaire de la Réforme, non moins inébranlable dans son orthodoxie que tolérant pour les personnes qui ne la partageaient pas. Cette protestante, à l'esprit large et au cœur généreux, qui a su fouler aux pieds les préjugés vulgaires, m'a rappelé ce qu'a dit d'Ozanam un autre protestant dont la France a, certes, le droit de s'enorgueillir, M. Guizot : « Ozanam fut le modèle de l'homme de lettres chrétien. »

Ne nous étonnons pas que des femmes, éprises de la beauté morale, se soient senties attirées vers cette figure angélique ; car il y a là tout un

____

(1) Voir note c.

côté qui, pour être bien peint, semble demander
la délicatesse d'une main féminine ; la piété
d'Ozanam, sa sollicitude pour le pauvre, sa
douceur, son aménité, accompagnée d'une teinte
de mélancolie, avaient quelque chose de tendre
et de touchant, qui devait surtout émouvoir la
femme chrétienne ; elle était d'autant plus apte
à rendre fidèlement ce merveilleux ensemble
qu'elle s'y retrouvait en quelque sorte elle-
même.

Enfin, Mgr Ozanam a jugé, dans ses vieux
jours, qu'il devait à la mémoire d'un tel frère le
témoignage qu'on attendait de lui. Il a fait, à son
tour, le panégyrique des vertus et des œuvres
qui, en signalant à la postérité le nom d'Ozanam,
constituaient pour tous les siens une véritable
noblesse. Plus âgé que Frédéric, élevé sous le
même toit, il avait vu, avec une joie et une fierté
bien légitimes, toutes les phases du prompt épanouissement de ses facultés. Voué au sacerdoce,
il avait contribué par une heureuse influence,
seul droit d'aînesse qu'on admette volontiers ou
qu'on subisse sans révolte, à l'imprégner profondément de l'amour de Dieu. Il était donc, à certains égards, dans les meilleures conditions pour
acquitter une pareille dette. Ce vénérable prélat

de la cour de Rome a imprimé au récit d'une
sainte vie, dans lequel il a mis tout son cœur,
l'autorité inhérente à sa haute dignité.

Ainsi, aucun hommage n'a manqué à la gloire
d'Ozanam après sa mort. « Les documents, dit
un de ses apologistes, se sont multipliés autour de cette mémoire aimable en raison des
affections qui s'étaient multipliées autour d'une
vie si pure. » De douces voix se sont mêlées à des
voix puissantes pour chanter ses louanges. La
mienne, toute faible qu'elle est, ne saurait être
tout à fait perdue dans ce concert universel ;
car elle s'adresse à de jeunes âmes disposées
d'avance à l'écouter.

C'est à la jeunesse de Frédéric Ozanam que se
rapportent mes plus précieux souvenirs en ce
qui le concerne. C'est à cette époque de sa vie
que se sont établies nos relations intimes et qu'il
m'a été donné d'en jouir ; elle peut seule me
fournir quelques faits ignorés des biographes
qui m'ont précédé. Le désir de mettre ces faits
en lumière, afin qu'il n'y ait rien d'oublié, dans
une si noble existence, pour l'édification du
monde, n'étant pas étranger à la détermination
que j'ai prise, il est tout naturel que la jeunesse
d'Ozanam ait principalement fixé mon attention.

Telle est, en peu de mots, l'explication des limites que je me suis tracées et du titre de mon livre. Du reste, tout l'enseignement d'Ozanam est contenu en germe dans ses premiers écrits, et toutes ses dissertations historiques, philosophiques et religieuses ne sont, pour ainsi dire, que les développements d'une grande pensée née de bonne heure dans son esprit. Ozanam fut, avant tout, l'homme d'une idée, et cette idée maîtresse s'empara de lui dès sa sortie du collège ; elle l'éclaira toujours comme une étoile radieuse ou un phare lumineux. Je ne crois pas qu'il y ait un homme dont la jeunesse ait mieux annoncé ce que serait son âge mûr en s'harmonisant avec elle, et puisse être plus utilement étudiée à plusieurs points de vue ; celle d'Ozanam n'a été réellement qu'un âge mûr anticipé ; elle en a eu toute la gravité, sans le moindre mélange de pédantisme (1).

Pour remplir la tâche que je me suis imposée, je compte sur la secrète assistance du bon Fré-

(1) Le développement que j'ai donné, d'une part, à mes réflexions sur la mort prématurée d'Ozanam, de l'autre, aux notes et à l'appendice placés à la fin du volume, m'a permis en quelque sorte de mettre sous les yeux de mes lecteurs ce qu'offre de plus intéressant son âge mûr, de si courte durée, et d'apprécier d'une manière générale ses dernières œuvres.

déric; car, il le sait, lui qui voit clairement le
mobile qui me guide, ce que je veux par-dessus
tout en le louant, c'est que l'action salutaire
qu'il a exercée tant qu'il a vécu, se perpétue, et
qu'il continue cette prédication par l'exemple,
qui fut le trait le plus saillant de ce que j'ose
appeler son apostolat. « L'exemple, a dit saint
Bernard, est un discours bien fort et bien efficace. » La louange, quelque flatteuse qu'elle
soit, ne peut être pour Ozanam un encens d'a-
gréable odeur qu'en se rattachant au triomphe
du vrai, du beau et du bien, ces grands objets
de ses aspirations. Dans son passage en ce
monde, il a travaillé sans relâche à ce triomphe ;
le conjurer de me venir en aide, c'est le convier
à poursuivre son œuvre. Il se prêtera, je l'espère,
à me diriger lui-même dans les voies où je vais
m'engager sur ses pas. Suppléant à mon insuffisance par une de ces communications mys-
térieuses qui s'établissent entre les amis séparés
pour un temps, il m'inspirera, malgré son humilité, pour que je parle de lui dignement. Je
me mets sous son bienveillant patronage, en le
priant de me soutenir jusqu'au bout. « L'a-
mitié, lisons-nous dans Cicéron, ressuscite les
morts. » Ici elle n'a pas à ressusciter un mort,

Ozanam étant toujours vivant en quelque sorte parmi nous, non seulement par ses œuvres, mais encore par les hommages qui lui ont été déjà rendus. Elle n'a plus aujourd'hui qu'à entretenir le feu sacré d'un culte que des travaux antérieurs ont fondé sur des bases impérissables, c'est-à-dire le respect et l'admiration dus à une si rare union du talent et de la vertu. C'est comme un renouvellement de fleurs et de couronnes sur un tombeau.

Cher Ozanam, je vous invoque avec confiance en débutant ; car il me semble qu'une voix bien connue murmure doucement à mon oreille que ma prière ne sera pas repoussée !

LA JEUNESSE

DE

FRÉDÉRIC OZANAM

CHAPITRE PREMIER.

La famille d'Ozanam. — Sa naissance. — Ses premières tendances philosophiques et religieuses. — Ses premiers travaux littéraires. — Comment s'établirent nos relations d'amitié. — Nos promenades aux environs de Lyon. — Enthousiasme d'Ozanam pour les beautés de la nature. — Sa sympathie pour les rédacteurs du journal *l'Avenir*. — Sa brochure contre les doctrines de Saint-Simon. — Il va faire son cours de droit à Paris.

On l'a dit avec raison, « dans l'histoire des hommes supérieurs, rien n'attire comme leurs commencements. On aime à voir poindre ces lumières encore mêlées d'ombre, et à surprendre, sur les fronts prédestinés, ce premier rayon qui n'est pas encore la gloire, mais qui en est la promesse et le gage (1) ». On aime à remarquer les influences qui agirent sur leur enfance, ces influences décisives d'où dépend en général notre avenir.

Frédéric Ozanam descendait d'une famille juive de

(1) Gilbert, *Éloge de Vauvenargues*, discours couronné par l'Académie française.

la Bresse qu'un saint convertit au christianisme. Ce saint, qui m'apparaît dès le début comme son précurseur, ne semble-t-il pas merveilleusement placé sur le seuil de la carrière que j'ai à parcourir ? La conversion qu'il opéra, devait plus tard faire surgir un autre saint.

Dieu ayant fécondé le zèle de son serviteur, la foi s'était toujours conservée vive et pure parmi les ancêtres d'Ozanam, dont plusieurs s'illustrèrent par leur science. Celui de qui Fontenelle a écrit l'éloge, Jacques Ozanam, l'un des géomètres les plus distingués du dix-septième siècle, disait, au milieu des controverses théologiques qui agitèrent cette grande époque : « Il appartient à la Sorbonne de disputer, au Pape de prononcer, et aux mathématiciens d'aller au paradis par la perpendiculaire. » Sous une forme piquante, les paroles du savant témoignaient de la fermeté de ses convictions.

Le père de Frédéric Ozanam avait recueilli cet héritage pour le transmettre à son tour comme un dépôt sacré. Médecin savant et habile, il joignait aux connaissances les plus étendues, à l'instruction la plus solide, une charité admirable ; sa profession était pour lui un véritable ministère de bienfaisance. Nul ne savait mieux que le bon docteur le chemin de la maison du pauvre. Il ne se bornait pas à lui faire l'aumône de ses soins, il lui faisait encore, pour ainsi dire, l'aumône de son cœur, en cherchant à le consoler, en lui adressant de pieuses exhortations ; car, dans ce malheureux accablé sous le poids de la souf-

france, il voyait un frère et l'un des meilleurs amis
de son Dieu. Comme le père de Schiller, il tournait la
pensée du malade vers le médecin suprême, et il
priait volontiers avec lui au pied de son lit de douleur.
Il s'acquitta constamment de sa mission avec un dévouement, une abnégation dont la religion seule a le
secret; il lui était réservé de mourir dans l'exercice
d'un ministère si noblement compris.

Il avait épousé la fille d'un honorable négociant de
Lyon, où il était venu se fixer après avoir versé son
sang pour la France dans les rangs de cette valeu-
reuse armée qui avait accompli tant de prodiges dans
toute l'Europe ; il ne pouvait s'unir à une compagne
plus digne de lui : *Pars viri boni, mulier bona.* Cet
axiome de l'Écriture ne fut jamais mieux justifié.

Les vicissitudes de la fortune, qui lui permirent
de montrer, en des situations diverses, un caractère
fortement trempé, l'amenèrent dans la capitale de la
Lombardie, que nos victoires avaient rendue française.
C'est là que Frédéric Ozanam vint au monde le 23 avril
1813. Ce ne fut pas sans dessein que la Providence
le fit naître, comme par hasard, en Italie, sur cette
terre classique de la poésie et de la sainteté, dans la
patrie de Dante et de saint François d'Assise, dont il
célébrera avec tant d'éloquence le génie et les vertus.

Quand Milan retomba sous le joug pesant de l'Autriche, ses parents, impatients de se soustraire à la
domination de l'étranger, s'empressèrent de revenir
dans ce beau pays de France que l'exilé, même volontaire, ne saurait quitter sans lui laisser son cœur

comme gage de retour ; ils ne s'étaient résignés à l'abandonner pour un temps que lorsqu'on le retrouvait en quelque sorte partout où nos armes étaient triomphantes.

Lyon vit arriver le jeune Frédéric à peine au sortir du berceau. La patrie de sa mère put ainsi le compter au nombre de ses plus illustres enfants ; car c'est à Lyon qu'il reçut cette première éducation du foyer domestique par laquelle nous sommes vraiment engendrés à la vie morale. Ce premier éveil de la vie de l'âme que l'on commence à sentir sur les genoux d'une mère, cette seconde naissance qui est le plus bel apanage de l'homme, voilà le plus puissant et le plus doux des liens qui nous attachent à un pays.

Ozanam se ressentait de sa double origine. L'Italie et la France l'avaient l'une et l'autre marqué de leur empreinte, comme si deux fées bienfaisantes lui eussent fait chacune un don en le berçant dans leurs bras. « Frédéric Ozanam, nous dit le Père Lacordaire, avait en lui l'influence de deux ciels et de deux sanctuaires. Lyon lui avait donné l'onction d'une piété grave ; Milan, quelque chose d'une flamme plus vive. La ville de saint Ambroise et celle de saint Irénée avaient uni, pour le baptiser, les grâces de leurs traditions. »

Cette piété qui, selon l'expression de Bossuet, est le tout de l'homme, Ozanam la devait surtout à sa mère.

Marie Nantas appartenait à une de ces familles, si nombreuses dans la cité lyonnaise, où la foi a poussé depuis longtemps de profondes racines. Elle s'était formée, jeune encore, à la grande école du malheur. Son père avait été forcé de se réfugier en Suisse avec tous les siens pendant les mauvais jours de la Révolution, alors que, sur les ruines ensanglantées de la seconde ville de France et les cendres de ses métiers incendiés, on lisait comme une insultante et cruelle dérision le nom de *Commune-Affranchie*. Elle avait éprouvé combien le pain de l'exil est amer. Cinquante ans après, Frédéric Ozanam visitait, comme en pèlerinage, les lieux qui avaient servi d'asile à la petite émigrée, s'agenouillait dans l'église où elle avait prié, et cueillait quelques fleurs dans les jolis sentiers des environs d'Échallens, qui lui semblaient porter encore les traces de ses pas. « Ces fleurs, dit-il dans une lettre charmante où il fait la relation de son voyage, ces fleurs ne sont pas celles que notre mère foulait en allant à la messe ; mais elles leur ressemblent, et plaise à Dieu que nous lui ressemblions autant ! » Dieu avait d'avance exaucé ce vœu ; Mme Ozanam avait façonné son cher Frédéric à son image et à sa ressemblance. « Quand une mère, remarque le Platon chrétien, M. de Maistre, a imprimé profondément sur le front de son enfant le sceau divin, il est à peu près sûr que la main du vice ne l'effacera jamais. » Cette belle réflexion d'un écrivain qu'on peut comparer en quelque manière à l'aigle de Meaux, devrait être gravée dans le cœur de toutes les mères, afin qu'elles fussent toujours pénétrées de la grandeur de leur tâche ou plutôt de leur prérogative. La mère de Frédéric Oza-

nam qui, sous des dehors simples et modestes, cachait
un esprit peu commun, en avait fait sa règle de conduite. Elle s'était étudiée avec une ingénieuse sollicitude à vivifier en lui tous les bons instincts que le
souffle maternel peut faire éclore, à incliner doucement vers le bien sa volonté naissante, à diriger vers
le ciel ses premières pensées. Elle avait voulu que
les premiers mots qu'il bégayât fussent un hommage
adressé à celui qui nous a créés et mis au monde pour
l'adorer, l'aimer et le servir, comme nous l'apprend
ce catéchisme si sublime devant lequel pâlissent
toutes les philosophies. Le sentiment religieux s'é-
panchait, pour ainsi dire, goutte à goutte de son âme
dans celle de son fils par une action insensible et
continue; « l'enfant suçait en quelque sorte la piété
de ses lèvres (1) ».

Puis, dès que ces facultés se furent éveillées, dès
que les ailes qui un jour l'élèveront si haut, eurent
commencé à paraître, elle avait pris plaisir à l'initier
aux mystères du christianisme, à le nourrir des préceptes de l'Écriture, à lui lire les vies de ces hommes
vraiment grands que l'Église nous invite à imiter en
les plaçant sur ses autels sous le nom de saints. Elle
lui faisait entrevoir, autant que son âge le comportait,
les splendeurs de la cité de Dieu, de cette cité éternelle d'où nous sommes venus et où nous tendons à
retourner. Ces enseignements, tombant d'une bouche
aimée dans une intelligence précoce, portaient leurs

(1) Lamartine.

fruits, et, quand le jour de la première communion,
c'est-à-dire du plus grand acte de la vie chrétienne,
se leva pour le jeune Ozanam, on eût dit « qu'un ange
s'était mêlé un instant aux enfants de la terre » (1).

Saint Augustin raconte, dans ses *Confessions*, qu'un
soir il était à Ostie avec la bienheureuse Monique, sa
mère ; que là ils s'entretenaient ensemble de la vie
future, de Dieu, de l'éternité ; que, transportés dans
la région de l'âme, ils parvinrent jusqu'à la sagesse
créatrice, et qu'à un moment, par un effort du cœur,
ils y *touchèrent*. Ozanam ne parlait qu'avec ravissement de cette page incomparable où brille comme un
reflet de l'infini, et où un peintre célèbre a puisé le
sujet d'un de ses plus beaux tableaux. Il la cite souvent dans ses ouvrages, comme si elle lui rappelait
des souvenirs personnels ; et c'est sans doute sous
l'impression de ces souvenirs qu'il s'écrie :

« Heureux ceux qui ont eu avec leur mère un semblable entretien, qui ont cherché, qui ont trouvé Dieu
avec elle, et qui depuis ne l'ont point perdu ! »

Ozanam avait lui-même goûté ce bonheur suprême :
il avait eu avec sa mère d'ineffables entretiens ; il
avait trouvé Dieu avec elle, et il ne le perdit jamais.
Il eût pu dire à sa mère ce que disait à la sienne le
grand évêque d'Hippone, en lui attribuant sa vocation de philosophe chrétien :

« C'est à vous que je dois cette passion de la vérité
que je préfère à toute chose ; c'est à vous que je dois

(1) Fénelon dit de l'âme de l'enfant qu'on ne doit verser dans un
réservoir si petit et si précieux que des choses exquises.

de ne penser qu'à cette vérité, de ne vouloir connaître qu'elle. »

Ozanam lui dut plus encore : il lui dut d'apprendre à aimer et à secourir le pauvre ; car, en même temps qu'elle ouvrait son esprit aux vives clartés de la foi, elle ouvrait son cœur aux douces joies de la charité. « Charité ! quel nom ! dit un illustre écrivain. Il vient d'un mot grec qui signifie *grâce ;* et n'est-ce pas, en effet, *la grâce,* quel que soit le sens qu'on lui prête, la *grâce* de Dieu qui se révèle sous les traits des déshérités et des délaissés, la *grâce* terrestre, la *grâce* féminine, mille fois plus belle, quand elle console un indigent que lorsqu'elle sourit à un heureux, la *grâce* mystique qui nous sauve, lorsque nos aumônes demandent *grâce* pour nos fautes et nos faiblesses ? » Cette citation ne pourrait-elle pas servir d'épigraphe au récit d'une vie où la charité a joué un si grand rôle ?

Mme Ozanam associait son fils à la distribution de ses aumônes ; elle le conduisait dans l'humble réduit de la misère, et elle y versait en sa présence tous les trésors d'une âme compatissante, espérant qu'il en recueillerait quelques parcelles, comme à son insu, pour les verser lui-même un jour dans le sein des malheureux. Une sœur, plus âgée que lui, qui mourut au printemps de la vie, déjà mûre pour le ciel, l'accompagnait souvent comme un autre ange gardien, apportant, elle aussi, dans ce pieux apprentissage, la chaleur de sentiment qui est le privilège de la femme. Il leur arrivait plus d'une fois de se rencontrer

sous le toit de l'indigent avec le chef de la famille, et cet
excellent père, attendri jusqu'aux larmes, remerciait
Dieu d'avoir donné à son fils de telles institutrices.

Voilà comment autour du jeune Frédéric tout
concourait à préparer l'avenir qui lui était réservé ;
l'exemple s'y montrait toujours à côté de la leçon.
Là où une terre encore vierge a été fécondée par une
pareille culture, attendez-vous à une germination de
fleurs rares et de fruits savoureux. J'ai pu moi-même
admirer cet intérieur patriarcal, et je compte les
jours où une bienveillante hospitalité me permettait
de me retremper dans cette saine atmosphère, parmi
mes jours les plus doux.

Les goûts littéraires d'Ozanam avaient pris naissance dans la maison paternelle aussi bien que ses
croyances religieuses. Son père, très bon latiniste, le
familiarisa, dès son jeune âge, avec les grands
maîtres de l'antiquité. Ainsi les lettres et la religion
s'emparaient presque à la même heure de cette âme
qui leur convenait, et qui, bientôt, allait mettre au
service d'une sainte cause un talent de premier ordre.

Ozanam termina ses études au collège de Lyon ;
les brillants succès de l'écolier furent comme le prélude des succès plus éclatants du professeur et de
l'écrivain. Plusieurs pièces de vers latins, composées
par le jeune rhétoricien, ont été soigneusement conservées ; on y sent un certain souffle poétique, une certaine verve juvénile qui promettent de le mener loin (1).

____

(1) Voir note _d_.

Ozanam eut pour condisciple et pour rival, dans les luttes pacifiques de l'école, un futur ministre de l'instruction publique, qui n'oublia pas, dans sa haute fortune, cette ancienne confraternité et acquitta noblement la dette de l'amitié envers la veuve de celui qui lui avait disputé ses premiers lauriers.

Au contact d'une jeunesse incrédule, Ozanam éprouva un instant les angoisses du doute ; mais sa mère veillait sur lui, et elle eut pour auxiliaire un prêtre éminent qu'environnait le double prestige du savoir et de la vertu. M. l'abbé Noirot professait à Lyon la philosophie ; il y jouissait d'une grande considération, et, quoiqu'il n'eût jamais rien publié, sa réputation s'était étendue jusqu'à Paris, où M. Cousin l'avait proclamé le meilleur professeur de l'Université.

Les doctrines philosophiques de M. l'abbé Noirot étaient en parfait accord avec les vraies doctrines du christianisme : la conciliation de la raison et de la foi, telle fut toujours l'idée fondamentale de son enseignement ; il ramenait les problèmes les plus élevés aux paroles les plus simples de l'Évangile. Les solutions si nettes et si lumineuses qu'il puisait à cette source divine, étaient autant de fils conducteurs qui plus tard guidaient sûrement ses élèves au milieu de toutes les questions débattues dans le monde, et les préservaient des écueils et des abîmes. La force de sa dialectique lui donnait un prodigieux ascendant sur tous les jeunes gens qui traversaient sa classe, et sa bonté naturelle leur inspirait un sincère atta-

chement et une tendre vénération pour sa personne.

Grâce à l'autorité morale qu'il devait à son rare mérite, il savait imprimer aux esprits les plus divers ce
caractère commun de sage indépendance et d'humble
soumission qui distinguait ses nombreux disciples, et,
si quelques-uns d'entre eux venaient à s'éloigner des
opinions du maître, ils conservaient tous quelque chose
de son empreinte.

M. l'abbé Noirot tendit à Ozanam une main secou-
rable au moment où la triste maladie du siècle
menaçait de l'atteindre. Il raffermit par le raisonnement sa foi chancelante, et, en l'illuminant d'une
clarté nouvelle, il l'assit sur des bases inébranlables.
Ozanam avait au plus haut degré ce qu'on peut
appeler le tempérament religieux ; il sentait en lui-
même un invincible besoin de s'attacher à une ancre
immuable qui l'empêchât de flotter au gré de tous
les systèmes. La crainte de perdre ces saintes
croyances qui ouvrent du côté du ciel de si magnifiques perspectives, lui avait arraché des larmes de
désespoir ; il dépeint ainsi dans une de ses lettres
les tourments de son âme durant la crise passagère
qu'elle eut à subir : « Ébranlé quelque temps par le
doute, je mouillais de mes pleurs le chevet de mon
lit...; j'embrassais de toutes mes forces la colonne du
temple, dût-elle m'écraser dans sa chute. » Le jour
où il vit s'évanouir comme une ombre vaine les
sophismes qui avaient failli le séduire, le jour où il
eut retrouvé par la science tout ce que lui avait en-

seigné sa mère, son cœur fut inondé de joie ; il lui
sembla que du fond des ténèbres il revenait à la lumière et à la vie ; cette lumière qui avait éclairé son
enfance, il la revoyait plus brillante et plus belle, et
il la contemplait d'un regard plus sûr. Il promit à
Dieu de consacrer toute l'énergie de ses facultés à
défendre les grandes vérités qui se dévoilaient à ses
yeux pour la seconde fois.

Doué d'une aptitude particulière pour discerner et
diriger les vocations, l'abbé Noirot profitait de l'influence qu'il exerçait sur Ozanam pour favoriser ces
heureuses tendances. Il avait reconnu chez ce timide
écolier tous les indices d'une haute vocation littéraire,
et il le cultivait comme une fleur choisie. Ce Socrate
chrétien aimait à réunir autour de lui, les jours de
congé, ses disciples les plus chers, et à parcourir
avec eux, en se livrant à de graves dissertations, les
collines qui dominent Lyon, les conduisant ainsi en
quelque sorte dans les régions élevées de la philosophie par ces sentiers solitaires et escarpés qui semblent inviter aux méditations. Ozanam était toujours
là au premier rang, comme autrefois Platon au milieu de la jeunesse athénienne.

Ce fut alors qu'il conçut, sous le souffle de cette
parole puissante, le plan d'un ouvrage qui devait
être intitulé : *Démonstration de la vérité de la religion
catholique par l'antiquité des croyances historiques,
religieuses et morales*. Il n'avait pas encore atteint sa
seizième année ! Ce titre naïvement ambitieux se
ressent un peu de l'inexpérience d'un jeune adoles-

cent qui ne prend conseil que de son ardeur impé-
tueuse, sans mesurer les difficultés de l'entreprise,
et l'on est d'abord tenté de sourire, en songeant,
d'une part, à tout ce qu'un pareil titre renferme, et
de l'autre, à l'âge de celui qui l'a si hardiment formulé.
Mais n'est-ce pas, en définitive, comme le résumé fait
d'avance de l'ensemble de ses œuvres? Le chrétien
fervent, le travailleur infatigable qui ne reculera
devant aucun labeur, devant aucun sacrifice, pas
même devant le sacrifice de sa vie usée par l'étude
avant le temps, pour accomplir la mission qu'il s'est
donnée, ne se révèlent-ils pas là tout entiers? « Le
dessein d'Ozanam changera de forme ; mais le fond
demeurera toujours le même (1). » La religion glorifiée par l'histoire, voilà le but qu'il ne cessera de
poursuivre jusqu'à son dernier soupir.

Avec les projets qui fermentaient dans sa tête
ardente, tout, au sortir du collège, l'attirait vers
Paris, ce grand foyer intellectuel ; mais, malgré sa
précoce maturité, ses parents ne voulurent pas le
lancer sitôt, en l'abandonnant à lui-même, sur une
mer si fertile en naufrages. Condamné à rester deux
ans comme enseveli dans une étude d'avoué, il se
soumit avec une docilité toute filiale à une décision
qui contrariait ses goûts ; le travail si aride que lui
imposait la volonté de sa famille, ne lui fit rien
perdre de son inaltérable sérénité. Seulement, pour
charmer les ennuis d'une tâche si ingrate, il entre-

(1) M. J.-J. Ampère, Préface des *Œuvres d'Ozanam.*

mêlait quelques essais de poésie à la prose peu littéraire des actes de procédure qu'on lui confiait. Un
poème épique en vers latins sur la *Prise de Jérusalem
par Titus*, composé à bâtons rompus et presque à la
dérobée entre deux grimoires, lui procurait une distraction agréable et l'aidait à porter gaiement sa
chaîne. C'était là pour le jeune clerc comme un jeu
d'esprit, un simple délassement; mais ce jeu poétique
qui souriait à sa vive imagination, ne le détournait pas
de pensées plus hautes. Il n'avait point oublié le serment solennel qu'il avait fait, et il s'armait en secret
pour le combat, prévoyant le moment où il lui serait
permis de descendre dans la lice. Désireux de pouvoir
puiser lui-même aux sources dans les recherches
qu'il projetait, aux langues anciennes qu'il possédait
déjà il ajoutait quelques notions d'hébreu et de
sanscrit. La lampe de ses veilles éclairait bien souvent
les pages de l'Écriture sainte et des Pères de l'Église.
Convaincu que la cause de la vérité ne peut que
gagner à être défendue dans ce beau langage qui est
une des splendeurs du vrai, il cherchait à se familiariser avec l'art d'écrire, et il s'initiait, en s'exerçant,
à toutes les délicatesses du style. Il composait pour
l'*Abeille lyonnaise* quelques articles qui furent remarqués (1) ; âme de feu dans un corps d'argile, il menait
de front les études les plus variées, malgré la faiblesse de sa santé. « Tout fleurissait à la fois et tout
fleurissait vite, dit merveilleusement le Père Lacor-

(1) Voir note ᴬ.

daire, dans cette âme que le temps et l'éternité pressaient de vivre. »

A l'âge de dix-sept ans, le 15 janvier 1831, Ozanam écrivait à des amis que tourmentaient alors les formidables obscurités de l'avenir, cette lettre admirable qui le peint bien mieux que tout ce que je pourrais dire moi-même ; six mois s'étaient à peine écoulés depuis la révolution de juillet, qui avait tant secoué l'édifice social :

« Entre un passé qui s'écroule et un avenir qui n'est pas encore, vous vous tournez tantôt vers l'un pour lui adresser un dernier adieu, tantôt vers l'autre pour lui demander : Qui es-tu? Et, comme il ne répond point, vous vous efforcez de pénétrer ses mystères ; votre esprit s'agite en mille sens, et de là résulte pour vous un malaise inexprimable. Au milieu de cette agitation profonde qu'éprouve comme vous toute la capitale, vous songez à ce petit Ozanam, autrefois votre camarade de collège, aujourd'hui pauvre clerc de basoche, maigre disciple de la philosophie ; et vous voulez savoir ce qu'il pense et ce qu'il fait.

« Me tenir autant que possible renfermé dans ma sphère individuelle, me développer à l'écart, étudier beaucoup maintenant en dehors de la société pour pouvoir y entrer ensuite d'une manière plus avantageuse et pour elle et pour moi, voilà le plan que j'ai formé avec l'approbation de M. Noirot, et que je vous conseille d'adopter aussi ; car, en vérité, nous ne sommes pas encore assez nourris de la sève vivifiante de la science pour offrir des fruits mûrs à la société. Hâtons-nous, et, pendant que la tempête envahit bien des sommités, grandissons dans l'ombre pour nous trouver hommes faits, pleins de vigueur, quand les jours de transition seront passés et qu'on aura besoin de nous.

« Quant à moi, mon parti est pris; ma tâche est tracée pour la vie, et, en qualité d'ami, je dois vous en faire part.

« Comme vous, je sens que le passé tombe, que les bases du vieil édifice sont ébranlées et qu'une secousse terrible a changé la face de la terre. Mais que doit-il sortir de ces ruines? Verrons-nous *cœlum novum et novam terram?* Voilà la grande question. Moi, qui crois à la Providence et qui ne désespère pas de mon pays comme Charles Nodier, je crois à une sorte de palingénésie. Mais quelle sera la forme, la loi de la société nouvelle? Je n'entreprends pas de le décider.

« Néanmoins, ce que je ne crains pas d'affirmer, c'est que la Providence n'a pu abandonner pendant six mille ans des créatures raisonnables, naturellement désireuses du vrai, du bien et du beau, au mauvais génie du mal et de l'erreur; que, par conséquent, toutes les croyances du genre humain ne peuvent être des extravagances et qu'il y a eu des vérités de par le monde. Ces vérités, il s'agit de les retrouver, de les dégager de l'erreur qui les enveloppe; il faut chercher dans les ruines de l'ancien monde la pierre angulaire sur laquelle on reconstruira le nouveau. Ce serait à peu près comme ces colonnes qui, selon les historiens, furent élevées avant le déluge, pour transmettre le dépôt des traditions à ceux qui survivraient.

« Mais cette pierre d'attente, cette colonne des traditions, cette barque de salut, où la chercher ? Parmi toutes les idées de l'antiquité, où déterminer les seules vraies, les seules légitimes ? Par où commencer, par où finir ?

« Ici je m'arrête et je réfléchis : le premier besoin de l'homme, le premier besoin de la société, ce sont les idées religieuses ; le cœur a soif de l'infini. — D'ailleurs, s'il est un Dieu, s'il est des hommes, il faut entre eux des rapports — donc une religion — par conséquent une révélation primitive ; par conséquent encore il est une religion primitive essentiellement divine, et par là essentiellement vraie.

« C'est cet héritage, transmis d'en haut au premier homme et du premier homme à ses descendants, que je suis pressé de rechercher. Je m'en vais donc, à travers les régions et les siècles, remuant la poussière de tous les tombeaux, fouillant les débris de tous les temples, exhumant tous les mythes, depuis les sauvages de Cook jusqu'à l'Égypte de Sésostris, depuis les Indiens de Wichnou jusqu'aux Scandinaves d'Odin. J'examine les traditions de chaque peuple ; je m'en demande la raison, l'origine, et, aidé des lumières de la géographie et de l'histoire, je reconnais dans toute religion deux éléments bien distincts : un élément variable, particulier, secondaire, qui a sa source dans les circonstances de temps et de lieu où chaque peuple s'est trouvé, et un élément immuable, universel, primitif, inexplicable à l'histoire et à la géographie, et, comme cet élément existe au fond de toutes les croyances religieuses et apparaît d'autant plus entier, d'autant plus pur qu'on remonte à des temps plus reculés, j'en conclus que c'est lui seul qui constitue la religion primitive. J'en conclus, par conséquent, que la vérité religieuse est celle qui, répandue sur toute la terre, s'est rencontrée chez toutes les nations, transmise par le premier homme à sa postérité, puis corrompue, mêlée à toutes les fables et à toutes les erreurs...

« ..... Et voilà que j'arrive, par les seules lumières de ma raison, à la religion qui fut si chère à mon enfance, qui nourrit si souvent mon esprit et mon cœur de ses beaux souvenirs et de ses espérances plus belles encore, au catholicisme avec toutes ses grandeurs, avec toutes ses délices. Je le montrerai comme un phare de délivrance à ceux qui errent sur l'océan de la vie. Heureux si quelques amis viennent se grouper autour de moi ! Alors nous unirions nos efforts, nous créerions une œuvre ensemble, et d'autres se joindraient à nous, et peut-être la société se rassemblerait-elle un jour tout entière sous cette ombre protectrice ; le catholicisme, plein de jeunesse et de force, s'élèverait tout à coup sur le monde, et se mettrait à la tête du siècle renaissant pour le conduire à la civilisation, au bonheur ! Je suis ému en vous parlant, et j'éprouve un plaisir intellectuel bien vif ; mon imagination plane avec transport sur le vaste horizon que j'ai devant moi ; car l'œuvre est magnifique, et je suis

jeune ; j'ai beaucoup d'espoir, et je crois que le temps
viendra où, ayant mûri, fortifié ma pensée, je pourrai
l'exprimer dignement.....

« Connaître une douzaine de langues pour consul-
ter les sources et les documents ; savoir assez passa-
blement la géologie et l'astronomie pour discuter les
systèmes chronologiques et cosmogoniques des peuples et des savants, étudier enfin l'histoire universelle
dans toute son étendue, et l'histoire des croyances
religieuses dans toute sa profondeur, c'est ce que j'ai
à faire pour parvenir à l'expression de mon idée.

« Vous vous récriez sans doute ; vous vous moquez
de la témérité de ce pauvre Ozanam ; vous pensez à
la grenouille de la Fontaine, et au *ridiculus mus* d'Horace. Moi aussi j'ai été étonné de ma hardiesse ; mais,
quand une idée s'est emparée de vous depuis deux ans
et surabonde dans l'intelligence, impatiente qu'elle
est de se répandre au dehors, est-on maître de la
retenir ? Quand une voix crie sans cesse : *Fais ceci,
je le veux !* peut-on la forcer à se taire ?... »

On lit dans une autre lettre qu'Ozanam adressait
vers la même date à un parent tendrement aimé, à
qui il avait confié son grand projet et qui était entré
dans ses vues :

« Je reviens à notre sujet favori (la glorification de
la religion par l'histoire). Oh ! ce n'est point là un
rêve de jeune homme, c'est un germe fécond déposé
dans notre esprit pour se développer et se produire
ensuite sous une forme splendide. Là dedans est tout
notre avenir, notre vie entière... Vois-tu ! Il faut à

l'homme quelque chose qui le possède et le transporte, qui domine ses pensées et qui l'élève… »

Il entrevoit déjà, dans le lointain, « un monument grandiose fondé sur le roc ». Mais aucune pensée d'orgueil ne se présente à son esprit ; car il ajoute : « Le chrétien n'agit pas pour la gloire ; sa récompense et sa gloire, il ne les attend que d'un juge incorruptible (1). »

J'ai trouvé un charme infini dans la lecture de ces lettres écrites sans apprêt, au courant de la plume, et je me suis plu à en citer quelques extraits. On voit jusqu'à quel point ce jeune homme de dix-sept ans était préoccupé du grand problème social de son siècle, et l'on se sent ravi devant un tel prodige. Ce programme d'une vie toute dévouée à la défense de la foi par la science sera fidèlement exécuté, et il n'y a pas un seul des ouvrages d'Ozanam qui n'ait son origine dans ces épanchements intimes où il met à nu sa belle âme et où il montre une si vive intuition de sa destinée.

C'est à cette époque que remontent mes relations d'amitié avec Frédéric Ozanam. Les circonstances qui en signalèrent le commencement, m'ont laissé une impression si profonde, que le temps ne saurait l'affaiblir.

Vers la fin de 1830, nous prenions ensemble des leçons de dessin chez un maître qui avait de nombreux élèves. Le hasard ou plutôt la Providence (car

____

(1) Voir note *f*.

jamais pour moi le hasard ne mérita mieux ce nom divin) nous avait placés à côté l'un de l'autre. Nous étions entourés de pauvres jeunes gens qui avaient tous subi, plus ou moins, la funeste influence des passions antireligieuses du moment, et qui se délectaient à tourner en dérision les choses saintes. Hélas ! ils étaient encore plus à plaindre qu'à blâmer ; car ils prodiguaient l'insulte et la raillerie à ce qu'ils avaient le malheur de ne pas connaître. Ces attaques incessantes contre une religion, objet de notre respect et de notre amour, ces outrages et ces blasphèmes auxquels se mêlaient parfois de déplorables témoignages d'une corruption qui n'avait pas attendu le nombre des années, retentissaient douloureusement au fond de nos âmes ; mais en présence de ce débordement d'impiété et dans l'état d'effervescence où se trouvaient les esprits, nous n'osions guère, nous sentant isolés, protester autrement que par un silence désapprobateur et par une attitude pleine de tristesse ; nous étions d'ailleurs combattus entre l'indignation et la pitié. Ce silence et cette attitude que chacun de nous avait remarqués chez son voisin, avaient déjà, par eux-mêmes, dans un tel milieu et dans un tel moment, une signification sur laquelle nous ne pouvions pas nous méprendre ; nous avions compris, avant d'avoir échangé une parole, qu'il y avait entre nous une certaine communauté de sentiments. Un jour, le scandale alla si loin que, sans nous être concertés, nous élevâmes tous les deux la voix, par un mouvement spontané, pour venger notre foi outragée.

Nous vîmes clairement alors que nos esprits habitaient les mêmes régions, que nous appartenions au même camp, que nous marchions sous la même bannière, et à dater de ce jour mille fois béni, nous fûmes unis par les liens d'une sympathie qui ne tarda pas à se changer en une véritable affection. Le futur professeur de la Sorbonne serra la main du modeste apprenti industriel, et il lui est resté fidèle jusqu'à la fin (1). Ainsi naquit d'une bonne action cette douce attraction d'une âme par une âme qui a reçu le doux nom d'amitié.

Ozanam fut admirablement inspiré ce jour-là; il parla avec feu, et il sut en imposer aux blasphémateurs, qui courbèrent la tête sans répondre. Peut-être eut-il le bonheur d'éveiller en eux quelques remords dans ces replis cachés où vont se réfugier nos bons instincts, quand l'incrédulité nous gagne. Il me semble voir encore sa physionomie, qui m'avait paru jusque-là si peu animée, si peu expressive et annoncer tant de timidité, transformée tout à coup par une émotion longtemps contenue, et reflétant sa flamme intérieure. Je fus frappé de la fermeté avec laquelle il confessait sa foi, et ce qui me frappa non moins vivement, c'est qu'il ne sortit pas de sa bouche un seul mot blessant.

Cette protestation mit un terme au supplice que nous infligeaient journellement de jeunes insensés; ils furent désormais plus réservés dans leurs propos:

(1) Voir note *g.*

tant est grand l'empire d'une conviction sincère noblement soutenue ! Si je partageai dans cette occasion
l'honneur de l'initiative, Ozanam eut seul l'honneur
du succès. Ce fut là comme un premier accomplissement de la promesse qu'il avait faite à Dieu, et comme
un premier triomphe dans cette défense de la vérité
à laquelle il vouera sa vie.

Je dus bientôt à une amitié née sous de tels auspices d'avoir avec Frédéric Ozanam un commerce
journalier qui fit tout le charme de mon séjour dans
la cité lyonnaise. Nous faisions souvent de délicieuses
promenades sur ces bords enchanteurs de la Saône
où la nature a déployé toutes ses richesses. Ozanam
était très sensible aux beautés de la nature; le spectacle qu'elles lui offraient de toutes parts, le plongeait,
en quelque sorte, dans une poétique ivresse. Il était
comme en extase devant un site pittoresque, devant
un paysage aux horizons lointains, devant une rivière
aux gracieux contours ; les prés et les bois, la verdure
et les fleurs lui faisaient éprouver des jouissances
ineffables. C'est là qu'il puisera ce style plein d'images
qui animent la pensée et la rendent vivante.

Mais cet esprit si sincèrement religieux ne se contentait pas d'une admiration stérile; ce poète doublé
d'un spiritualiste chrétien remontait toujours des
œuvres du créateur au créateur lui-même. L'univers
était à ses yeux comme un livre où il lisait à chaque
page le nom du souverain Maître, ou plutôt comme
un voile transparent à travers lequel il voyait Dieu.
Tout manifestait pour lui sa puissance, le moindre

brin d'herbe aussi bien que l'astre qui, racontant
hautement sa gloire, roule dans l'espace, suivant des
lois dont il ne s'écarte jamais ; pour qui sait réfléchir,
l'un, tout humble qu'il est, ne parle pas moins éloquemment que l'autre de Celui qui les a créés. Ozanam ne pouvait contempler les merveilles qui l'entouraient sans adresser à leur auteur des actions de
grâces et des accents d'amour. Il me semblait avoir
quelque chose de l'exaltation de saint François d'Assise haranguant les petits oiseaux, dans sa divine
ingénuité, pour les exhorter à rendre hommage au
Père céleste. Dans le moyen âge, des artistes pleins
de foi, désireux de représenter, autant qu'il était en
eux, les grands mystères qui s'imposent malgré ce
qu'ils ont d'incompréhensible, aimaient à esquisser
des processions d'anges sortant chacun du calice
d'une fleur en chantant les louanges de Dieu et en
souriant au monde terrestre qui leur apparaissait
comme un magnifique encensoir perpétuellement
balancé vers le ciel ; ils justifiaient par là cette défi-
nition de Bacon : « L'art, c'est l'âme ajoutée à la nature. » Ozanam avait hérité en quelque manière de
leur imagination comme de leur piété. C'est de son
pieux enthousiasme que jailliront plus tard ces belles
pages sur le symbolisme catholique où respire un
mysticisme si élevé ; c'est de ce pieux enthousiasme
que jaillira cette description des montagnes et de la
mer, « qui n'est pas seulement un tableau peint par
un poète », mais qui est encore un véritable acte
d'adoration, « un hymne chanté par une voix qui

prie » : quoiqu'elle appartienne à une autre époque
de sa vie, je la cite ici, parce que j'ai la conviction
qu'après l'avoir lue, personne ne sera tenté de m'accuser d'exagération.

« Les montagnes sont toutes divines ; elles portent
l'empreinte de la main qui les a pétries. Mais que
dire de la mer, ou plutôt que n'en faut-il pas dire ? La
grandeur infinie de la mer ravit dès le premier aspect ;
mais il faut la contempler longtemps pour apprendre
qu'elle a aussi cette partie de la beauté qu'on appelle
la grâce. Homère le savait bien, et c'est pourquoi,
s'il donnait à l'océan des dieux terribles et des mons-
tres, il le peuplait en même temps de nymphes et de
sirènes. J'ai vu le jour s'éteindre au fond du golfe de
Gascogne, derrière les monts Cantabres dont les lignes
hardies se découpaient nettement sous un ciel très
pur. Ces montagnes plongeaient leur pied dans une
brume lumineuse et dorée qui flottait au-dessus des
eaux. Les lames se succédaient azurées, vertes, quelquefois avec des teintes de lilas, de rose et de pourpre,
et venaient mourir sur une grève de sable, ou creuser
les rochers qui encaissent la plage. Le flot montait
contre l'écueil et jetait sa blanche écume où la lumière
décomposée prenait toutes les couleurs de l'arc-en-ciel.
Les gerbes capricieuses jaillissaient avec toute l'élégance de ces eaux que l'art fait jouer dans les jardins
des rois. Mais ici, dans le domaine de Dieu, les jeux
sont éternels. Chaque jour ils recommencent et varient
chaque jour, selon la force des vents et la hauteur des
marées.

Ces mêmes vagues, si caressantes maintenant, ont des heures de colère où elles semblent déchaînées comme les chevaux de l'Apocalypse. Alors leurs blancs escadrons se présentent pour donner l'assaut aux falaises démantelées qui défendent la terre ; alors on entend des bruits terribles, et comme la voix de l'abîme redemandant la proie qui lui fut arrachée aux jours du déluge. Au-delà de cette variété inépuisable apparaît l'immuable immensité.

« Pendant que des scènes toujours nouvelles animent le rivage, la pleine mer s'étend à perte de vue, image de l'infini, telle qu'au temps où la terre n'était pas encore, et où l'esprit de Dieu était porté sur les flots. David aussi avait admiré ce spectacle, et peut-être, du haut du Carmel, son regard embrassait-il les espaces mouvants de la Méditerranée, lorsqu'il s'écriait : «Les soulèvements de la mer sont admirables, « *mirabiles elationes maris.* »

Il m'a été donné plus d'une fois d'entendre des hymnes pareils s'échapper du cœur d'Ozanam, dans nos excursions aux environs de Lyon, et j'étais toujours profondément remué par des accents si beaux et si religieux. Sans doute la pensée n'y revêtait pas des formes aussi brillantes ; Ozanam n'avait pas encore enrichi sa palette de si vives couleurs ; mais le sentiment était le même ; c'était la même admiration des beautés de la nature, le même élan vers le créateur. Suspendu à ses lèvres, je cherchais à le suivre dans cet élan mystique, ou bien je recueillais soigneusement quelques-uns des diamants qui tom-

baient de sa bouche pour en former comme un trésor
au fond de mon âme.

Nous avions l'un et l'autre une prédilection marquée pour l'île Barbe. Cette petite île, si chère aux
Lyonnais, ravissante oasis que couvre une végétation
luxuriante dont les eaux de la Saône entretiennent la
fraîcheur, ressemble à un navire chargé de verdure,
qui aurait jeté l'ancre au milieu de ce site charmant
comme pour compléter le tableau. Là nous visitions
les restes d'une antique abbaye fondée au septième
siècle, d'un de ces monastères qui renouvelèrent la
face de l'Europe par le travail, la prière et la charité ;
les ruines qui nous attiraient, reportaient nos esprits
à ces temps reculés où la civilisation, menacée par la
barbarie, fut sauvée par les institutions chrétiennes,
et où les lettres se réfugièrent sous la garde de l'austère virginité du cloître. Ozanam avait pour elles une
sorte de respect. Il les interrogeait avec une curiosité intelligente qui annonçait déjà l'ardent investi-
gateur pour lequel les siècles les plus obscurs de
l'histoire n'auront pas de secrets, et le plus poétique,
le plus littéraire, le plus aimable des érudits. Non
loin de cette antique abbaye, sont les rochers abrupts
du haut desquels Charlemagne, ce grand monarque
dont l'empire était deux fois plus étendu que celui de
Napoléon Ier, avait vu, dit-on, défiler son armée ; ce
souvenir historique les embellissait à nos yeux en
nous rappelant une époque glorieuse pour la France.

Pourrais-je oublier nos fréquentes ascensions à
Notre-Dame de Fourvières, où nous étions émerveil-

lés du splendide panorama que nous avions devant
nous, mais où nous amenait la dévotion d'Ozanam
envers Marie bien plus que son amour pour la belle
nature ? On n'y voyait alors que la chapelle non moins
célèbre que modeste qu'ont signalée tant de miracles
opérés par l'intercession de sa puissante patronne ;
son extrême simplicité frappait d'autant plus qu'aucun
lieu de pèlerinage n'était en plus grande vénération
dans le monde catholique. Aujourd'hui s'élève près
d'elle une majestueuse basilique dont l'aspect est
imposant, quoiqu'elle soit loin d'être achevée. Destinée à remplacer la vieille église qui, bâtie sur l'ancien *forum*, fut de tout temps regardée comme le
palladium de la cité lyonnaise, inspirant à tous ses
habitants, même aux plus indifférents en matière de
religion, quelque chose de semblable à ce qu'éprouvaient les peuples de l'antiquité pour leurs remparts
et leurs citadelles, elle sera vraiment digne de celle
à qui elle est consacrée, quand on y aura mis la dernière main.

Ozanam connaissait à fond l'histoire de Notre-
Dame de Fourvières, et tout ce qu'il me racontait
m'intéressait en m'instruisant, surtout lorsqu'il passait en revue les personnages éminents qui l'avaient
pieusement visitée ; lorsqu'il me montrait Thomas
Becket, archevêque de Cantorbéry, s'agenouillant à
son autel pendant l'exil qu'il eut à subir, avant son
martyre, en punition de sa noble résistance à la tyrannie ; le pape Innocent IV, venant à Lyon durant sa
lutte contre Frédéric II, pour présider le concile où

la maison de Souabe reçut le coup de mort, et allant
d'abord invoquer l'assistance de la Vierge trois fois
sainte; Louis XI, gratifiant, dans sa royale munifi-
cence, la pauvre église où il avait prié, de la suzerai-
neté de vingt-cinq villages ; Anne d'Autriche, demandant la fin de sa longue stérilité et obtenant la faveur
insigne d'être la mère du plus grand de nos rois;
Louis XIII, implorant le secours de Marie pour la guérison d'une maladie qui l'avait arrêté à Lyon, au retour d'une expédition, et lui témoignant ensuite publiquement sa reconnaissance ; enfin, de nos jours, le
souverain pontife, Pie VII, après le sacre de Napoléon Ier, rehaussant par sa présence l'éclat des cérémonies qui firent une grande fête de la réouverture
de ce sanctuaire, fermé en 1793, comme tous les saints
édifices d'un culte proscrit. L'esprit et le cœur trouvaient chacun son compte dans de tels entretiens.

Quand Dieu me donna Ozanam pour ami, j'étais,
bien jeune, livré à moi-même, loin du toit paternel,
dans une grande ville où mille dangers m'environ-
naient. Au milieu du scepticisme qui régnait partout
à cette époque, le flambeau sacré qu'avait allumé en
moi une mère chrétienne, était près de s'éteindre, et
je sentais, à l'affaiblissement de ma foi, que je touchais au moment où l'unique force que l'on puisse, à
cet âge, opposer à l'entraînement des passions, me
ferait complètement défaut. Ozanam se rencontra
heureusement sur mes pas pour me retenir au bord du
précipice. Il s'opéra en moi, à son contact, une révolution soudaine. Les ombres qui commençaient à

obscurcir mon intelligence, se dissipèrent. Le sentiment religieux se ranima et reprit son empire ; je ré-
solus de rester ferme dans la voie dont j'avais failli
m'écarter. C'est ainsi que je dus au parfait modèle
que j'avais sous les yeux de ne pas perdre, avec mes
croyances, le plus précieux de tous les biens. Il était
dans la destinée de Frédéric Ozanam de préserver
bien des jeunes gens des atteintes de l'incrédulité par
ses pieux exemples. J'ai été peut-être le premier qu'il
ait sauvé du naufrage. Depuis lors, il ne s'est pas
écoulé un seul jour sans que je l'aie béni avec toute
l'effusion dont je suis capable. Mais quelle est la gratitude, quel est le dévouement qui soient à la hauteur
d'un si grand bienfait? L'homme ne saurait ici-bas
acquitter dignement de pareilles dettes. Dieu seul
peut suppléer à son impuissance. Il m'est toujours
doux de penser que le service inappréciable que m'a
rendu mon saint ami, lui a été largement compté par
sa souveraine justice et son infinie bonté.

Nos conversations roulaient constamment sur des
sujets sérieux ; un esprit tel que le sien, grave jusque
dans ses délassements, ne pouvait en aborder d'autres. D'ailleurs, les événements qui se succédaient
rapidement autour de nous, les questions qu'ils sou-
levaient, les préoccupations qu'ils faisaient naître, ne
favorisaient que trop son penchant naturel.

Nous étions presque au lendemain des journées de
juillet. Battu en brèche de tous côtés par une coalition
formidable, dont les éléments divers s'entendaient
facilement pour détruire, sauf à se séparer quand

il s'agirait d'édifier, affaibli par les divisions de ses
amis, qui contrastaient avec l'union de ses adversaires, succombant enfin, il faut bien l'avouer, sous
le poids de ses propres fautes, le gouvernement de la
Restauration était tombé en trois jours, malgré l'éclat
d'une récente conquête, qui semblait devoir la conso-
lider en lui donnant un nouveau baptême de gloire.
Mais tous les partis qui avaient contribué à sa chute
prétendaient profiter de la victoire, et l'ordre, à peine
rétabli dans la rue, était à la veille d'être troublé par
des luttes sanglantes. Le flot révolutionnaire, refoulé
un instant, après avoir accompli son œuvre de des-
truction, menaçait d'emporter les digues que des
mains habiles s'étaient hâtées de lui opposer. Au dehors, toutes les passions s'agitaient à la fois. La Belgique brisait les liens qui la rivaient malgré elle à la
Hollande. La Pologne secouait un joug abhorré.
L'Italie et l'Espagne levaient l'étendard de l'insurrection. On eût dit que l'Europe était en travail d'une
révolution universelle. La France n'est qu'un point
dans le monde ; mais c'est un point autour duquel le
reste du monde gravite dans la sphère des idées.
« Quand la France est satisfaite, le monde est tranquille », a très bien dit Napoléon III dans un discours mémorable, en exprimant la même pensée. Au
milieu de la fermentation des esprits, la presse exerçait un pouvoir sans limites. La part qu'elle avait
prise au renversement de la monarchie traditionnelle
avait révélé toute sa force, et quiconque aspirait au
triomphe d'une idée, s'armait de ce levier qui venait

de soulever l'univers. Chaque jour voyait surgir quelque nouveau champion sur le champ de bataille du journalisme.

C'est dans ces circonstances que fut fondé le journal *l'Avenir*, organe d'une école de démocratie chrétienne que de regrettables exagérations condamneront à n'avoir qu'une existence éphémère.

Justement ému du déchaînement des passions populaires contre la religion, l'illustre auteur de l'*Essai sur l'indifférence* (1), l'ancien collaborateur de M. de Bonald et de M. de Chateaubriand, s'était d'abord proposé de désarmer ces mauvaises passions, de leur ôter, en quelque sorte, tout prétexte, en la dégageant, ainsi que ses ministres, de cette solidarité politique dont ils avaient eu tant à souffrir sous le gouvernement déchu ; puis, entraîné par une logique inflexible, celui qui avait posé en principe que la raison générale, le consentement général était la base de toute certitude, le seul titre légitime de toute autorité, celui qui avait ainsi proclamé l'infaillibilité du genre humain, avait été amené à conclure que l'Église, qu'il regardait en même temps comme l'expression permanente de cette infaillibilité, devait s'associer au mouvement qui, selon lui, dominait les intelligences d'une manière invincible, s'allier, en un mot, à la démocratie. Le journal *l'Avenir* fut comme le manifeste de l'abbé de La Mennais. La souveraineté du genre humain, tel était le fond du système dont il arbora le drapeau ;

(1) Voir **note h.**

ce n'était, en réalité, que l'application de ses doctrines philosophiques. Rome s'est prononcée solennellement, après un mûr examen, sur les dangers de ce système, qui aurait pour effet « de faire tourner la chaire de saint Pierre au gré des vents de l'opinion », et de soumettre aux vicissitudes du temps ce qui est du domaine de l'éternité. Ces dangers frappent aujourd'hui tous les yeux ; mais alors le mélange « de théocratie et de démocratie, de christianisme et de révolution » que présentait le journal *l'Avenir* séduisait beaucoup d'esprits accoutumés à s'incliner devant le génie de M. de La Mennais, depuis qu'il s'était décidé à répudier les doctrines absolutistes qu'il avait soutenues jusqu'alors ; ils le croyaient appelé à réconcilier le christianisme avec les tendances du siècle et voyaient toujours en lui son plus ferme soutien. Autour de M. de La Mennais, et à l'ombre de sa gloire, se groupait une pléiade d'écrivains distingués, qui, le vénérant comme un père, l'écoutaient comme un oracle.

Parmi ces nouveaux athlètes de la presse, heureux de défendre la religion en parlant la langue de l'époque, brillaient au premier rang M. de Montalembert et l'abbé Lacordaire, l'un d'origine patricienne, l'autre d'origine plébéienne, arrivés ainsi des points les plus opposés ; ils devaient tous les deux s'élever jusqu'à la plus haute éloquence. Ils apportaient dans la lice une foi d'apôtre, une imagination de poète, une ardeur de tribun, et cette confiance de la jeunesse que rien n'arrête, parce que rien ne lui paraît impossible.

M. de Montalembert était accouru du fond de l'Irlande, de la patrie d'O'Connel, où l'émancipation des catholiques venait d'être conquise par la presse libre et la libre parole, impatient de s'associer à une œuvre de rénovation sociale entreprise, au nom de Dieu et de la Liberté, sous la direction du plus grand homme de l'Église de France. L'abbé Lacordaire n'avait pas hésité à renoncer, dans le même but, au projet qu'il avait formé d'aller juger par lui-même des étonnants progrès de la religion catholique aux États-Unis où elle était tout à fait indépendante de l'État. Ces deux publicistes improvisés, vaillantes recrues qu'animait une même flamme, l'enthousiasme du bien, ne se connaissaient pas avant de se rencontrer chez M. de La Mennais ; ils se donnèrent l'un à l'autre dès la première entrevue, et ils furent toujours si tendrement unis, que leurs cœurs semblaient confondus (1).

L'*Avenir* comptait à Lyon de nombreux partisans. Frédéric Ozanam était un de ses lecteurs assidus, et il aimait à me faire partager le plaisir que lui procurait cette lecture. Il se sentait plein de sympathie pour ces jeunes hommes qui consacraient à Dieu les dons qu'il leur avait prodigués. Cette démocratie religieuse, basée sur l'alliance du catholicisme et de la liberté, le séduisait beaucoup, parce que, d'une part, les nobles élans lui étaient familiers, et que, de l'autre, il tendait naturellement à envisager le côté théorique des choses de ce monde bien plus que le côté pratique.

(1) Voir note ɪ.

L'abbé de La Mennais lui apparaissait au milieu de l'auréole dont l'avaient environné tant de services rendus à la cause de l'Église et son prodigieux talent d'écrivain ; il n'aurait jamais cru qu'on pût s'égarer sur ses pas. Qui lui eût dit alors que ce prêtre qui avait été honoré du titre de *Père de l'Église*, qui avait secoué la léthargie du siècle en tonnant, dans un chef-d'œuvre impérissable, contre l'indifférence en matière de religion, et fourni à la piété l'aliment le plus suave dans les *Réflexions* qui accompagnent chaque chapitre de sa belle traduction de l'*Imitation de Jésus-Christ*, romprait violemment avec la papauté dont il voulait faire l'arbitre suprême des peuples et des rois, et brûlerait le lendemain tout ce qu'il avait adoré la veille ? Qui lui eût dit que ce nouveau Docteur angélique, repliant ses ailes pour revêtir la livrée de la démagogie, « ayant au front la cicatrice de l'archange foudroyé », jetterait dans les *Paroles d'un Croyant* le cri de révolte d'un Tyrtée attardé de 93, ferait dans le *Livre du peuple* un déplorable amalgame des rêveries humanitaires de l'abbé de Saint-Pierre, des formules du *Contrat social* avec les principes de l'Évangile, aboutirait dans l'*Esquisse d'une philosophie* à la négation de la chute de l'homme et de la divinité du Christ, offrirait enfin, dans ses derniers écrits, l'image « d'un homme debout sur des ruines au sein des ténèbres, annonçant d'une voix fatidique le lever douteux d'une confuse aurore », et mourrait sans renier ses erreurs, accablé sous le poids de la solitude et des angoisses ? Ozanam eût repoussé comme un blasphème une sem-

blable prédiction. Sans doute il déplorait vivement
l'âpreté et l'amertume qu'on remarquait dans la polémique de M. de La Mennais. Pénétré de respect envers cette grande race de rois que la tempête avait
emportée loin de la France, il s'affligeait de la dureté
de ses jugements à l'encontre d'un auguste exilé
qu'eussent dû protéger, malgré ses fautes, et la majesté du malheur et le souvenir d'un gouvernement
doux et paternel, surtout aux yeux de celui qui naguère
ne trouvait à lui reprocher que sa faiblesse. Plus que
tout autre peut-être, il regrettait, lui dont le cœur et
les lèvres ruisselèrent toujours d'onction, que ce
grand génie s'abaissât jusqu'à la colère, et laissât si
souvent couler de sa plume l'invective ou le dédain ;
mais les travers du maître n'avaient point détruit son
prestige dans l'esprit du disciple. Ozanam était très
touché de ses éloquentes protestations de dévouement
et de soumission au Saint-Siège. Il applaudissait à
l'énergie avec laquelle il réclamait la liberté de l'Église,
la liberté de l'enseignement, la liberté de l'âme et de
l'intelligence, en s'appuyant sur les libertés politiques
garanties par la Charte, et en déployant toutes les
magnificences d'un style éblouissant qui à la langue
sévère de Bossuet mariait si harmonieusement la
langue passionnée de Rousseau. Il exaltait avec feu
ses aspirations vers un régime nouveau « où les peuples, jouissant d'une pleine indépendance dans l'ordre
spirituel, administreraient en même temps leurs affaires par des agents de leur choix, où, la liberté en-
fantant la foi, le genre humain formerait, par la seule

force de la vérité, un seul troupeau sous un seul pasteur, et où le chef de l'Église verrait l'univers entier soumis volontairement à son empire (1) ». Il était un de ces esprits à qui, pour me servir des propres expressions de La Mennais, « les brises de l'avenir apportaient les parfums d'une terre nouvelle » et qui « s'élançaient, pleins de confiance, vers ce but inconnu de leurs vœux (2) ».

Tout en partageant, à beaucoup d'égards, l'admiration d'Ozanam pour l'abbé de La Mennais, je ne le suivais guère sur des hauteurs qui me paraissaient trop voisines des nuages ; il n'est permis qu'à ceux qui ont des ailes de faire d'aussi périlleuses ascensions.

Mais mon cœur battait à l'unisson du sien, quand l'abbé Lacordaire plaidait, avec sa verve et sa chaleur accoutumées, la cause de l'héroïque Pologne, la glorifiait triomphante, la consolait vaincue, et s'agenouillant sur son cercueil après la consommation du sacrifice, y versait de ces larmes brûlantes qui naissent encore plus de l'indignation que de la douleur. Mon cœur battait à l'unisson du sien, quand M. de Montalembert adressait à cette grande et malheureuse nation tout ce que l'affection la plus sainte et la plus pure peut inspirer, et se faisait l'écho des touchantes prières montées au ciel du sein de ce peuple martyr.

Mon cœur battait à l'unisson du sien, quand ce jeune écrivain épanchait toute la sensibilité de son

____

(1-2) Mélanges catholiques extraits du journal *l'Avenir*.

âme dans ce pathétique tableau des souffrances de l'Irlande qui, en faisant aimer et admirer la victime, fait détester et maudire l'oppresseur ; quand il payait un juste tribut d'hommages à la grande figure d'O'Connel, et qu'il imprimait au front de l'Angleterre un stigmate ineffaçable. C'est là, c'est dans ces pages toutes frémissantes des émotions d'une âme chrétienne qu'Ozanam commençait à puiser cette tendre sympathie pour la pauvre Irlande dont plusieurs de ses ouvrages sont empreints (1).

Mon cœur battait à l'unisson du sien, quand la main délicate qui bientôt écrira la *Vie de sainte Élisabeth de Hongrie*, gracieuse légende détachée avec amour de la couronne poétique du moyen âge, empruntait aux richesses de la littérature d'outre-Rhin l'intéressante histoire de Novalis, de cet enfant de la rêveuse et mélancolique Allemagne avec qui Ozanam eut tant de traits de ressemblance, qui, comme lui, « aima Dieu, la nature qu'il a créée, la poésie qui est la voix de cette nature (2) », et, comme lui, regagna sa céleste demeure, laissant son œuvre inachevée.

Mon cœur battait à l'unisson du sien, quand l'abbé Gerbet, qui deviendra une des lumières de l'épiscopat français, retraçait, à la manière de Bossuet, la mission civilisatrice de l'Europe, ou nous donnait

---

(1) On trouvera, dans l'*Appendice* joint à cette étude, quelques détails sur la situation de l'Irlande et quelques extraits des écrits d'Ozanam relatifs à ce malheureux pays.

(2) De Montalembert, *Notice sur Novalis*.

comme un avant-goût de ses beaux livres sur Rome
considérée dans son essence spirituelle et sur l'ineffable mystère qui unit l'homme à Dieu par les liens
les plus intimes ; quand M. de Coux démontrait, avec
une grande puissance de dialectique, que l'économie
politique bien comprise a la religion pour base, et se
résume, pour ainsi dire, tout entière dans cette
maxime de l'Évangile : « Cherchez avant tout le
royaume de Dieu et sa justice, et tout le reste vous
sera accordé par surcroît. »

Ce qui nous ravissait également l'un et l'autre,
c'était ce merveilleux ensemble de talents qui, sous
l'impulsion d'un homme de génie, répandaient à
pleines mains dans leurs improvisations quotidiennes
des beautés de style étrangères jusque-là à ces feuilles
éphémères, écrites pour les besoins du jour avec la
rapidité de la pensée ; c'étaient cette noblesse et cette
élévation de sentiments, cette sincérité et cette ardeur
de convictions religieuses qui distinguaient tous les
rédacteurs du journal, et qui brilleront d'un si vif
éclat, quand, Rome ayant rendu son arrêt, ils se
sépareront tous d'un maître adoré, pour donner au
monde l'exemple d'une obéissance toute filiale à
l'autorité du Saint-Siège, et se grandiront aux yeux
de tous les catholiques par une si prompte et si complète soumission.

Si je rappelle ici ces souvenirs, ce n'est pas seulement parce qu'ils me sont chers, comme tous ceux
qui se rapportent à mon saint ami ; c'est encore parce
qu'ils m'ont paru propres à faire ressortir le germe

de certaines tendances qu'Ozanam manifestera plus tard. Dans le lecteur enthousiaste de *l'Avenir*, ne peut-on pas, en effet, déjà pressentir le futur rédacteur de *l'Ère nouvelle?* Ozanam, qui avait l'humilité d'un enfant dans une grande âme, s'inclinera plus que tout autre devant la sentence du souverain Pontife ; mais il lui restera, dans cette région de l'esprit où la foi laisse le champ libre aux opinions humaines, quelque chose des premières impressions de sa jeunesse. Lorsque les idées démocratiques seront de nouveau appelées à gouverner la France, ces impressions se réveilleront en quelque manière sous le souffle des événements, et il descendra dans la lice en portant haut la bannière de la démocratie chrétienne, de cette école qui n'eut qu'un tort, à mon avis, celui de ne pas assez tenir compte, dans ses plans d'organisation sociale, des passions et des faiblesses de notre pauvre humanité.

Ozanam atteignait alors sa dix-neuvième année. Le jeune aiglon sentait pousser ses ailes, et il était impatient d'essayer son vol. Depuis plus de deux ans ce fervent disciple des anciens apologistes, qui brûlait de les imiter, réunissait, à l'insu de tous, les matériaux nécessaires à l'exécution de ses projets de néophyte. La Providence allait lui fournir l'occasion de mettre en lumière les travaux considérables auxquels il s'était livré dans le silence du cabinet.

La révolution de 1830, non contente d'avoir brisé un trône avec les pavés des barricades, avait, de plus, ouvert la voie aux utopies et aux religions fabriquées de main d'homme. Le lendemain d'une de ces violentes secousses qui changent en quelques heures les destinées du pays, il s'opère toujours un grand mouvement dans le monde des rêveries et des chimères ; il semble que le moment soit venu pour elles d'envahir le monde des réalités. Elles aspiraient alors à combler le vide que les croyances religieuses avaient laissé à leur place dans les âmes en se retirant.

Un des descendants de ce fameux duc de Saint-Simon qui a exercé sa verve satirique contre la cour de Louis XIV dans ses mémoires sans pareils, s'était posé en Messie d'un nouveau christianisme annonçant la fin des anciens dogmes et la régénération de la société par une troisième révélation, sans autre preuve de sa mission que la prétendue sublimité de sa parole. La fameuse formule : *A chacun selon sa capacité, à chaque capacité selon ses œuvres*, qui transportait du ciel sur la terre l'accomplissement des promesses de l'Évangile, servait de fondement à une doctrine solennellement appelée à inaugurer le règne de la science. Dans cette singulière utopie, le savant remplaçait le prêtre ; le sommet de la hiérarchie était réservé au plus capable. Saint-Simon, se proclamant, de sa propre autorité, supérieur en intelligence *au reste obscur des vulgaires humains*, avait revendiqué pour lui-même une dictature qui embrassait à la fois le domaine spirituel et le domaine temporel. Le pontife suprême de la religion nouvelle concentrait tous les pouvoirs ; il était la loi vivante, le souverain juge des vocations et des aptitudes, le maître absolu de

dans les assauts qu'ils livraient à l'édifice social, et cette éloquence, jointe à cet amour des hommes, à ce désir d'améliorer leur sort, dont tous les discours qu'ils prononçaient étaient empreints, entraînait plus d'un cœur généreux.

Le voile qui couvrait à demi l'immoralité radicale du saint-simonisme n'avait pas encore été levé, et ceux qui se laissaient enivrer par une parole enchanteresse, pouvaient alors se faire illusion sur ce point. Ils seront plus tard désabusés, quand le père Enfantin, légitimant toutes les passions et abaissant devant elles toutes les barrières, proscrira, par une conséquence forcée des principes du maître, la sainte institution du mariage ; quand il posera en quelque sorte les prémisses de ce livre monstrueux où, longtemps après sa chute, le saint-simonien essayera de donner quelques signes de vie en mêlant, dans son charlatanisme, les bouffonneries aux turpitudes, et contre lequel un homme d'esprit provoquera un rire vengeur dans un article intitulé : *le Dernier Soupir d'un grand pontife*.

Lyon, qui devait et doit encore aujourd'hui à sa nombreuse population ouvrière d'être le point de mire de tous les novateurs, était le théâtre d'une propagande très active. La foule se pressait autour de ces brillants sophistes qui rajeunissaient de vieilles erreurs en les parant de toutes les séductions du talent. Quoiqu'il y eût dans cet empressement de la foule plus de curiosité que de sympathie, il importait que la vérité fît entendre sa voix pour la prémunir contre de funestes égarements ; elle eut pour interprète Frédéric Ozanam.

Ce brave champion de dix-huit ans repoussa vaillamment les attaques dirigées contre le christianisme
par les prédicateurs saint-simoniens. En rappelant
ses immenses bienfaits, il leur montra que tout ce
qu'il y avait de bon dans leur système était emprunté
à la religion même qu'ils combattaient, et que cette
fraternité universelle qu'ils inscrivaient sur leur drapeau comme une invention de fraîche date, avait été
proclamée du haut de la croix par le Rédempteur du
genre humain depuis dix-huit siècles. Il leur prouva
clairement que leur théodicée aboutissait au panthéisme pur, leur morale au fatalisme et au sensualisme, leur politique à un despotisme sans limites ; que le
symbole qu'ils avaient formé des lambeaux de toutes
les philosophies antiques n'était au fond que l'abdication de toute raison, l'immolation de toute liberté,
l'absorption de l'individu par la société, de la société
par un homme, et que la réhabilitation de la chair, le
seul côté vraiment neuf du *nouveau christianisme*,
aurait infailliblement pour effet de rabaisser au niveau
de la brute la créature intelligente que l'ancien christianisme faisait monter jusqu'à Dieu.

Malgré des imperfections que je ne chercherai pas
à dissimuler, la brochure d'Ozanam contre le saint-
simonisme révèle un esprit d'une trempe peu commune,
qui, de bonne heure, s'est nourri de fortes études. Il
y a là comme un souffle d'élévation morale que l'on
rencontre bien rarement à un âge qui ne compte

guère au nombre de ses privilèges des qualités aussi
sérieuses. On se demande comment une si jeune tête
a pu amasser un tel trésor de connaissances. On est
saisi d'étonnement en présence d'une érudition si
précoce.

Ensuite, il règne dans cet opuscule une grande
modération envers les personnes, alliée à une conviction bien arrêtée sur les choses. On est heureux d'y
remarquer cette tolérance qui fut toujours une des
principales vertus du bon Ozanam, et qui attirait à lui
tous les cœurs parmi les hommes les plus hostiles à
ses croyances.

Sans doute, ce premier essai se ressent de la jeunesse
de l'auteur. Le style est souvent déclamatoire ; il
manque de simplicité et de naturel. Plusieurs passages
portent le cachet de l'amplification de rhétorique et
accusent une plume novice. Mais le chrétien, avec
l'ardeur de sa foi et la douceur de sa charité ; l'érudit,
avec l'étendue de sa science ; le poète, avec la flamme
de son imagination ; le philosophe, avec la largeur et
la libéralité de ses idées, c'est-à-dire Ozanam tel qu'il
sera un jour, s'y dessinent assez nettement, au milieu
de tous ces défauts, pour qu'un vif intérêt s'attache
à ce premier jet d'une intelligence d'élite.

Telle fut, du reste, l'appréciation de Lamartine,
dont Ozanam avait déjà su gagner l'amitié et qui,
plein de bienveillance pour lui, s'était empressé de
lire le petit écrit appelé à commencer sa réputation.
Frappé, avant tout, de ce que promettait pour l'avenir
ce début d'un écolier de la veille, il n'hésita pas à

lui adresser de chaleureuses félicitations, ne fût-ce qu'à titre d'encouragement. Ozanam reçut du grand poète la lettre la plus flatteuse.

Aussi suis-je loin de partager l'opinion de ceux qui ont blâmé les éditeurs des *OEuvres d'Ozanam* d'avoir inséré cette étude dans leur publication. Ils l'ont, à mon avis, trop sévèrement jugée.

D'ailleurs, si, d'un côté, il est bon que tout écrivain de mérite n'offre à certaines classes de lecteurs, dans un recueil de ses œuvres choisies, que ce qu'il a produit de plus parfait, ne faut-il pas, de l'autre, que ses œuvres complètes nous le présentent en quelque sorte tout entier? N'est-ce pas un excellent exercice littéraire, une étude non moins attachante qu'utile que de le comparer à lui-même dans les différentes phases de son talent, que de suivre les progrès de ce talent depuis son éclosion jusqu'à sa pleine maturité? A qui, par exemple, les tragédies de *la Thébaïde* et d'*Alexandre* ne font-elles pas apprécier mieux encore la *Phèdre* et l'*Athalie* de Racine? Qui ne se plaît à mesurer la distance qui sépare *l'Étourdi* de Molière de ses *Femmes savantes*? De semblables comparaisons ressort pour nous un précieux enseignement : c'est que Dieu a imposé ici-bas la loi du travail aux plus éminents aussi bien qu'aux plus humbles, et que les plus puissantes facultés n'acquièrent tout leur développement qu'au prix de longs et rudes labeurs.

Si, parmi les œuvres des hommes justement célèbres, il en était que je voulusse laisser dans l'ombre, ce seraient plutôt celles qui sont le fruit tardif de leur

vieillesse, quand elles dénotent un esprit affaibli par
l'âge ; car le spectacle d'une telle décadence attriste
profondément. Qui n'a éprouvé ce sentiment à la lecture de l'*Agésilas* ou de l'*Attila* du grand Corneille, si
maltraités par Boileau dans une épigramme connue
de tous ?

Mais il y a, au contraire, quelque chose de doux
dans les espérances que font naître les premières
lueurs du génie, alors même qu'elles nous appa-
raissent enveloppées de nuages qui en ternissent
l'éclat.

Les parents d'Ozanam résolurent enfin de l'en-
voyer à Paris pour y faire son cours de droit. Là, il
verra bientôt le saint-simonisme professer hautement, comme il l'avait prévu, une morale renouvelée
des lupercales de l'antiquité, et se perdre dans les
ténèbres d'une métaphysique compliquée de calculs
algébriques, dans les rêves d'une genèse et d'une
cosmogonie qui effaceront les contes les plus étour-
dissants des *Mille et une Nuits*. Il sera témoin de
l'agonie de ce fantôme de religion, qui, après avoir
vainement attendu la pythonisse prédestinée à compléter le couple sacerdotal, après l'avoir vainement
excitée à se révéler par les fêtes bruyantes de la rue
Monsigny, expirera au milieu d'une ridicule parodie
de la vie cénobitique dans le monastère de Ménil-
montant.

CHAPITRE II.

Ozanam s'éloignait pour la première fois du foyer
domestique. Pénétré, comme il l'était, des préceptes
de la religion, il pouvait affronter les dangers de la
Babylone moderne, sans craindre de tomber dans les
pièges tendus de toutes parts à la jeunesse avec une
infernale habileté; il avait la certitude de les éviter
sous la conduite de ce guide divin. Mais, accoutumé
aux jouissances de la vie de famille dans un intérieur
béni du ciel, il eut à souffrir, dans les commence-

ments, d'un isolement tout nouveau pour lui. Une profonde tristesse s'empara de son âme jusqu'au jour où
il put rencontrer, au milieu de tant d'inconnus, une
figure amie. Il éprouva le besoin de s'épancher dans
le cœur d'une mère tendrement aimée :

« Ma gaieté, lui dit-il dans sa lettre, a totalement
fait naufrage. Moi qui trouvais tant de plaisir à voir
chaque jour réunis tous ceux qui me sont chers, me
voilà seul, jeté sans appui, sans point de ralliement,
dans cette capitale de l'égoïsme, dans ce tourbillon
des passions et des erreurs humaines... Je n'ai pour
épancher mon âme que vous, ma mère, que vous et
le bon Dieu... Mais ces deux-là en valent bien d'autres. »

Il lui parle ensuite de ce qui a d'abord excité son
attention :

« J'ai vu le Panthéon, singulier monument, temple
païen au sein d'une ville dont tous les habitants sont
chrétiens ou athées : coupole magnifique, veuve de la
croix qui la couronnait si bien ; superbe façade, dont
la couleur sombre indique une origine bien anté-
rieure à son extravagante destination. Que signifie,
en effet, un tombeau sans croix, une sépulture sans
pensée religieuse qui y préside ? Si la mort n'est
qu'un phénomène matériel qui ne laisse après lui
aucune espérance, que veulent dire ces honneurs à
ces os desséchés et à une chair qui tombe en pourri-
ture ? »

Ne dirait-on pas que cette lettre a été écrite de nos
jours ? Pourquoi faut-il qu'à plus de cinquante ans de

distance, la même hostilité se soit manifestée contre
une religion sans laquelle il n'y a pas de bonheur
durable pour les peuples comme pour les individus,
parce qu'en dehors de ses lois l'ordre ne peut reposer
que sur des bases fragiles? Quand comprendra-t-on
que, plus il y a de liberté dans un pays, plus un frein
moral est nécessaire, et qu'il n'en est pas de plus
puissant que celui qui nous vient d'en haut ?

La fin de la lettre d'Ozanam ne mérite pas moins
d'être citée :

« J'ai été amplement dédommagé de ces pénibles
réflexions par la beauté de l'église Saint-Étienne du
Mont, ma paroisse, par la pompe des cérémonies,
par la magnificence du chant et des orgues. Un frémissement général agitait mes nerfs, quand j'enten-
dais retentir sous la voûte gothique cet instrument
aux mille voix qui toutes s'unissent pour glorifier le
Seigneur. Que la puissance de la musique est grande,
et que le catholicisme qui l'inspira est sublime et
beau ! »

Mme Ozanam reconnaissait avec joie, à un tel langage, son cher Frédéric.

Cet isolement qu'Ozanam avait tant de peine à
supporter ne fut pas de longue durée. Il devint
bientôt l'hôte et le commensal de M. Ampère, qu'il
avait eu occasion de voir à Lyon et qui l'avait distingué entre les jeunes gens de son âge. Il trouva
chez lui comme une seconde famille, animée, elle
aussi, de sentiments pieux et gardienne fidèle des
plus austères observances de l'Église ; elle lui épargna

les ennuis de la solitude et l'entoura des soins les
plus délicats (1). L'illustre mathématicien avait autant
d'affabilité que de génie; il causait avec beaucoup
d'esprit et de verve ; sa conversation était à la fois
amusante et instructive. Ozanam se sentait sous le
charme en l'écoutant. De son côté, M. Ampère aimait
à l'interroger, et le jeune étudiant l'intéressait par la
variété de ses connaissances. Ce maître, si justement
renommé, ne se bornait pas à cultiver les sciences
dans lesquelles il excellait; il goûtait les beautés de
Virgile aussi bien que celles de Racine dont il eût pu
réciter de nombreux morceaux. Il avait appris seul le
latin, et il faisait très bien les vers dans ce vieil
idiome. Quoiqu'il ne se livrât que depuis deux ans
à cet exercice littéraire, il savait donner le cachet
virgilien à ces fruits tardifs de son imagination. Il
possédait à fond l'histoire. Il était versé dans la philosophie. Les entretiens de M. Ampère et d'Ozanam
roulaient souvent sur de hautes questions qui élevaient leurs pensées vers Dieu : le savant n'était pas
de ceux qui ont fait le tour du ciel sans l'y rencontrer.
Son âme était transportée d'enthousiasme pour les
merveilles de la création. Mettant sa tête entre ses
mains, cette forte tête, chargée de science et d'honneurs, qu'il courbait sans réserve sous le niveau de
l'Évangile, il s'écriait : « Que Dieu est grand !
Ozanam, que Dieu est grand ! » Ozanam partageait,
nous le savons, ce saint enthousiasme; il était heu-

(1) Voir note *j*.

reux d'en entendre l'éloquente expression, et surtout
de l'entendre sortant d'une pareille bouche. Ces transports religieux les rapprochaient davantage l'un de
l'autre. Venaient ensuite les travaux faits en commun ;
quelques pages portant l'empreinte de deux écritures
bien connues témoignent encore d'une collaboration
si précieuse pour Ozanam ; l'étudiant aidait le maître
dans la préparation d'une encyclopédie, inventaire
immense des richesses et des misères de l'intelligence humaine, de toutes les certitudes et de tous les
doutes, qui servirait de point de départ aux investigations de l'avenir. Ce doux commerce qu'entretenaient, d'une part, un respectueux attachement, et,
de l'autre, une affection toute paternelle, les ravissait
tous les deux, et les liens d'estime et de sympathie
qui les unissaient, se resserraient de plus en plus.

Un jour, Ozanam, en proie à un de ces accès de découragement auxquels il était sujet, et qu'il n'avait
pas réussi à surmonter malgré ses efforts, entra dans
une église pour chercher à se réconforter par la prière.
L'église était presque déserte. Quelques femmes age-
nouillées sur les dalles et disséminées çà et là faisaient
glisser sur leurs doigts les grains de leurs chapelets.
Ozanam aperçut dans un coin un homme qui paraissait prier avec ferveur. Il s'approcha ; c'était M. Ampère. La vue de ce puissant esprit s'humiliant devant
Dieu, comme l'avaient fait avant lui Descartes et
Pascal, suffit pour relever son courage abattu. Il eut
honte de sa faiblesse, et il sortit plus fort qu'il ne
l'avait jamais été.

D'autres bonheurs lui étaient réservés, pour qu'à
tous égards il n'eût qu'à se féliciter de ses relations
avec ce grand chrétien. M. Ampère, qui occupait un
des premiers rangs dans le monde scientifique, avait
un fils destiné à briller dans les lettres, comme pour
parer d'un double éclat le nom qu'il portait. Les qualités intellectuelles et morales de ce fils le rendaient
digne d'un tel père ; il devait continuer ses traditions
après avoir quelque temps professé sous ses yeux.
Ozanam eut en lui un ami, ou plutôt un frère, dont
le dévouement ne se démentit pas un seul instant.

Les salons de M. Ampère étaient fréquentés par
des hommes d'une supériorité pareille à la sienne
dans des voies différentes. Les esprits supérieurs s'at-
tirent mutuellement, quelle que soit la direction
qu'ils aient prise. Ozanam fut mis en rapport avec
les plus éminents ; ils contribuèrent à élargir le cercle de ses idées, à lui découvrir des horizons inconnus.
On remarquait parmi eux une des illustrations lyon-
naises, M. Ballanche, qu'il avait déjà admiré dans ses
œuvres. Cet homme, simple et bon, joignait à la naïveté, à la candeur d'un enfant, l'élévation d'un penseur de premier ordre, d'un penseur de la famille de
Platon ou de Fénelon. L'*Antigone*, où, sous ses
voiles poétiques, on saisit tous les grands traits de la
doctrine à laquelle M. Ballanche vouera toute une vie
de méditation et de recueillement, l'expiation, loi suprême de l'humanité, et l'initiation par l'épreuve ; *la
Vision d'Hébal*, le plus hardi peut-être et assurément
le plus profond des ouvrages de ce philosophe, publié

le lendemain de la dévastation de l'église Saint-Germain, quand les passions de l'émeute et le délire des religions nouvelles se déchaînaient contre le catholicisme, avaient fortement impressionné Ozanam ; à sa vénération pour l'écrivain dont les beaux rêves étaient peu accessibles au vulgaire, se mêlait une vive gratitude pour le bien que lui avait fait cette lecture ; l'auteur eut bien vite une place dans son cœur. Quand Dieu aura rappelé à lui M. Ampère et M. Ballanche, il acquittera sa dette envers ses deux bienfaiteurs en faisant l'oraison funèbre de chacun d'eux. L'une de ces oraisons funèbres se termine par cette belle réflexion : « L'Église est une société qui ne se dissout pas par la mort ; elle a une loi qui unit les âmes arrivées les premières dans le repos avec celles qui restent dans la lutte ; elle n'a sur la terre qu'un vestibule où elle se tient pour appeler les générations à mesure qu'elles passent ; c'est dans l'éternité qu'elle a son sanctuaire, où elle rassemble tout ce qu'il y eut ici de plus grand et de plus pur. »

Ozanam avait emporté, en quittant Lyon, une lettre de recommandation pour M. de Chateaubriand ; sa timidité naturelle le fit longtemps hésiter à s'en servir. Il parvint enfin à la vaincre, et il alla sonner à la porte du grand homme. Combattu entre le désir de connaître l'immortel auteur du *Génie du christianisme* et la peur d'être paralysé par l'émotion devant ce prince de la littérature française, il ne l'aborda qu'en tremblant. M. de Chateaubriand l'accueillit avec une bonté et une aménité qui le touchèrent. Le Père La-

cordaire s'est arrêté avec complaisance à cette visite ;
elle lui a fourni un détail bien significatif. « M. de
Chateaubriand, dit-il, adressa d'abord au jeune Frédéric quelques questions sur ses projets, sur ses études ; puis il lui demanda s'il se proposait d'aller au
spectacle. Ozanam, surpris, hésitait à répondre : il
avait promis à sa mère de ne pas mettre les pieds au
théâtre, et il craignait de paraître puéril à son noble
interlocuteur en lui avouant la vérité. Il se tut un moment par suite de la lutte qui se passait dans son âme.
M. de Chateaubriand le regardait toujours, comme
s'il eût attaché à sa réponse un grand prix. A la fin,
la vérité l'emporta, et M. de Chateaubriand, se penchant pour l'embrasser, lui dit affectueusement : « Je
« vous engage à suivre le conseil de votre mère ;
« vous ne gagneriez rien au théâtre, et vous pourriez
« y perdre beaucoup. » Cette parole demeura comme
un éclair dans l'esprit d'Ozanam, et, lorsque quelques-
uns de ses camarades l'engageaient à les accompagner au spectacle, il s'en défendait par cette phrase
décisive : « M. de Chateaubriand m'a dit qu'il n'était
« pas bon d'y aller. »

L'homme de génie s'accordait avec la pieuse et
tendre mère qu'avait éclairée l'instinct du cœur. Ozanam ne pouvait qu'être frappé de cet accord. On ne le
vit qu'une fois au théâtre dans tout le cours de son
existence ; il assista à une représentation de la plus
belle des tragédies chrétiennes, d'un des chefs-d'œuvre de Corneille : j'ai nommé *Polyeucte*. Ce fut sa
seule infraction à la règle qu'il s'était imposée. Le

sujet de cette tragédie qu'illumine un rayon d'en haut,
et la manière dont il a été traité par un poète plein
de foi, regardé comme une des gloires de la France,
l'expliquent et la justifient.

Tout en regrettant sa ville natale, et plus encore
ceux qu'il y avait laissés, il se réconciliait peu à peu
avec Paris, qui n'était plus à ses yeux « comme un
désert moral » ou « comme un vaste cadavre dont la
froideur le glaçait » (1). Il s'était, dès son arrivée, réfugié dans le travail, et il y avait trouvé le calme dont
son esprit avait besoin. Homme de devoir par dessus
tout, il n'oubliait pas que ses parents l'avaient envoyé
à Paris pour un objet déterminé qu'il ne lui était pas
permis de négliger ; il faisait consciencieusement son
cours de droit, quoique la littérature eût pour lui plus
d'attrait. Il ne manquait pas une seule des conférences
où l'on plaidait, comme au palais, sur des questions
controversées. Sa correspondance rend compte de
leur organisation et du rôle qu'on y jouait.

« Il y a toujours aux prises deux avocats et un troisième qui fait fonction de ministère public. Les
autres jugent et le fond de la cause et le mérite des
plaidoiries. Il est défendu de lire ; le plus souvent on
improvise. C'est surtout aux répliques qu'il faut
s'exercer... J'ai déjà parlé deux fois, et notamment ce
soir j'ai suppléé un *procureur du roi* absent. On ne
m'a donné qu'une heure pour préparer mon affaire ;

(1) Ces appréciations exagérées de l'état de la capitale sont ex-
traites des lettres qu'il écrivait à sa mère dans ses moments de tristesse.

cependant, on a paru assez content... Pour moi, ajoute-t-il avec sa modestie habituelle, je me suis trouvé faible et hésitant, parce que je ne me sentais pas maître de mon sujet. »

Mais, loin d'être absorbé tout entier par la jurisprudence, il ne perdait pas de vue le magnifique plan qu'il avait conçu, et il consacrait toutes ses veilles, toutes les heures que d'autres donnaient au plaisir, à en préparer la réalisation. Sachant déjà très bien plusieurs langues étrangères, poursuivant l'étude de l'hébreu et du sanscrit, il traduisait les documents les plus divers. « J'ai achevé, écrit-il à un de ses cousins, de traduire de l'Allemand Mone ce qui concerne la mythologie des Lapons ; rien ne confirme mieux nos idées. J'aime à voir ce bon Allemand se tordre pour expliquer par la physique les mythes les plus moraux, et cherchant le culte des astres dans l'adoration du Dieu en trois personnes. » Il est question, dans une autre lettre, de la traduction d'un opuscule de Benjamin Bergman sur la religion du Thibet, renfermant une genèse, un système cosmogonique, où sont évidemment empreintes des traces de la Révélation. Il dit ailleurs : « Je fais une histoire abrégée des idées religieuses de l'antiquité, et déjà la Chine et l'Inde m'ont passé par les mains. » C'est ainsi que, sans sortir de son cabinet, il parcourait le monde sous l'impulsion d'une ambition bien noble.

Il nourrissait depuis quelque temps un autre projet, qui lui souriait beaucoup. Il visait à s'entourer de jeunes gens sentant, pensant comme lui, prêts à

associer leurs efforts aux siens pour le bon combat
sous l'étendard du catholicisme. Ils étaient nombreux
à Paris, mais dispersés de tous côtés ; il fallait arriver
à les réunir. Laissons-le raconter lui-même comment
ses désirs furent satisfaits :

« Mon idée était restée longtemps stérile ; seulement un ami m'avait introduit dans une réunion littéraire à peine composée de quinze membres ; c'était
le dernier débris de l'ancienne société des bonnes
études. Aujourd'hui, grâce au zèle de quelques-uns,
cette société ne compte pas moins de soixante personnes. La vaste pièce qui a remplacé l'ancien local
devenu trop étroit est encombrée d'auditeurs qui
assistent aux séances. Nous avons dû mettre des conditions assez sévères pour l'admission des candidats,
et cependant les candidatures se multiplient et nous
nous sommes recrutés de jeunes hommes pleins de
talent... De jeunes philosophes viennent demander
compte au catholicisme de ses principes et de ses
œuvres ; et, alors, l'un de nous, saisissant l'inspiration du moment, développe la pensée chrétienne mal
comprise, déroule l'histoire pour y montrer ses glorieuses applications, et, trouvant quelquefois une
source d'éloquence dans la grandeur du sujet, établit
sur de solides fondements l'union de la vraie philosophie avec la foi. Toutes les opinions sont admises à
la tribune. Toutefois, comme les catholiques égalent
en nombre ceux qui ne le sont pas, et qu'ils appor-
tent plus d'ardeur et d'assiduité, c'est toujours en
leur faveur que la victoire intellectuelle se décide.

Aussi, entre eux, franche et intime cordialité ; avec les autres, toujours bienveillance et politesse... Nous sommes surtout une dizaine unis plus étroitement encore par la parfaite conformité de nos tendances et de nos sentiments, espèce de chevalerie littéraire, amis dévoués qui n'ont rien de secret et qui s'ouvrent leur âme pour se dire tour à tour leurs joies, leurs espérances, leurs tristesses. »

Les dix preux chevaliers de ces tournois oratoires dont parle Ozanam formèrent l'association d'amis qu'il avait rêvée ; il exerçait une autorité morale incontestée sur ses frères d'armes. De cette petite association ne tardera pas à naître une grande œuvre qui répandra ses bienfaits dans tout l'univers. La plupart des jeunes gens qu'Ozanam avait groupés autour de lui, étaient, eux aussi, Lyonnais. Fiers de marcher sous la direction d'un compatriote qu'ils avaient appris de bonne heure à connaître, ils l'écoutaient dans toutes les discussions comme un oracle ; il leur imposait et par la force de son argumentation et par sa précoce éloquence :

« L'avenir est devant nous, leur disait-il, immense comme l'Océan ; hardis nautoniers, naviguons dans la même barque, et ramons ensemble ; au-dessus de nous, la religion, brillante étoile qu'il nous est donné de suivre ; devant nous, le sillage glorieux des grands hommes de notre patrie et de notre doctrine ; derrière nous, nos jeunes frères, nos compagnons plus timides qui attendent l'exemple. »

Ces généreuses exhortations avaient de l'écho dans

le cœur de chacun d'eux et les animaient tous d'un saint zèle.

Le dimanche, ils se retrouvaient chez M. de Montalembert, qui cherchait à attirer la jeunesse à ses soirées, où l'on respirait comme un parfum de catholicisme et de fraternité.

« M. de Montalembert, écrivait Ozanam, a une figure angélique; il fait ses honneurs avec une grâce merveilleuse... On rencontre dans ses salons les plus célèbres champions de l'école catholique au milieu de jeunes officiers belges ou polonais qui ont versé leur sang pour le triomphe de leurs convictions; puis, des hommes d'une autre école, qui viennent, comme des pèlerins d'un autre empire, contempler quelques instants l'esprit d'union et de douceur qui règne parmi leurs adversaires... On s'entretient de littérature, d'histoire, des intérêts de la classe pauvre, du progrès de la civilisation, et l'on emporte avec soi une douce satisfaction, un plaisir pur, une âme maîtresse d'elle-même, des résolutions et du courage pour la défense de la bonne cause. »

Qui sait si ce qui fut dit chez M. de Montalembert des intérêts de la classe pauvre, ne fit pas germer, à leur insu, dans des esprits si bien préparés, la première pensée de l'œuvre à laquelle j'ai déjà fait allusion, de la Société de Saint-Vincent de Paul?

En ce temps-là, certaines chaires de la Sorbonne étaient occupées par des professeurs rationalistes qui attaquaient violemment le catholicisme, l'accusant de répudier la science et la liberté. Ozanam souffrait de ces attaques non moins injustes que passionnées. Il fut décidé par la petite phalange dont il était le chef, qu'elle ne les laisserait pas sans réponse. Il reçut de ses camarades la mission de rédiger la réfutation qui devait être adressée à M. Jouffroy, chargé du cours de philosophie. Cette réfutation fut lue publiquement, accueillie par les applaudissements d'une partie de l'auditoire, et écoutée avec respect par celle qui était hostile aux idées religieuses. Le professeur se vit forcé de se rétracter en rendant hommage à ses contradicteurs, en s'engageant à ne plus blesser leurs croyances et en constatant un fait bien remarquable : « Messieurs, dit-il, il y a cinq ans, je recevais des objections dictées par le matérialisme ; les doctrines spiritualistes éprouvaient la plus vive résistance. Aujourd'hui, les esprits ont bien changé ; l'opposition est toute catholique. » Non seulement Ozanam avait obtenu la réparation qu'il désirait ; mais, en vengeant sa foi outragée, il avait fermé la bouche aux plus ardents ennemis de cette foi ; ils durent renoncer à l'outrage. Le succès qui, naguère, couronnait son initiative dans une modeste école de dessin, quand il mettait un terme aux propos impies de jeunes ignorants, se renouvelait en pleine Sorbonne, où il avait affaire à des professeurs distingués.

Ozanam fit plus encore : il provoqua l'ouverture de conférences qui avaient pour but d'opposer avec éclat, de manière à satisfaire les plus hautes intelligences, l'exposition des grandes vérités de la philosophie de l'histoire à tous ces cours rationalistes.

M. l'abbé Gerbet céda à ses instances et répondit admirablement à son attente. Les étudiants n'étaient pas
seuls à se presser autour du jeune prêtre pour profiter
de ses enseignements ; les sommités du monde de
l'esprit se plaisaient autant qu'eux à entendre cette
parole noble et sainte proclamant l'alliance immortelle de la foi et de la science, de la charité et de l'industrie, du pouvoir et de la liberté, et y découvrant
les destinées de l'avenir. « M. Gerbet, dit Ozanam
dans une de ses lettres, a d'abord le geste embarrassé ; son improvisation, au début, est douce et paisible ; mais, à la fin de ses discours, son cœur s'échauffe, sa figure s'illumine, le rayon de feu est sur
son front, la prophétie est sur ses lèvres. » En traçant ce portrait de l'orateur, Ozanam ne se doutait
pas alors qu'il se peignait d'avance lui-même, tel qu'il
se montrera dans sa chaire de professeur.

Ozanam eût voulu que ce mode de prédication, si
conforme aux exigences de l'époque, fût inauguré à
Notre-Dame. Il fit, à deux reprises, de concert avec
quelques amis, une démarche auprès de Mgr de Quélen,
archevêque de Paris ; ils lui remirent des pétitions
couvertes de signatures à l'appui de l'expression d'un
tel désir. L'une d'elles était comme un mémoire où
Ozanam avait développé avec netteté et précision tous
les arguments qui motivaient cette démarche ; il y
joignit une sorte de programme des questions qu'il
conviendrait de traiter, afin de répondre au vœu de la
jeunesse. La députation insista pour que l'abbé Lacordaire, qui lui était connu par le journal *l'Avenir*

et par le curieux procès de l'École libre, fût chargé
d'une pareille mission. Mgr de Quélen reçut ces jeunes
gens avec une extrême bonté, et les embrassa avec
effusion en leur disant : « J'embrasse en vos personnes toute la jeunesse catholique de France. » Mais
il se défiait instinctivement de tout ce qui s'écartait
des vieilles habitudes; il tenait beaucoup par nature
aux anciennes traditions. Il aima mieux essayer de
confier à sept prêtres de son choix les prédications de
Notre-Dame, en leur laissant la liberté de s'abandonner à leurs inspirations. La fougue, alors bien
atténuée, de l'abbé Lacordaire, de l'ardent rédacteur
de *l'Avenir*, n'était pas sans doute ce qui l'effrayait;
car, l'abbé de La Mennais étant entré dans son cabinet au moment où Ozanam et ses amis s'y trouvaient,
il le prit par la main, et, se tournant vers eux : « Voilà,
leur dit-il, l'homme qu'il vous faudrait ; sans la faiblesse de sa voix, s'il montait en chaire, la cathédrale ne serait pas assez vaste pour la foule avide de
l'entendre. » — « Oh ! maintenant, Monseigneur,
répondit tristement M. de La Mennais, ma carrière
est finie. » Soumis en apparence à l'arrêt du Saint-
Père, M. de La Mennais méditait déjà la violente
rupture qui allait plonger tous les catholiques dans
une inénarrable douleur; mais Mgr de Quélen s'abu-
sait encore sur ses véritables sentiments, et le voyait
à travers le prisme de son glorieux passé, que l'acte
le plus déplorable était à la veille d'effacer pour
toujours.

L'enseignement sans unité des sept prédicateurs

choisis par Mgr de Quélen fut loin de produire les heureux résultats qu'il avait espérés ; cet enseignement
eut le grave défaut que redoutait Ozanam : il n'attira
pas ceux qu'il importait avant tout d'attirer. L'abbé
Lacordaire faisait, dans le même temps, des conférences au collège Stanislas, et le public intelligent
mettait le plus grand empressement à s'y rendre (1).
De nombreux auditeurs, venus de tous côtés, s'entas-
saient les uns sur les autres dans l'étroite enceinte de
la chapelle, et les élèves durent bientôt leur céder la
place. Ce nouveau plan d'apologétique chrétienne, qui
consistait à prouver la divinité du christianisme par
ses effets sur la société ; cette éloquence aux libres
allures qui s'éloignait tant des formes ordinaires de
la rhétorique sacrée ; ces élans généreux et patriotiques où l'on sentait parfois comme un souffle de
Savonarole, furent accueillis par des applaudissements unanimes et eurent, au dehors, un retentissement prodigieux. Un tel succès ne pouvait qu'a-
jouter aux regrets d'Ozanam, quoiqu'il dût se réjouir
de voir son opinion pleinement justifiée par cette
première expérience. Une parole, dont il avait su comprendre toute la puissance, réalisait tout ce qu'il avait
prévu ; mais le théâtre où s'exerçait cette puissance
était trop petit à son gré ; il ne parvenait pas à se
consoler de l'échec qu'il avait subi en haut lieu ; il
allait pourtant éprouver une déception plus amère
encore. Certains défenseurs intéressés des traditions

(1) Voir note *k.*

classiques de la chaire, aidés de quelques esprits timides qu'alarmaient toutes les nouveautés, persuadèrent à l'archevêque de Paris que le jeune orateur n'était pas assez sûr de lui-même dans l'exposé du dogme, qu'il n'échappait pas aux dangers de l'improvisation, et qu'il poussait trop loin la hardiesse dans ses excursions à travers la politique et l'histoire contemporaine. Les conférences du collège Stanislas furent interdites. C'était un coup terrible pour l'abbé Lacordaire ; mais il ne perdit rien de son calme et de sa sérénité, au milieu de la consternation de ses amis. Il écrivit à M. de Montalembert, l'un des plus désolés, cette belle lettre : « L'obéissance coûte, mais elle est tôt ou tard récompensée, et Dieu seul sait ce qui nous convient... La lumière vient à qui se soumet comme à un homme qui ouvre les yeux. » Ses pressentiments ne le trompèrent pas ; une grande récompense lui était réservée ; mais il devait l'attendre plus d'une année. Non moins éloigné du découragement que de l'esprit de révolte, Ozanam ne cessera de hâter de tous ses vœux le jour où cette récompense lui sera accordée, tout en disant, avec une douce résignation : « Nous mettions notre orgueil dans la parole d'un homme, et Dieu met la main sur la bouche de cet homme, afin que nous sachions nous passer de tout, hormis de la foi et de la vertu. »

Ozanam suivait avec intérêt le mouvement religieux qui se produisait en Belgique. L'épiscopat de ce pays fraîchement émancipé venait de fonder une université catholique. Les libres penseurs s'étaient

émus. Quelques bandes d'étudiants de l'Université
ordinaire de Louvain avaient vociféré des injures de
carrefour sous les fenêtres de deux évêques et rempli
un journal de leurs invectives. Ozanam, indigné de
leur conduite, fut d'avis qu'il fallait la flétrir hautement au nom de la jeunesse studieuse de l'Université de France et faire une manifestation contraire en
faveur d'une institution qui était un sujet de joie
pour l'Église, parce qu'elle donnait un démenti de
plus à ceux qui annonçaient la mort du christianisme.
On convint d'insérer une protestation énergique
dans la presse de Paris et de Bruxelles ; on eut
encore recours à la plume d'Ozanam pour sa rédaction. Il me suffira d'en citer quelques passages pour
montrer qu'il fut à la hauteur de sa tâche :

« La solidarité qui semble unir les hommes de
même âge, parlant une même langue, livrés aux
mêmes études, nous oblige à renier les excès commis
par nos condisciples de Louvain... Enfants arriérés
du dix-huitième siècle, en dehors des progrès de nos
jours, la chose qu'ils ont faite n'est digne, ni de leur
époque, ni de leur pays... Tous les amis de la
nationalité belge ont lieu d'être fiers, quelles que
soient leurs croyances, de voir établir, sur un sol
longtemps asservi, une institution vierge de toute
protection étrangère, indépendante de toute action
gouvernementale, se soutenant par ses propres
forces. Quiconque veut le développement libre de
tous les grands desseins, ne peut qu'applaudir à
cette fondation... Si les étudiants de Louvain n'avaient

pas confiance dans les destinées de l'Université catholique, ils devaient la laisser tomber d'elle-même et l'entourer d'un respectueux silence ; c'était par l'émulation du travail qu'ils devaient chercher à la surpasser, en lui épargnant de vaines insultes : on ne crie que quand on a peur... Tout en reconnaissant les bienfaits de l'Université à laquelle nous appartenons et envers laquelle nous ne serons jamais ingrats, nous envions à nos frères de Belgique l'inappréciable avantage de recevoir le pain de la science d'une main connue, de la même main qui leur distribue le pain de la parole sainte, d'entendre parler le langage des lettres humaines, sans entendre blasphémer les choses divines ; ils n'ont pas, comme nous, à faire deux parts dans les discours des maîtres, celle de l'erreur et celle de la vérité. Nous espérons qu'un jour la France jouira du même avantage, et, en attendant, afin de témoigner de nos sympathies pour l'œuvre sainte et généreuse des évêques de Belgique, nous nous empressons de prendre des actions pour la soutenir. »

Il y a autant de modération que de noblesse dans cette protestation. L'ancien élève du collège de Lyon y rend hommage à l'Université de France, tout en condamnant le monopole qui lui était alors assuré par la loi. La mesure alliée à la fermeté, tel fut toujours le caractère distinctif d'Ozanam ; c'était le fond même de sa nature. Comment s'étonner de l'ascendant qu'il avait pris en si peu de temps sur des jeunes gens tous pleins de mérite à des degrés divers? Dieu l'avait marqué au front du sceau de la supériorité ; mais, loin de s'enorgueillir de se voir mis en avant en toute occasion, il eût été tenté de rire de l'importance qu'on donnait à un jeune homme de vingt et un ans ; il se déclarait, dans une lettre, très indigne des éloges qu'on lui prodiguait, des distinctions dont il était l'objet ; son humilité le prémunissait contre les enivrements que produit souvent la louange. Puis, se plaçant à un autre point de vue, il se plaignait d'être entraîné, par les sollicitations qui lui arrivaient de toutes parts, par des séductions qui flattaient ses goûts, hors de la ligne qu'il s'était tracée sous l'inspiration de ses parents : « Parce que Dieu et l'éducation, **disait-il**, m'ont doué de quelque étendue d'idées, de quelque largeur de tolérance, il faut que je sois à la tête de toutes les démarches, et, lorsqu'il y a quelque chose de difficile à faire, il faut que ce soit moi qui en porte le fardeau. » Il était partout appelé à présider ; cinq ou six journaux lui demandaient des articles. Il craignait que toutes ces occupations secondaires pour un étudiant en droit n'eussent pour effet de le détourner de la carrière que le vœu de sa famille lui destinait, et cette pensée le tourmentait. « Cependant, écrivait-il dans la même lettre, ce concours de circonstances extérieures ne peut-il pas être un signe de la volonté de Dieu? Je l'ignore, et, dans mon incertitude, je ne vais pas au devant, mais je laisse venir. Je résiste, et, si l'entraînement est trop fort, je me laisse aller. » Il eût pu se laisser aller sans crainte ; car il était homme à tout concilier. Mais la question qu'il s'adressait relativement à la volonté de Dieu,ne semble-t-elle pas indiquer qu'il avait comme un secret pressentiment de l'avenir?

Quelles étaient les distractions du bon Frédéric, au milieu de tant de travaux? Sa correspondance avec sa mère nous apprend qu'il ne recherchait que celles qui avaient un côté sérieux. Écoutez le récit qu'il lui fait gaiement d'une de « ses plus agréables journées » :

« Si je vous disais que le jour de la Fête-Dieu, trois jeunes écervelés sortaient de Paris par les Champs-Élysées, à huit heures du matin, je piquerais votre curiosité peut-être. Si je vous annonçais qu'à dix heures une trentaine d'étudiants assistaient à la procession de Nanterre, j'édifierais votre piété sans doute. Si j'ajoutais qu'à six heures du soir, vingt-deux desdits individus se réconfortaient autour d'une table, à Saint-Germain en Laye, je pourrais vous intriguer encore. Enfin, si je vous révélais qu'à minuit ou environ, trois jouvenceaux frappaient à la porte, rue des Grès, n° 7 (1), qu'ils avaient l'esprit gai, les jambes un peu moulues, les souliers couverts de poussière, et que l'un d'entre eux, aux cheveux châtains, au nez large, aux yeux gris, est fort de votre connaissance, pour le coup que diriez-vous, ma bonne petite mère? Vous diriez: « Oh ! oh ! ceci m'a « l'air d'une folle aventure !... Ceci ressemble à une

---

(1) C'était là qu'habitait alors Ozanam dans une petite chambre d'étudiant.

« équipée d'étourneaux, et, n'était la moralité de la
« procession, je ferais peut-être *mes grands yeux*
« *blancs*. » Eh bien donc ! je vois que j'ai touché la
corde, et que j'ai rencontré, parmi les jours déjà
nombreux de mon pèlerinage dans la capitale, précisément celui qui peut appeler votre intérêt.

« Vous savez qu'à Paris comme à Lyon, pour des
motifs beaucoup plus plausibles, les processions sont
interdites ; mais, parce qu'il plaît à quelques perturbateurs de parquer le catholicisme dans ses temples
au sein des grandes villes, ce n'est pas une raison,
pour de jeunes chrétiens à qui Dieu a donné une
âme un peu virile, de se priver des plus touchantes
cérémonies de leur religion. Aussi s'en est-il trouvé
quelques-uns qui avaient songé à prendre part à la
procession de Nanterre, paisible village où est née
sainte Geneviève, la patronne de Paris.

« Le dimanche se lève serein et sans nuages,
comme si le ciel eût voulu le fêter de ses pompes.
Je pars de bon matin avec **deux** amis. Nous arrivons
des premiers à l'humble rendez-vous. Peu à peu la
petite troupe se grossit, et bientôt nous sommes
trente, la plupart portant moustaches, cinq ou six
comptant cinq pieds huit pouces. Toute l'aristocratie
intellectuelle de la conférence d'histoire fait partie de
ce petit bataillon sacré. Nous nous mêlons aux paysans
qui suivent le dais ; c'est plaisir pour nous de cou-
doyer ces braves gens, de chanter avec eux, de les
voir s'émerveiller de notre bonne tournure et s'édifier de notre religion. La procession était nombreuse

et pleine d'une élégante simplicité, toutes les maisons
tendues, les chemins jonchés de fleurs. Il y avait une
foi, une piété difficiles à décrire. De bons vieillards,
qui n'avaient pu suivre le cortège, l'attendaient au
passage.

« Au sortir de la grand'messe, nous nous réunis-
sons sur la place, et quelqu'un de nous propose
d'aller dîner à Saint-Germain. Sept ou huit poltrons
objectent la distance ; on les laisse dire et rebrousser
chemin, et nous voilà vingt-deux par groupes de trois
ou quatre seulement, pour ne pas faire de trouble,
battant de nos semelles la route de Saint-Germain. Le
plaisir double la vitesse de nos jambes, et, tout en
ramassant des fraises dans les bois, nous arrivons au
terme de notre expédition.

« Après avoir pris nos ébats sur l'immense terrasse,
visité le magnifique château, si riche en souvenirs, si
fier de son antiquité, nous nous portons tous ensemble
chez un respectable restaurateur qui mit garnison au
logis pour quarante sous par tête. Ici était la partie
scabreuse de l'entreprise : que de vertus ont échoué
contre les séductions du dessert ! que de sagesses
sont venues se briser contre un verre de mousseux
champagne ! Nous sûmes éviter le péril par la fuite,
et le modeste mâconnais, doublement baptisé par le
maître de céans et par nous, fut la seule liqueur
admise au festin. Aussi personne ne roula sous la
table ; personne ne chargea les épaules de ses camarades d'un importun fardeau. Nous repartîmes à la
fraîcheur du soir, causant ensemble des douces im-

pressions de la journée. La lune ne tarda pas à nous éclairer à travers les arbres ; c'était un délicieux moment. Nous avions rempli nos devoirs envers Dieu en lui rendant les hommages qui lui étaient dus, envers nos frères en leur donnant un bon exemple ; nous nous étions procuré un plaisir pur, accompagné d'un témoignage de réciproque amitié...' Au milieu de la satisfaction que nous éprouvions tous, nos pensées se reportaient vers ceux qui nous sont chers... Mon cœur sait combien de fois j'ai songé à vous tous dans ce beau jour. »

On n'admire pas seulement l'auteur d'un si ravissant récit, on se sent porté à l'aimer. Cette lettre, qu'on ne peut lire sans une douce émotion, est à la fois l'épanchement d'une âme sainte, d'un esprit enjoué et d'un cœur tendre. Elle nous montre, en termes touchants, l'élite de la jeunesse des écoles foulant aux pieds le respect humain, dont tant d'hommes sont esclaves, et tenant à honneur d'assister à la procession d'un simple village, quand une pareille manifestation était interdite dans la capitale. Elle nous offre, en même temps, le piquant tableau d'une partie de plaisir, bien innocente assurément et peu coûteuse, mais animée par une franche gaieté. L'heureuse mère à qui elle était adressée dut pleurer de joie en la lisant, et entonner, après l'avoir lue, un cantique d'action de grâces.

Il est permis de conclure de certain passage, où Ozanam donne en quelque sorte son signalement sous une forme plaisante, qu'il n'avait reçu du ciel que la beauté morale. Mais avec quelle libéralité Dieu lui avait départi cette beauté suprême ! D'ailleurs, l'intelligence et la bonté illuminaient son austère visage, dès qu'il avait occasion de les mettre en lumière, et faisaient oublier ce qui manquait à ses traits pour charmer le regard.

Ozanam et plusieurs de ses confrères de la conférence d'histoire s'étaient souvent demandé s'il ne conviendrait pas d'organiser une réunion toute chrétienne, qui, au lieu de s'occuper de discussions philosophiques et religieuses, n'aurait pour objet que des œuvres de charité. *La foi qui n'agit point, est-ce une foi sincère ?* C'est le sentiment si bien exprimé dans ce vers d'un poète divin qui inspira à ces pieux jeunes gens l'idée féconde d'où allait sortir la Société de Saint-Vincent de Paul. Ozanam était plus que tous les autres obsédé par cette idée qui le poursuivait nuit et jour. Ils finirent par la communiquer à M. Bailly, directeur d'une revue intitulée *la Tribune catholique,* très honorablement connu dans le quartier latin. M. Bailly, qui avait au plus haut degré l'amour du bien, les engagea vivement à la réaliser ; car, s'il n'en mesura pas d'abord toute la portée, il comprit du moins ce qu'elle avait de louable en elle-même, et il mit le plus grand empressement à encourager ceux qui l'avaient conçue. Il n'hésita pas à leur prêter immédiatement son concours en les autorisant à disposer de ses bureaux.

Ils s'y réunirent pour la première fois, au nombre de huit, au mois de mai 1833 : le plus âgé avait à

peine atteint sa majorité ! L'avenir réservé à une
œuvre entreprise dans de si modestes conditions
devait rendre une telle date mémorable. Cette humble
fleur de charité, destinée à tant s'épanouir un jour,
était née dans le mois des fleurs, dans le mois consacré à Marie ; elle se plaça naturellement sous sa protection. On offrit la présidence à M. Bailly qui voulut
bien l'accepter. Il fut décidé, dès le début, que les
pauvres recevraient des secours à domicile, et qu'on
recueillerait auprès des sœurs de Saint-Vincent de
Paul tous les renseignements qu'exigeait la visite
des familles. Ces jeunes novices ne pouvaient avoir
de meilleurs guides, dans leur apprentissage, que ces
saintes filles (1) qui avaient renoncé à toutes les
jouissances de la terre pour servir Dieu en servant le
pauvre, anges descendus du ciel pour nous en montrer le chemin. Les séances commençaient et se ter-
minaient par la prière. Un des membres faisait la
quête ; le produit de cette quête était affecté à l'achat
des bons de pain que chacun d'eux contractait l'obligation d'aller porter lui-même à la famille qui lui
avait été confiée, l'assistance à domicile étant le mode
de bienfaisance le plus conforme à l'esprit évangélique. Comme il est rare qu'un étudiant ait la bourse
bien garnie, leur libéralité n'était pas à la hauteur de
leur zèle ; malgré les privations qu'ils s'imposaient
pour augmenter la part des indigents, joignant ainsi
au mérite de l'aumône celui d'un sacrifice volontaire,

(1) Voir note *l.*

ils n'auraient eu que de bien faibles ressources, si
M. Bailly n'eût suppléé à leur insuffisance en y ajoutant, du consentement de tous les intéressés, ce qu'il
était censé payer pour les articles d'Ozanam et de
ses amis, insérés dans la *Tribune catholique*. Ils feront
de rapides progrès dans « l'art de dévaliser les riches
au profit des pauvres », selon le langage d'Ozanam,
d'attirer à eux une partie de ce superflu que Dieu ne
permet pas plus au riche de garder qu'il ne permet
au pauvre de prendre par violence. La sœur Rosalie (1), si populaire et si vénérée à Paris, les aida de
sa longue expérience ; c'était elle qui leur fournissait
les bons achetés toutes les semaines, suivant la situation de la caisse, la société naissante n'étant pas
encore en mesure de s'approvisionner d'une autre
manière. Le grand patron des bonnes sœurs enrô-
lées sous la bannière du héros de la charité chrétienne, du père adoptif des enfants trouvés, du
principal promoteur de la renaissance religieuse au
dix-septième siècle, fut aussi celui que choisit la
nouvelle association ; elle prit donc le noble titre de
Conférence de Saint-Vincent de Paul et se fit une loi
de rester toujours en dehors du terrain mouvant de
la politique, ne fût-ce que pour se mettre à l'abri des
divisions qui en sont inséparables, bien résolue à ne
s'inspirer que des vertus de son saint patron. « Un
saint patron, disait Ozanam, n'est pas une enseigne
banale ; ce n'est pas même un nom honorable sous

(1) Voir note *m*.

lequel on puisse faire bonne contenance dans le monde de l'esprit ; c'est un type qu'il faut s'efforcer de réaliser, comme lui-même a réalisé le type divin, qui est Jésus-Christ. » Ce nom de conférence indiquait le lien qui unissait la société à la conférence d'histoire dont tous ses membres faisaient également partie, et où elle continuera à se recruter.

Les huit fondateurs n'avaient pas tardé à ouvrir les portes de leur réunion à des camarades entraînés par leur exemple. Des élèves de l'École normale et de l'École polytechnique solliciteront bientôt l'honneur d'y être admis et ne se montreront pas les moins assidus. Le nombre des associés s'étant promptement accru, il avait fallu les diviser en plusieurs sections fonctionnant chacune dans un quartier différent. Une assemblée générale avait lieu le jour de la fête de saint Vincent de Paul, célébrée toujours en grande pompe. Elle entendait la lecture d'un rapport qui présentait le tableau des distributions faites dans le courant de l'année, des résultats obtenus dans les visites à domicile, et de tous les incidents de quelque importance qui s'étaient produits. Ce rapport avait surtout pour effet d'entretenir dans son sein une salutaire émulation.

La conférence était comme le refuge de beaucoup de jeunes provinciaux venus à Paris pour compléter leurs études dans des voies diverses. Au milieu des périls de tout genre auxquels les exposait ce premier essai de la vie parisienne et d'une liberté inexpérimentée, ils trouvaient là de véritables frères dont le bienveillant patronage était pour eux le plus sûr des préservatifs ; ils mettaient sous la sauvegarde de la charité, non seulement leur foi, mais encore leur chasteté, c'est-à-dire ce qu'ils avaient de plus précieux. Que de mères ont béni du fond du cœur la Société de Saint-Vincent de Paul d'avoir exercé sur leurs fils une influence qui les avait maintenus dans le droit chemin, qui les avait aidés à triompher dans une lutte qu'on soutient si difficilement à l'âge des passions ardentes ! De tous les bienfaits d'une si admirable institution, ceux-là, certes, n'étaient pas les moins grands, au point de vue moral, comme au point de vue religieux.

En se proposant de faire du bien aux pauvres, les disciples de saint Vincent de Paul se faisaient à eux-mêmes un bien inappréciable : leur société était comme une assurance mutuelle contre le mal. Dans ces temps troublés, où le culte des intérêts matériels tendait à dominer partout, où les instincts élevés de l'humanité étaient souvent étouffés par les instincts grossiers, tous ceux qui, éclairés par le flambeau divin, comprenaient qu'il fallait combattre énergique-ment ces déplorables tendances, que c'était pour les catholiques un devoir impérieux, éprouvaient le besoin de s'appuyer les uns sur les autres. Mis en commun pour atteindre un noble but, le zèle et les lumières de tous augmentaient infiniment la puissance de chacun ; c'est l'effet ordinaire de toute association fécondée par les bénédictions de Dieu. Puis, dans cette nouvelle application de la fraternité chrétienne, il se formait des amitiés d'autant plus durables qu'elles reposaient sur le solide fondement d'une même foi.

Il y avait plus encore. Quiconque se préoccupait sérieusement de l'avenir du pays, ne pouvait être indifférent aux progrès que faisait chaque jour l'invasion des plus dangereuses doctrines. De prétendus réformateurs, à qui il n'avait pas été donné de changer les conditions de la nature humaine, se plaisaient à bercer un peuple crédule de décevantes espérances, à lui prodiguer de chimériques promesses en excitant toutes les convoitises. Ils n'étaient, hélas! que trop écoutés. Et pourtant si, du domaine de la théorie, leurs plans de réformes radicales avaient passé dans la pratique, il n'en serait résulté sans aucun doute que d'affreux bouleversements qui, loin d'améliorer le sort du peuple, auraient aggravé ses maux et porté peut-être un coup mortel à notre chère France. C'était donc faire un acte de patriotisme aussi bien qu'un acte de charité que de se mettre constamment en contact avec lui, d'abord pour soulager ses souffrances, ensuite pour le prémunir contre de funestes illusions, après avoir gagné sa confiance en répondant par des bienfaits incessants à des diatribes incessantes.

Ce qui était vrai à cette époque, disons-le en passant, est encore plus vrai de nos jours où le mal a pris de si effrayantes proportions. L'exercice de la charité bien comprise ne cessera jamais, quoi qu'on fasse, d'être la meilleure solution de ce qu'on appelle aujourd'hui la question sociale. Nous aurons toujours des pauvres parmi nous. C'est Dieu lui-même qui a prononcé cet arrêt fatal. Mais, si nous obéissions tous au sublime précepte qui nous ordonne de les traiter en frères, qu'il serait aisé d'alléger leur fardeau de misères, le seul héritage qu'ils reçoivent, le seul qu'ils transmettent ! Il est non moins aveugle que coupable l'égoïsme qui le laisse peser d'un poids si lourd sur ces infortunés dont les plaintes, montant jusqu'à Dieu, condamnent devant lui les privilégiés de ce monde qu'il a entendu constituer leurs protecteurs. Et que d'ineffables jouissances sont attachées à l'accomplissement d'un tel devoir ! Il n'y a pas de joie comparable à la joie qui inonde le cœur d'un chrétien, quand il a essuyé une larme, quand il a cicatrisé une plaie, quand, selon la parole de l'Évangile, « il a donné à manger à ceux qui ont faim, à boire à ceux qui ont soif (1) ». Ce sont là, sans contredit, les plus doux mystères de la vie de l'âme ; heureux celui dont l'initiation à ces doux mystères est complète, grâce à de fréquentes excursions dans le domaine de la charité ! Le souvenir des pénibles émotions que cause, au premier abord, la visite des réduits de l'indigence est bientôt effacé par la satisfaction intime qui est la récompense immédiate du sacrifice qu'on s'est imposé en y entrant. Il semble que Dieu ait voulu qu'à son insu le pauvre acquittât sa dette envers son bienfaiteur, en lui faisant goûter un bonheur sans égal.

Comment, enfin, à la vue des cruelles épreuves qui lui ont été épargnées, l'homme que la Providence a

____

(1) Voir note *n.*

comblé de ses dons, ne serait-il pas plus reconnaissant envers elle d'une telle faveur, et, plus convaincu qu'il n'y a pour lui qu'un moyen de s'en montrer digne, c'est de n'être point avare de ces biens dont elle ne l'a fait le dépositaire que pour qu'il en fût le dispensateur?

Nul n'était plus profondément pénétré de ces vérités que Frédéric Ozanam. Si l'idée première de la Société de Saint-Vincent de Paul n'appartenait pas à lui seul, on ne saurait contester qu'il exerça, par l'ardeur qu'il mit à sa fondation, une action prépondérante et décisive. Ozanam aimait sincèrement le pauvre que la religion place si haut dans l'ordre moral; il le voyait tel qu'elle nous le montre à travers ses dogmes, et le rang qu'elle lui assigne parmi les enfants de Dieu était à ses yeux une des plus belles inspirations du christianisme, un des signes les plus frappants de sa grandeur surhumaine. Plein de sollicitude pour les familles qu'il secourait, il doublait le prix de l'aumône par les témoignages de sympathie qu'il leur prodiguait avec une aménité sans pareille. Comme il savait trouver le chemin du cœur de l'indigent! Comme il était habile à s'y insinuer pour y déposer le germe des vertus chrétiennes! Que d'esprits en proie aux sourdes colères excitées par la souffrance ont calmés ses douces paroles et ses pieux conseils! Que de blasphèmes il a arrêtés sur des lèvres accoutumées à proférer d'amères malédictions! Saint François de Sales lui avait appris que « la douceur est la fleur de la charité », et il ne l'avait point oublié. Jamais il ne sortit des sombres

taudis où il avait fait luire un rayon de son âme, sans
que le pauvre fût plus résigné, moins prompt à se
révolter contre des inégalités irrémédiables, plus dis-
posé à supporter patiemment une infortune passagère
dans l'espoir d'obtenir les éternels dédommagements
de la vie future. C'était un visiteur modèle ; il poursuivait, avec une persévérance que rien ne pouvait
lasser, le double but de l'institution, qui consistait à
consoler et à éclairer le pauvre en le secourant. « La
bienfaisance, a dit Mme Guizot, a besoin d'un peu d'affection ; le malheureux se plaît à croire qu'on ne donne
pas tout à son malheur ; qu'il y a quelque chose pour
sa personne ; qu'on fait pour lui ce qu'on n'aurait pas
fait pour un autre ; il veut se devoir à lui-même quelque chose du bienfait qu'on lui accorde. » Dans cette
pensée d'une femme au nom illustre, substituez au
mot purement humain de *bienfaisance*, qui est du
domaine de la philanthropie, le mot divin de *charité*,
qui est du domaine de la foi, et vous aurez la sage
maxime dont Ozanam faisait sa règle de conduite
dans ses rapports habituels avec la misère.

Non content de payer aussi largement son tribut,
Ozanam, dont le rêve le plus cher était la formation,
pour le soulagement des classes populaires, d'une
vaste confédération des hommes de bonne volonté sur
toute la surface de la France, travaillait à la propagation des conférences de Saint-Vincent de Paul hors
de Paris. La protection d'un tel saint lui inspirait une
confiance sans bornes dans l'avenir de l'œuvre. « Ne
doutons pas, écrivait-il alors, que saint Vincent de

Paul n'ait eu une vision anticipée des maux et des exigences de notre époque; il n'était pas homme à bâtir sur le sable ni à bâtir pour deux jours... Les Augustin, les Benoît, les Bruno, les François, qui dorment depuis quinze, douze, huit, six siècles dans la poussière, ne cessent pas d'avoir leur postérité spirituelle, leurs représentants debout au milieu des ruines du passé. L'astre de saint Vincent de Paul, monté plus tard sur l'horizon, fournira assurément une aussi longue carrière. » Ce prosélytisme, qui ne reculait devant aucun obstacle, fut toujours la grande passion d'Ozanam. La maladie, même la plus grave, n'affaiblira pas son zèle. On le verra consacrer à son œuvre favorite jusqu'à ses dernières forces, et il fondera une conférence dans une ville d'Italie peu de jours avant sa mort.

Ozanam faisait, de l'amitié qu'avaient pour lui tous ceux qui le connaissaient, son meilleur auxiliaire dans l'exécution de ses desseins charitables. C'est à l'impulsion qu'il donna à quelques amis jaloux de marcher sur ses traces que fut due la création des premières conférences de province. Dans plus d'une localité, aux distributions des secours à domicile, elles joignirent l'instruction des enfants et des adultes, le patronage des orphelins et celui des jeunes libérés, comme si elles voulaient embrasser tout l'ensemble des misères humaines.

J'ai lu souvent les lettres édifiantes où ce cher Ozanam s'efforçait de m'associer à l'expansion de son œuvre en m'engageant à implanter la Société de Saint-

Vincent de Paul dans mon pays, où il me suppliait de
ne pas céder au découragement après un essai de
courte durée, et où il m'exprimait toute sa joie, quand
une seconde tentative de deux de mes compatriotes(1),
plus dignes que moi de réussir dans cette pieuse entreprise, eut été définitivement couronnée par le succès. Jamais je n'ai pu me défendre, en les lisant, d'une
vive émotion, tant elles sont empreintes d'une foi
d'apôtre (2)! On y reconnaît de plus ce fonds de bienveillance inépuisable qui rendait Ozanam affable et
doux envers tout le monde, et lui prêtait je ne sais
quel charme joint à cette puissance de séduction qu'a
la bonté unie au talent. Il suffisait d'avoir lu ces admirables lettres pour être prêt à surmonter toutes les
difficultés, ne fût-ce que dans la pensée de faire une
chose agréable à celui qui les avait écrites. La persua-
sion coulait en quelque sorte de la plume d'Ozanam
aussi bien que de ses lèvres. Il n'avait pas seulement la
noble passion de l'assistance fraternelle ; il savait encore la répandre autour de lui. Rien ne le prouve mieux
que ce que lui écrivait en ce temps-là un ami dévoué.
Citons et vous apprécierez :

« Plus d'une fois l'idée d'une société semblable à
la vôtre avait traversé mon esprit : quel est le chrétien
qui n'a pas compati aux souffrances du pauvre et n'a
pas désiré les soulager? Mais je ne voyais là qu'un
beau songe que je n'aurais pas la force de réaliser,
et je ne m'y arrêtais pas. Quand je vous vis à l'œuvre,

(1) Voir note *o*.
(2) Voir note *p*.

quand je fus témoin du zèle dont vous étiez animé,
j'eus du remords de n'avoir pas écouté la voix qui
avait retenti dans mon cœur. Je me disais que ce
qu'avaient fait des jeunes gens de mon âge dans la
capitale, éloignés de leurs parents, au milieu d'une
atmosphère infectée des poisons de l'incrédulité et du
libertinage, nous qui vivions au sein de nos familles,
qui respirions l'air pur de la maison paternelle tout
imprégnée du sentiment religieux d'où la charité dé-
coule, nous serions bien coupables devant Dieu de ne
pas au moins le tenter dans notre ville natale. Décidé
à essayer d'imiter ces bons jeunes gens, je jurai de
ne rien négliger pour faire partager ma résolution à
mon entourage. »

Voilà ce que gagnaient les amis d'Ozanam à son
commerce : l'âme de cet ardent volontaire du bien
leur communiquait le feu sacré qui l'embrasait.

Quand les conférences se furent multipliées à l'é-
tranger comme en France, il fallut songer à établir
entre elles un lien commun et une sorte d'autorité à
laquelle appartiendrait la haute direction. Ozanam
contribua à l'organisation d'un conseil général et à la
rédaction d'un règlement dont le but était de maintenir partout l'unité. Quoique toujours resté fidèle à
l'engagement, pris dès le début, de bannir la politique
de toutes leurs réunions, ce conseil général portera
un jour ombrage au pouvoir, qui exigera sa dissolu-
tion ; mais Dieu ne permettra pas que la prospérité
et le développement des conférences aient longtemps
à souffrir d'une si regrettable mesure.

Une pareille organisation était le complément nécessaire de cette heureuse *laïcisation* de la charité, dont le baron de Renty avait le premier donné l'exemple au dix-septième siècle (1). Constamment encouragée, sous sa forme laïque, par l'épiscopat, qui en comprenait tous les avantages, la Société de Saint-Vincent de Paul recevra à Rome même, en 1854, dans la plus auguste des solennités, la consécration du souverain Pontife. Ozanam ne sera plus là pour jouir de son triomphe ; mais son souvenir sera tout vivant au milieu de cette scène imposante, et sa grande âme tressaillera d'allégresse à la vue de ce magnifique spectacle.

Vingt ans après les frêles commencements qu'il m'a été doux de raconter en présence des résultats maintenant acquis, Ozanam se trouvait en Italie. L'œuvre avait grandi et s'était propagée. Fêté par ses confrères de Florence, il fut amené à prononcer un discours qui a été conservé, et qui, certes, méritait de l'être. Ce discours, que ses éditeurs ont compris dans leur publication, expose très nettement l'origine et les progrès d'une institution qu'Ozanam avait si largement contribué à établir.

« Nous étions, dit l'orateur, envahis par un déluge de doctrines hétérodoxes qui s'agitaient autour de nous, et nous sentions le besoin de fortifier notre foi, au milieu des assauts que lui livraient les systèmes divers de la fausse science. Parmi nos compagnons

(1) Voir note *q*.

d'études, il y avait des matérialistes, des saint-simoniens, des fouriéristes, des déistes. Lorsque, nous,
catholiques, nous nous efforcions de rappeler à ces
frères égarés les merveilles du christianisme, ils s'accordaient tous à nous dire : « Vous avez raison, si
« vous parlez du passé : le christianisme a fait autre-
« fois des prodiges ; mais aujourd'hui le christianisme
« est mort. Et, en effet, vous, qui vous vantez d'être
« catholiques, que faites-vous ? Où sont les œuvres
« qui montrent votre foi et qui peuvent nous la faire
« respecter et admettre ? » Ce reproche, hélas ! n'était
que trop fondé ! Ce fut alors que nous nous dîmes :
« Eh bien, à l'œuvre ; et que nos actes soient d'ac-
« cord avec notre foi. Faisons ce qui plaît le plus à
« Dieu ; secourons notre prochain comme le faisait
« Jésus-Christ.... » Je me rappelle que, dans le principe, un de mes amis, abusé un moment par les théories saint-simoniennes, me disait d'un air de compassion : « Vous êtes huit pauvres jeunes gens, et vous
« avez la prétention de secourir les misères qui pul-
« lulent dans une ville comme Paris ! Que feriez-
« vous, d'ailleurs, quand vous seriez beaucoup plus
« nombreux ? Nous, au contraire, nous élaborons des
« idées et un système qui reformeront le monde et en
« arracheront la misère pour toujours ; nous ferons
« en un instant pour l'humanité ce que vous ne sau-
« riez accomplir en plusieurs siècles. » On sait à
quoi ont abouti les théories qui causaient cette illusion
à mon pauvre ami ! Et nous, qu'il prenait en pitié,
au lieu de huit, à Paris seulement, nous sommes

deux mille, et nous visitons cinq mille familles, c'est-
à-dire environ vingt mille individus, c'est-à-dire le
quart des pauvres que renferment les murs de cette
vaste cité. Les conférences, en France seulement, sont
au nombre de cinq cents, et nous en avons en Angleterre, en Espagne, en Belgique, en Amérique et
jusqu'à Jérusalem. C'est ainsi qu'en commençant
humblement, on peut arriver à faire de grandes
choses, comme Jésus-Christ qui, de l'abaissement de
la crèche, s'est élevé à la gloire du Thabor. C'est
ainsi que Dieu a fait de notre œuvre la sienne et l'a
voulu répandre par toute la terre en la comblant de
ses bénédictions. »

Les chiffres énoncés par Ozanam peuvent se passer
de commentaires; ils sont par eux-mêmes assez élo-
quents. Le grain de sénevé, semé dans un terrain
fertile par quelques étudiants qu'animait l'esprit de
Dieu, avait promptement germé sous la main du souverain Maître. Il était déjà devenu un arbre immense
dont les bienfaisants rameaux, s'étendant de plus en
plus, finiront par couvrir tout le monde catholique.
Le jour où la jeune génération, profitant des enseignements de la foi qui avaient longtemps manqué à
la génération précédente, arbora résolument l'étendard de la charité chrétienne, une grande victoire fut
remportée sur le génie du mal. Cette victoire eut ses
héros ; Ozanam fut un des plus vaillants. Il brillera
plus tard comme professeur et comme écrivain ; mais
la part qu'il prit à la fondation des conférences, sera
toujours son principal titre de gloire, s'il est vrai,

comme l'a très bien dit Pascal, que le moindre acte
de charité soit au-dessus de tous les ouvrages de philosophie et de littérature. Aujourd'hui, quand le nom
d'Ozanam est prononcé, c'est d'abord au fondateur
de la Société de Saint-Vincent de Paul qu'on pense
en s'inclinant devant lui, et ce nom, sur lequel il a
jeté un si vif éclat, ne saurait être oublié ou perdre
quelque chose de son prestige, tant qu'elle remplira
sa généreuse et sainte mission.

Ainsi, la seconde année du séjour d'Ozanam à Paris
fut marquée par l'établissement d'une des plus belles
œuvres du siècle; il avait fait, en vérité, son entrée
dans le monde par la porte des élus de Dieu. Quel
début plein de promesses (1) !

Pendant les vacances, Ozanam allait se retremper
au milieu de sa famille qui l'accueillait tout entière à
bras ouverts, et se réjouissait de son retour. Il célé-
brait tous les ans avec elle la fête de sa mère. Il attachait tant de prix à cette douce satisfaction que rien
ne pouvait trop lui coûter pour se la procurer. Qui ne
serait touché de ce qu'il eut le courage de faire une
année où son départ de Paris avait été un peu retardé !
Voici comment il raconte lui-même cette aventure :

« Je tenais à arriver à Lyon le 15 août, fête de ma
mère; mais je ne tenais pas moins à avoir la messe
ce jour-là, fête de la sainte Vierge. Il me fallait donc,
le matin, m'arrêter à Mâcon, à douze lieues de chez
moi, pour assister au saint sacrifice, espérant trouver

____

1. Voir note *r*.

une voiture qui m'emmènerait dans la journée. J'avais compté sans mon hôte ; je ne trouvai d'autre voiture que celle dont les fils d'Adam sont pourvus dès leur naissance, et je fus obligé de passer tout ce grand jour de l'Assomption à cheminer à pied sur une route poudreuse. Enfin, à quelques lieues de Lyon, je rencontrai une mauvaise carriole qui m'amena, vers huit heures du soir, à la maison, au moment où toute la famille assemblée s'affligeait de mon retard. Je vous laisse à penser la joie du premier embrassement. »

Heureux de se retrouver entouré des siens, il revoyait également avec bonheur ces ravissants environs de Lyon que nous avions tant de fois parcourus ensemble. Il faisait d'intéressantes excursions dans les départements voisins, en compagnie de son frère aîné ou de quelque ancien camarade. Son voyage de touriste à la Grande Chartreuse et sa visite à M. de Lamartine méritent que je m'y arrête.

C'est aussi avec « la voiture dont tous les fils d'Adam sont pourvus dès leur naissance » qu'Ozanam fit gaiement ce voyage de touriste : c'était une course de soixante lieues à travers le Dauphiné. On devine aisément quels sentiments éveilla dans son âme la Grande Chartreuse, le chef-lieu général de l'ordre fondé par saint Bruno, dans les montagnes qui forment le marchepied des Alpes. La description qu'il en a laissée porte le cachet de l'homme religieux et du poète :

« Je n'avais entendu parler que de sublimes horreurs, de torrents, de précipices, de déserts, d'ef-

frayantes austérités, et je n'ai vu qu'une solitude délicieuse, une végétation magnifique, de riches prairies,
des forêts où la verdure des hêtres se mêle à la noir-
ceur des sapins, des rochers au milieu des rosiers,
des ruisseaux tombant en élégantes cascades sur un
lit de gazon ; de tous côtés, des touffes de campanules
bleues, de larges et gracieuses fougères semblables
à des palmiers nains, de grands troupeaux sur les
montagnes, des oiseaux dans les bois, et là, dans le
vallon, le monastère majestueux et grandiose, les
moines au vêtement antique, au visage serein,
exprimant dans tous leurs traits le bonheur et la
quiétude, les chants s'élevant à toutes les heures du
jour avec force, avec harmonie, les hymnes de la
nuit montant vers Dieu, à l'heure où les crimes se
multiplient et où les vengeances de Dieu se prépa-
rent. »

Puis il se complaît dans les visions d'une imagination empreinte de mysticisme :

« La Chartreuse, ainsi placée dans ce creux des
montagnes, environnée de toutes les grâces de la
création, me semblait comme un nid solitaire où des
âmes saintes, rassemblées et couvées sous les ailes
maternelles de la religion, grandissaient paisible-
ment pour s'envoler un jour au ciel... La nature,
dans sa simplicité, dans sa virginité, est profondément chrétienne ; elle est remplie de solennelles
tristesses et d'ineffables consolations ; elle ne parle
que de morts et de résurrections, de chutes passées
et de glorifications futures... C'est ainsi que sur le

globe que nous foulons aux pieds **sont** écrites ineffaçables les leçons d'une philosophie sublime, et cette
philosophie n'est autre que celle écrite en caractères
non moins ineffaçables sur les pages de l'Évangile. »

Il fait remarquer que les anachorètes et les moines
de tous les temps, en retranchant de leur vie les
jouissances artificielles de la société, en s'exilant du
tumulte et des plaisirs des villes, ont toujours recher-
ché, pour le lieu de leur retraite, des endroits pittoresques, de grands aspects. Il ajoute que, dans la
vieille France, s'il y avait une montagne hardiment
suspendue, une vallée riante, un bois aux mélanco-
liques ombrages, le voyageur était sûr d'y voir un
clocher surmonté d'une croix, et d'y rencontrer dans
les sentiers environnants la trace des sandales des
cénobites. Il plaide, enfin, éloquemment la cause
« des religieux contemplatifs ».

« On les a accusés, dit-il, d'oisiveté et d'égoïsme.
Mais, s'ils ne contribuent pas au bien social par une
action directe et immédiate, ils y contribuent par leurs
vœux, leurs supplications, leurs sacrifices. Ce que la
froideur et la faiblesse de nos prières ne permet-
traient pas à Dieu de nous accorder, leurs oraisons
et leurs larmes l'achètent pour nous, et, lorsque la
rosée tombe sur nos champs, ou qu'une bonne pensée
surgit dans notre âme, sans que nous sachions d'où
elle vient, c'est peut-être du haut de ces montagnes
sacrées qu'elle nous est venue... En entendant ce
concert de soixante voix innocentes dans la chapelle
où elles ont chanté matines à onze heures du soir, je

me suis demandé si véritablement de telles expiations suffisaient pour effacer les souillures de nos
grandes villes, et je me suis souvenu que la présence
de dix justes aurait suffi pour que Dieu eût épargné
Sodome. Je suis donc sorti le cœur plein d'espérance. »

Ce sont là des impressions qui font honneur au
jeune touriste. Ne dirait-on pas une page détachée
des *Moines d'Occident* de M. de Montalembert? Ce
beau morceau que n'eût pas désavoué le brillant écrivain, se distingue par une richesse de couleurs, une
élévation d'idées, une chaleur d'âme qui le rendent
vraiment digne de lui. On voit que pour Ozanam les
loisirs des vacances n'étaient pas moins féconds en
heureux fruits que les travaux de l'année.

M. de Lamartine se trouvait alors à son château de
Saint-Point. L'admiration d'Ozanam pour le chantre
des *Méditations* et des *Harmonies* était un véritable
culte. L'auteur de l'hymne au *Crucifix* avait fait vi-
brer dans son âme les cordes les plus sensibles ; pour
un cœur tel que le sien, il y avait dans cette divine
poésie comme un écho du ciel ; il se sentait électrisé
par le double enthousiasme du chrétien et du lettré.
M. de Lamartine, nous l'avons vu, avait mis beaucoup d'empressement à le féliciter lors de sa première
publication ; Ozanam lui était très reconnaissant de
ce témoignage d'amitié. Invité à aller le voir à Saint-
Point, il fut ravi, quand son ami Dufieux qui connaissait particulièrement l'illustre châtelain, lui pro-
posa de l'accompagner. Ozanam dépeint ainsi ce qu'il

appelle « la demeure du grand homme » située dans une grande et belle vallée, non loin des ruines de l'abbaye de Cluny :

« Sur un mamelon, au pied des montagnes, est un hameau que dominent une église gothique et un ancien château : c'est Saint-Point. Le château appartenait jadis au redouté comte de Saint-Point, rival en cruautés du baron des Adrets. Ce hameau était, il y a vingt années, une réunion de paysans grossiers, ignorants et mauvais. M. de Lamartine a apporté la civilisation dans ces lieux. Il a réparé, embelli, étendu le château. Il a fait reconstruire le clocher de l'église ; il a acheté une maison pour y établir un hôpital et des écoles ; il a ouvert des routes entre le village et le grand chemin, pour faciliter les communications... Ces bienfaits ont attiré de nombreux habitants dans la vallée ; tout respire ici l'aisance et le contentement ; les mœurs sont devenues douces et pures, et l'étranger qui va visiter le poète, rencontre de braves gens qui s'offrent à lui servir de guides officieux. Un porche élégant, de forme gothique, décore l'entrée du château ; trois tours seigneuriales lui prêtent un assez majestueux aspect. »

Il s'étend ensuite sur l'excellent accueil que fit aux deux nouveaux venus M. de Lamartine, dont il se plaît à esquisser le portrait.

« M. de Lamartine nous reçut d'une manière tout à fait affable. Dans le long entretien que nous eûmes avec lui, il nous exposa ses grandes et généreuses idées politiques, ses belles théories littéraires... Ses idées s'enchaînent avec une logique très solide ; son langage est brillant et figuré ; il semble philosophe encore plus que poète par la pensée, et plus poète que philosophe par la parole... Il porte sur son visage l'empreinte de la douleur supportée avec dignité, de la gloire acceptée avec modestie. Son front est très large, ses yeux grands et vifs, l'arc de sa bouche gracieux et sévère à la fois, ses traits maigres, sa taille haute. A table et au salon, il m'a paru plein d'amabilité. Le lendemain, il nous a menés visiter ses autres maisons de Milly et de Monceaux. Le long du chemin, les paysans le saluaient d'un air affectueux. Il les abordait et causait avec eux, leur demandant des nouvelles de leurs vendanges, de leurs intérêts, de leurs familles. Aussi paraissaient-ils l'aimer beaucoup, et les petits enfants couraient après lui en criant : « Bonjour, monsieur Alphonse. »

La douleur dont parle Ozanam était de celles que ne sauraient calmer les consolations humaines : elle datait de la mort d'une enfant adorée, fille unique de M. et Mme de Lamartine qui, ne pouvant se séparer d'elle, l'avaient emmenée dans leur voyage en Orient sans pressentir le malheur dont ils étaient menacés d'en être séparés pour toujours. Condamnés, malgré les soins les plus tendres, à ne rapporter qu'un cercueil, ils ne cessaient de verser des larmes, depuis que l'ange de leur foyer avait été ravi à leur amour, et ils ne trouvaient quelque soulagement, au milieu d'une si profonde affliction, qu'en pleurant ensemble sur sa tombe.

Ozanam qu'avait frappé la douleur du père, ne se doutait pas en ce moment du travail qui déjà se faisait dans son esprit. Comment eût-il pu supposer que ce cruel événement aurait pour effet d'altérer les croyances de M. de Lamartine et de l'éloigner du catholicisme, lui qui, le lendemain du jour où il avait vu mourir un jeune homme, déclarait hautement que ce triste spectacle avait affermi sa foi en lui inspirant de salutaires réflexions? Il ne tardera pas à être éclairé sur cette révolution inattendue dont je n'ai connu que par lui la vraie cause. M. de Lamartine était arrivé à se dire : « J'ai rendu par mes premiers ouvrages de grands services à la religion catholique. Si ce crucifix que j'ai chanté avec tant d'âme eût été réellement le signe de la rédemption du genre humain, Dieu m'eût-il enlevé ce que j'avais de plus cher au monde? M'eût-il ainsi châtié, au lieu de me récompenser? Je suis donc amené à conclure que j'étais dans l'erreur. » En faisant ce déplorable raisonnement, M. de Lamartine n'était pas moins égaré par l'orgueil, cet ennemi redoutable des hommes supérieurs, que par une douleur bien légitime. Ozanam commencera à entrevoir la vérité, en dépit de ses préventions favorables, quand M. de Lamartine publiera son livre sur l'Orient.

« Ce grand poëte, dit-il dans son appréciation de ce nouveau livre, est si impressionnable, qu'en traversant l'Asie, il s'est imprégné d'une partie de ses idées et de ses tendances ; il donne des louanges extrêmes à l'Alcoran, et, à force d'optimisme et de

tolérance, il sort évidemment de l'orthodoxie. Parce
que partout, en vertu des ordres qu'ils avaient reçus,
les pachas et les chefs de tribu l'ont accueilli en
grand seigneur, menacés qu'ils étaient de perdre la
tête, s'ils y manquaient, sa belle âme qui ne sait pas
soupçonner le mal, s'est laissé prendre à ces dehors
et s'est pénétrée d'admiration pour les mœurs orientales. Il se peut qu'il n'y ait là que l'exagération
d'une bonne qualité ; le livre ne renferme pas une
apostasie formelle ; mais il est évident que le ciel de
la Palestine s'est reflété, avec toutes ses ardeurs,
dans l'âme limpide du poète. Le temps effacera ce qu'il
y a d'impur dans cette image. » Quelques jours après
il écrira : « Le rationalisme assiège nos plus grandes
célébrités ; il détrône l'abbé de La Mennais de ces
hauteurs où son génie et sa foi l'avaient placé ; il
nous fait trembler pour la muse virginale de Lamartine. » La mise à l'index de *Jocelyn* achèvera de lui
ouvrir les yeux, et il applaudira à l'arrêt de la Cour
de Rome, le cœur navré d'une défection qu'il était si
loin de prévoir. Mais il ne voudra pas encore désespérer du retour d'une si haute intelligence au christianisme, à cette foi où il avait puisé tant de sublimes
inspirations, et qui lui avait donné l'immortalité. On
le verra attentif à signaler tout ce qui paraîtra émaner
d'un reste de croyances échappé au naufrage chez
celui qu'il n'avait pas cessé d'aimer (1).

Ce fut vers la même époque que Frédéric Ozanam

(1) Voir note *s.*

fit avec sa famille son premier voyage en Italie ; il en rapportera des impressions qui exerceront une heureuse influence sur son avenir. Le docteur Ozanam voulut revoir le pays qu'il avait longtemps habité, montrer à ses enfants les champs de bataille où il avait combattu dans les rangs des vainqueurs d'Arcole et de Lodi, champs consacrés par la gloire qu'on ne saurait nommer sans faire battre les cœurs français. A Milan, Frédéric eut le bonheur de prier dans l'église où il avait été baptisé, près de la maison qui l'avait vu naître. La vieille Université de Bologne, célèbre par la découverte du galvanisme, où des femmes d'un mérite supérieur occupèrent avec distinction des chaires de droit et de philosophie, excita son admiration en lui rappelant un noble passé. Après un pèlerinage à Notre-Dame de Lorette, sanctuaire vénéré autour duquel la nature semble avoir déployé toutes ses magnificences pour honorer, elle aussi, la Reine des anges, nos voyageurs, se dirigeant vers Rome, s'extasièrent à la vue des paysages enchanteurs de l'Ombrie. Frédéric parle avec enthousiasme, dans une lettre à un ami, « des hautes montagnes couronnant majestueusement de riantes vallées, des climats contraires disposés comme en amphithéâtre pour donner place à la végétation la plus variée, depuis le pin et le chêne jusqu'à l'oranger et à l'aloès, des cités assises ou suspendues çà et là dans des attitudes superbes ». — « Chaque cité, chaque colline, chaque ruisseau, chaque pierre, où le pied se pose, sont, dit-il, remplis de souvenirs. » Il signale particulièrement « Spolète, dont les humbles portes se fermèrent devant Annibal, tandis que celles de Capoue s'ouvraient au seul bruit de ses pas ; le lac de Trasimène, où deux peuples géants se portèrent des coups si terribles que, durant le combat, un tremblement de terre renversa des villes et ne fut pas senti par les deux armées ; Orviéto et ses antiquités étrusques, héritage d'une civilisation morte sans avoir laissé d'histoire ». Il montre enfin « les traditions chrétiennes purifiant et embaumant tous ces lieux, et la grande mémoire de saint François planant par-dessus tout »". Plus tard, il retournera dans cette merveilleuse contrée, et y fera un assez long séjour pour recueillir les matériaux de son livre sur les *Poètes franciscains*. « Assise et son cloître qui renferma jadis six mille moines, et ses deux églises, symboles des deux vies du saint, l'une terrestre et mystérieuse, l'autre immortelle et resplendissante, ses deux églises où la bonne et pieuse peinture du moyen âge s'est développée depuis sa naissance jusqu'à sa maturité, depuis Cimabue et Giotto, jusqu'à Pérugin et à son disciple », jetteront Ozanam dans le ravissement, et il en jaillira une œuvre pleine de poésie où revivra tout entier, avec son cortège de gracieuses légendes, ce saint « fou d'amour », selon la parole de Lacordaire, dont l'immense charité embrassait Dieu, l'humanité, la nature, et que Dante a chanté dans son *Paradis*.

Voilà maintenant Ozanam à Rome, dans l'ancienne capitale du peuple-roi, des maîtres de l'univers, dans la ville des apôtres, des martyrs, des souverains pontifes, dans cette ville dont l'histoire est si glorieuse, où les ruines ont tant d'éloquence, qui, belle par les arts, est encore plus belle par les institutions religieuses, par sa royauté spirituelle, et qui a mérité d'être appelée «la grande école du monde».

L'attention du jeune touriste se partage entre les monuments de la Rome païenne et ceux de la Rome chrétienne; mais le fidèle l'emporte chez lui sur le lettré, et la basilique de Saint-Pierre l'attire bien plus que le Capitole. Sa vaste coupole fait à ses yeux l'effet d'une magnifique couronne posée au front de la cité-reine. «C'est comme le diadème de la papauté suspendu entre le ciel et la terre.» La grandeur de l'église lui paraît toujours croissante à mesure qu'il en visite les détails, et il finit par se trouver écrasé par son immensité. Il s'agenouille devant la simple dalle qui recouvre les restes de saint Pierre, et il se relève avec un surcroît d'énergie pour le bien. Il reçoit la bénédiction du Saint-Père que pare la triple auréole du sacerdoce, de la vieillesse et de la vertu. Le temps lui manque pour parcourir les catacombes et y étudier le christianisme dans son douloureux berceau qui porte encore les marques de la persécution. Mais il lui est donné de contempler les splendeurs du Vatican; il monte avec le frémissement d'une curiosité pieuse le grand escalier de ce musée sans pareil « où un seul esprit règne et domine », quelle que soit la variété de ses richesses, « où les statues du paganisme rassemblées dans les salles sont comme les captifs qui

accompagnent le triomphe de la religion du Christ,
où des séries de fresques historiques, titres ineffaçables de la victoire, rattachent à l'unité de l'Église
tous les siècles et toutes les choses humaines. » Dans
une de ces fresques des Chambres de Raphaël, à laquelle l'œil s'arrête avec plus d'amour, soit à cause de
la beauté parfaite du sujet, soit à cause du bonheur
de l'exécution, il reconnaît la figure de Dante Alighieri « remarquable par l'originalité de son caractère ». Le poète florentin est au milieu d'un groupe
de pontifes et de docteurs de l'Église qui adorent le
Saint Sacrement ; on voit au-dessus de l'autel, dans
le ciel entr'ouvert, la Trinité divine, les anges et les
saints. La tête de Dante est ceinte, non d'une tiare
ou d'une mitre, mais d'une guirlande de laurier.
Ozanam se demande pourquoi un peintre accoutumé
à l'observation scrupuleuse des traditions liturgiques, a pu se croire autorisé à introduire Dante parmi
ces vénérables témoins de la foi, sous l'œil des papes,
et dans la citadelle même de l'orthodoxie ; et il
prend la ferme résolution de se rendre, par ses
recherches, capable de répondre à cette question.
C'est la véritable origine de ses grands travaux sur
Dante.

Avant de quitter Rome, Frédéric fit une sorte de
pèlerinage littéraire à la maison du Tasse, du chantre
fameux de la *Jérusalem délivrée*, et à la tombe où est
enseveli ce grand poète non moins sacré par le malheur que par le génie. Puis les deux frères allèrent
rejoindre à Florence leurs parents qui les y avaient

précédés ; là, ils goûtèrent chez une tante tendrement aimée, chez la sœur de leur mère, ces joies de la famille que Frédéric appréciait si bien, quand il disait qu'il y voyait « comme un sourire de la bonté de Dieu ».

Florence, la ville des fleurs, dont le nom poétique et harmonieux a, pour ainsi dire, « le parfum d'un bouquet », les retint pendant plus d'un mois. Ce mois ne fut pas perdu pour les recherches d'Ozanam. Florence étant la patrie de Dante, où eût-il pu être mieux placé pour se mettre à même de le bien connaître ? Mêlé aux longues luttes des Guelfes et des Gibelins, Dante avait passé par toutes les vicissitudes des guerres intestines qui firent couler tant de sang ; la défaite de son parti l'avait condamné à subir les rigueurs de l'exil, à errer de ville en ville et à mourir loin de son pays. Florence devait le réhabiliter solennellement après sa mort, en se réhabilitant par là elle-même ; fière de le compter au nombre de ses enfants, et se repentant de l'avoir méconnu, elle lui décerna des honneurs presque religieux et comme une apothéose ; elle entoura d'un culte expiatoire tout ce qui restait de lui. Ozanam fut frappé de ce culte se manifestant partout et en toute circonstance. On lui montra, conservés avec respect, le toit qui abrita la tête de Dante, la pierre où il avait coutume de s'asseoir, sur la place du Dôme. Il le vit représenté par la main de Giotto vêtu d'une robe triomphale, couronné comme au musée du Vatican, sous les portiques de l'église métropolitaine et entre les saints

protecteurs de la cité. Il apprit qu'au quatorzième
siècle une chaire avait été fondée à Florence et dans
plusieurs autres villes pour l'interprétation de la
Divine Comédie, et que d'illustres commentateurs
avaient salué l'auteur de ce grand poème du nom de
philosophe. Il lui fut bientôt démontré qu'il y avait
chez Dante plus qu'un poète, comme tendait à le
prouver la fresque de Raphaël, et il rentra en France
avec l'intention bien arrêtée d'approfondir ses doctrines et de les exposer dans un livre. Dante s'était
emparé fortement de son esprit ; il le traduira, il le
commentera à son tour ; il expliquera ses idées philosophiques en les rapprochant de celles de saint Bona ·
venture et de saint Thomas d'Aquin. L'amour que
Dante lui a inspiré le fera pénétrer en quelque sorte
dans l'âme de son héros ; ce sera la grande passion
de sa vie littéraire. « Ozanam, dit Lamartine, fut le
saint Jean de la philosophie chrétienne du moyen
âge ; il s'endormait sur le sein de son maître bien-
aimé, et il y faisait de divins songes. » Ces divins
songes, pour parler comme Lamartine, lui révélèrent
les vérités cachées par le poète-philosophe sous le
voile de l'allégorie. C'est à Rome et à Florence qu'il
découvrit une si riche mine et qu'il se promit de l'ex-
ploiter ; c'est là que naquit l'idée mère de son ouvrage
sur *Dante et la philosophie catholique au treizième
siècle*.

Tel fut le plus précieux résultat de ce premier
voyage. A peine en était-il revenu, qu'il écrivait :
« Rome, Florence, Lorette, Milan, Gênes, ont gardé

quelque chose de moi-même, et je ne puis y penser
sans qu'il me semble que je dois y retourner pour
prendre ce quelque chose qui y est resté. » Et un peu
plus tard, dans une autre lettre : « Si je retournais en
Italie, afin de charmer les ennuis de la route, et d'en
féconder les plaisirs, je relirais surtout Tite-Live,
Virgile, les vies de quelques saints, tels que saint
Charles Borromée, saint François d'Assise, Grégoire VII, saint Grégoire le Grand, et les Actes des
martyrs. Ainsi je prendrais ce bienheureux pays par
les deux côtés qui sollicitent et se disputent notre
vénération. »

Ces deux côtés de l'Italie répondaient admirablement à deux beaux côtés d'Ozanam, qui n'était pas
moins sensible au charme de la littérature qu'à la
sublimité de la religion ; il aura plus d'une occasion
de réaliser ce séduisant projet qui flattait à la fois
son imagination et son cœur.

Un grand événement s'accomplit à Paris, en 1835,
pendant que Frédéric y continuait son cours de droit ;
il eut la joie d'en être témoin, après avoir eu l'honneur de le préparer. Au commencement du Carême
de cette année, l'abbé Lacordaire prit possession de
cette chaire de Notre-Dame sur laquelle il était appelé
à jeter tant d'éclat. Ozanam avait eu, sans s'en douter,
un puissant auxiliaire auprès de l'archevêque de
Paris. Un prêtre éminent, le futur successeur de
M\ :gr\ de Quélen, celui qui, en 1848, aura la gloire de
donner sa vie pour apaiser les passions déchaînées et
mettre un terme à la guerre civile, avait pris la dé-

fense du jeune orateur si injustement accusé, et il était parvenu à dissiper les préventions du premier pasteur du diocèse ; il l'avait enfin décidé à satisfaire au vœu qu'Ozanam lui avait exprimé au nom de la jeunesse catholique. L'abbé Lacordaire fit de l'inauguration de ses conférences une véritable fête de l'éloquence sacrée. Ce fut pour Ozanam un jour de triomphe ; jamais plus imposant spectacle ne se déroula sous ses yeux. Lacordaire le dépeint ainsi lui-même dans ses *Mémoires* en racontant son brillant début :

« Notre-Dame se remplit d'une multitude qu'elle n'avait point encore vue. La jeunesse libérale et la jeunesse absolutiste, les amis et les ennemis, et cette foule curieuse qu'une grande capitale tient toujours prête pour tout ce qui est nouveau, s'étaient rendus à flots pressés dans la vieille basilique. Je montai en chaire, non sans émotion, mais avec fermeté, et je commençai mon discours, l'œil fixé sur l'archevêque, qui était pour moi, après Dieu, mais avant le public, le premier personnage de cette scène. Il m'écoutait la tête un peu baissée, dans un état d'impassibilité absolue, comme un homme qui n'était pas simple spectateur, ni même juge, mais qui courait des risques personnels dans cette solennelle aventure. Quand j'eus pris pied dans mon sujet et dans mon auditoire, que ma poitrine se fut dilatée sous la nécessité de saisir une si vaste assemblée d'hommes, et que l'inspiration eut fait place au calme d'un début, il m'échappa un de ces cris dont l'accent, quand il est sincère et profond, ne manquera jamais d'émouvoir. L'archevêque tressaillit visiblement ; une pâleur, qui vint jusqu'à mes yeux, couvrit son visage ; il releva la tête et jeta sur moi un regard étonné. Je compris que la bataille était gagnée dans son esprit; elle l'était aussi dans l'auditoire. »

Cet auditoire, que pouvait à peine contenir la nef de la métropole restée trop longtemps déserte, où se pressaient des hommes de tout âge accourus des camps les plus opposés, des représentants de toutes les carrières libérales, de toutes les doctrines philosophiques et religieuses, où les fils des croisés se mêlaient aux fils de Voltaire, cet auditoire se sentait, en effet, subjugué, dès le premier jour, par la parole, le geste et l'attitude du *prophète nouveau*. Il l'eût acclamé, sans la sainteté du lieu, quand il s'écriait : « Assemblée, assemblée, dites-moi, que me demandez-vous? La vérité? Vous ne l'avez donc pas en vous ; vous la cherchez donc ; vous voulez la recevoir ; vous venez ici pour être enseignés... Vous êtes Français ; je le suis comme vous ; — philosophes ? je le suis comme vous ; — libres et fiers ? je le suis plus que vous. »

Les jeunes gens surtout étaient électrisés par ce noble langage, qui faisait retentir à chaque instant les beaux noms de patrie, de liberté, d'honneur et de dévouement, en défendant et glorifiant la religion catholique de manière à opérer, sans rien sacrifier de l'orthodoxie, la réconciliation de l'Église et de la société moderne, ce rêve de tant de grands esprits.

Nous lisons, dans l'éloge funèbre du célèbre conférencier prononcé par Mgr de la Bouillerie à Sorèze, le 22 novembre 1861 : « Les conférences de Notre-Dame sont une date pour la prédication chrétienne ; mais cette date est, en même temps, celle d'un immense mouvement dans la jeunesse d'alors. Chaque année, maintenant, sous les voûtes de la cathédrale de Paris, des milliers d'hommes viennent, le jour de Pâques, s'agenouiller à la table sainte. Demandez-leur qui les a faits chrétiens ; beaucoup vous répondront que la première étincelle qui ralluma leur foi, ce fut l'éclair qui avait jailli de ce prêtre. » Rien n'est plus vrai ; et pourtant le but d'une pareille prédication, à une époque où, parmi ses adversaires, l'Église se voyait l'objet de la haine des uns et du mépris des autres, était plutôt de préparer les âmes à la foi que de les y amener tout à fait; mais, Dieu aidant, ce but trop modeste fut souvent dépassé. Quelle que soit la part qu'il ait prise à ce mouvement de retour vers le catholicisme, après une période d'incrédulité haineuse, Lacordaire reconnaît, dans sa notice sur Frédéric Ozanam, que la part la plus belle appartient aux fondateurs de la Société de Saint-Vincent de Paul : tant lui paraît grande la puissance de la charité ! « Ceux, dit-il, qui n'ont pas vécu dans ces deux temps ne se représenteront jamais ce que fut le passage de l'un à l'autre. Pour nous, qui avons été de l'une et l'autre époque, qui avons vu le mépris et qui avons vu l'honneur, nos yeux se mouillent, en y pensant, de larmes involontaires, et nous tombons en actions de grâces devant Celui qui est inénarrable dans ses dons. »

Pendant toute la durée des conférences, Ozanam et ses amis, qui formaient comme un bataillon d'élite toujours au premier rang dans les luttes de la vérité contre l'erreur, furent suspendus aux lèvres du prédicateur de Notre-Dame. Non contents d'être ses auditeurs les plus assidus, ils s'ingénièrent à faire de la propagande dans les écoles pour secouer les indifférents et les entraîner en quelque sorte malgré eux jusqu'au pied de la chaire métropolitaine, et le succès couronna brillamment leurs efforts. Que de jeunes gens, dont ils avaient vaincu la résistance ou l'inertie, se félicitèrent d'avoir suivi l'impulsion de ces excellents camarades et leur durent d'être mis à même d'ouvrir les yeux à la lumière du divin flambeau, en entendant cette voix éloquente qui s'emparait des âmes par l'admiration qu'elle excitait !

J'ai déjà dit que, loin de se laisser rebuter par l'aridité du Droit, Ozanam avait compris la nécessité d'en faire sa principale occupation, mais qu'il consacrait ses veilles à des travaux plus attrayants et plus conformes à ses goûts. Le milieu littéraire où il vivait favorisait ses tendances naturelles. Les bibliothèques et les archives lui offraient ces ressources infinies dont Paris a le monopole, et il y puisait à pleines mains. La *Revue Européenne* était son recueil de prédilection, comme le fut ensuite le *Correspondant*. Les articles qui portaient sa signature attirèrent sur lui l'attention du monde lettré. Il en est un que je ne saurais passer sous silence, parce qu'il fut encore plus remarqué que tous les autres. Cet article, publié par fragments dans ce recueil, puis converti en brochure à cause de son importance et de son étendue, a pour titre : *Deux Chanceliers d'Angleterre*. Ces deux chanceliers sont Bacon de Vérulam et saint Thomas Becket, revêtus de la simarre, l'un sous Jacques Ier, l'autre sous Henri II.

C'est une double étude historique dans laquelle l'auteur oppose le saint au philosophe et tend à démontrer la supériorité de l'influence morale du principe chrétien sur celle du principe rationaliste, en comparant l'héroïsme du premier, qui ne recula pas devant le martyre pour remplir son devoir, et l'avilissement du second, que déshonorèrent d'impardonnables faiblesses. Elle est précédée d'une introduction qui renferme cette belle profession de foi : « Nous aimons l'humanité d'un amour filial ; mais en elle nous chérissons surtout l'Église, par qui tout ce que l'humanité a de pur et de grand s'épure et s'agrandit encore. Volontiers nous nous engageons dans les voies de la science ; mais toujours, après de longs détours, nous arrivons à quelqu'une de ces vérités religieuses qui nous avaient été enseignées, quand nous étions petit. Volontiers nous promenons nos regards à travers les siècles, et nous les reposons sur les monuments élevés par les mains des hommes ; mais, dans tous les siècles et sur toutes les plages, nous rencontrons des signes de cette puissance divine sous laquelle nous vivons, et, quand nous fouillons les monuments les plus magnifiques, toujours nous y trouvons quelque médaille à son effigie... Nous ne pouvons respirer l'air du monde sans qu'il s'y mêle quelque chose du parfum de nos temples ; au milieu du bruit des systèmes qui se heurtent et des volontés qui se combattent, nos oreilles gardent comme un lointain retentissement des chants sacrés, et, lorsque nous nous asseyons au pied de la statue d'un de nos grands hommes, nos pensées, reprenant une route qu'elles ont accoutumée, nous ramènent, à notre insu, aux autels de nos saints. » C'est ainsi que de Bacon, l'un des plus puissants génies des temps modernes, son esprit est remonté à Thomas Becket, le grand archevêque de Cantorbéry, et le spectacle des bassesses du chancelier-philosophe a fait rayonner à ses yeux avec plus d'éclat, par le contraste, la gloire du chancelier-martyr.

Ozanam commence par s'occuper de Bacon, et il considère d'abord en lui le savant. Après avoir jeté un coup d'œil rapide sur les méthodes scientifiques qui étaient en honneur au moment où Bacon parut sur la scène du monde, devançant Descartes et Leibnitz, il nous montre l'élève de l'Université de Cambridge s'indignant, à seize ans, des chaînes qu'imposait à ses adeptes la scolastique, si féconde en stériles disputes, et concevant déjà le projet d'une restauration universelle des sciences, mettant plus tard en lumière, par leur généalogie, la dignité qu'elles doivent à leur origine et à leur destinée, marquant nettement leur domaine et les dotant d'une méthode

nouvelle, qui sera pour elles comme le fil d'Ariane
dans le labyrinthe de leurs investigations, une méthode tenant à la fois de la méthode rationnelle et de
la méthode expérimentale. Il traduit ici d'une façon
charmante la pensée de Bacon : « Les dogmatiques
sont pareils aux araignées qui tirent d'elles-mêmes
la matière de leur tissu fragile. Les empiriques ressemblent aux fourmis qui ensevelissent leur butin et
n'entassent que pour jouir. Le sage imitera l'abeille,
qui puise dans les fleurs des champs les sucs qu'elle
aime, mais qui les modifie avec une industrie qui lui
est propre et les métamorphose dans ses laboratoires
parfumés... La logique régénérée sera donc une conciliation entre ces deux méthodes. »

Ozanam passe ensuite en revue les divers ouvrages
de Bacon, où il signale des prodiges de patience, et,
au milieu de beaucoup d'erreurs, des preuves curieuses
de son étonnante perspicacité, comme la prédiction
des futurs progrès de la chimie et le pressentiment
de la grande loi de l'attraction, dont la découverte
immortalisera Newton. Il signale aussi la beauté de
son style, la hardiesse de ses figures. Bacon n'est pas
moins poète que savant : deux choses qui semblent
s'exclure se réunissent sur cette tête vraiment privilégiée. « Dans cette harmonie de la nature, qui est,
dit Ozanam, l'objet suprême de la science, Bacon a
trouvé en même temps un ardent foyer de poésie, et
il proclama cet axiome sublime : « L'admiration est
« le principe du savoir... » A l'entendre raconter les
conquêtes de l'intelligence, souvent on croirait ouïr

quelque récit épique des temps primitifs, ou bien il
semblerait que, transporté dans quelque sanctuaire
d'Orient, on assiste aux leçons d'un prêtre initiateur.»
L'éloquence de Bacon paraît à Ozanam avoir sa principale source dans la lecture assidue de la Bible.
« Plus d'une fois, ajoute-t-il, sur les lèvres du philosophe il y a un écho de la harpe des prophètes ; car
Bacon était profondément religieux ; l'univers ne lui
apparaissait qu'entre deux êtres dont il était le lien :
Dieu qui l'avait créé et l'homme qui en avait reçu la
jouissance ; il fallait que Dieu fût glorifié dans ses
œuvres et que l'homme profitât des trésors qu'il lui
avait départis. Ces deux idées dominaient toutes les
idées de Bacon ; l'une faisait pour lui la sainteté, l'autre
l'utilité de la science. Le commencement de son travail
de chaque jour était une prière à l'Esprit-Saint, le
résultat, un service rendu à la société. » On le voit,
Ozanam est prodigue d'éloges pour le génie de Bacon
considéré sous toutes ses faces. Toutefois, il reconnaît
que celui qui a eu l'honneur d'ouvrir aux sciences
physiques une voie meilleure, en leur donnant pour
guide la raison appuyée sur l'exacte observation des
faits, s'est trompé le jour où il a voulu étendre son
système aux sciences morales, sans tenir compte des
différences essentielles qui les distinguent ; Bacon a
oublié, ce jour-là, que le point de départ des sciences
morales est, non dans l'observation des faits, mais dans
la connaissance des principes basés sur la conscience
et sur la tradition. L'école sensualiste lui empruntera
sa doctrine et, dans l'application qu'elle en fera en

exagérant les conséquences qui en découlent, elle ira jusqu'à nier Dieu ; mais Ozanam ne rend pas Bacon responsable de ces aberrations, qu'il était loin de prévoir et contre lesquelles il eût été le premier à protester, s'il les eût prévues.

Plus il a exalté le savant, plus il sera sévère à l'égard de l'homme (1). Dans le tableau qu'il esquisse de la vie de Bacon, nous le voyons faisant, dès sa jeunesse, l'apprentissage de la servitude des cours, cherchant à conquérir les faveurs de la fortune par de basses flatteries et de viles intrigues, tressaillant d'espérance ou de crainte à la parole d'une reine capricieuse ou d'un monarque imbécile, s'attirant, par ses importunités, cette réponse accablante : « Quelle autorité peut avoir comme magistrat, un homme méprisé ? » mendiant les bienfaits et trahissant le bienfaiteur, foulant aux pieds la reconnaissance et l'amitié, tendant la main pour accepter des présents de ceux qui attendaient de lui des sentences, poussant le cynisme jusqu'à formuler, dans un traité complet d'ambition pratique, les indignes maximes dont il a fait la règle de sa conduite et qui se résument en quelque sorte dans celle-ci : « Quand le vice est utile, le fuir, c'est pécher, » ne s'arrêtant jamais devant le crime ou devant l'ignominie pour satisfaire son insatiable cupidité, recevant, enfin, sur le siège même qu'avait illustré Thomas Morus et auquel il n'était parvenu qu'en rampant, un sanglant affront de la Chambre des

____

(1) Voir note _t_.

communes, qui lui imprime, dans tout l'appareil de
la justice, une flétrissure ineffaçable, aux applaudissements de la nation tout entière, et mourant dans la
solitude, honni et abandonné de tous, après s'être dé-
gradé encore davantage par des sollicitations incessantes, qui ne pouvaient qu'ajouter au mépris qu'il
inspirait. Ozanam a, certes, le droit de conclure de
tant d'infamies que l'intelligence, quelle que soit sa
force, est impuissante à incliner la volonté vers le
bien, quand elle est livrée à elle-même. Convaincu
que, pour cela, l'aide de Dieu est absolument nécessaire, et qu'avec ce secours divin l'homme peut s'élever jusqu'à l'héroïsme, il va nous offrir un frappant
exemple de cette vérité dans la seconde partie de sa
tâche.

C'est la partie qui lui a coûté le plus d'efforts, parce
que Hume, Thierry et Michelet ayant défiguré, chacun
dans l'intérêt de son système, l'histoire de la querelle
du roi Henri II et de saint Thomas de Cantorbéry, il
a dû, pour la présenter sous son vrai jour, compulser
les anciennes chroniques d'Angleterre, les Annales
de Baronius et d'autres vieux documents, étudier
certains points du droit canon dont ces trois historiens
n'avaient pas la moindre idée.

Afin que le lecteur puisse mieux apprécier la résistance de Thomas Becket aux injustes exigences de la
tyrannie, résistance dans laquelle il est allé jusqu'à
faire le sacrifice de sa vie, Ozanam insiste sur la
lutte formidable que l'Église eut à soutenir pendant
plusieurs siècles contre la féodalité, le sacerdoce

contre l'empire, au milieu de populations sortant à peine de la barbarie, pour la défense des libertés les plus sacrées comme pour celle des faibles et des petits. C'est du temps de Guillaume le Conquérant que l'Angleterre devint à son tour le théâtre de cette lutte ; mais toutes les violences de ces rois normands, qui voulaient que tout tremblât sous leur gantelet de fer, trouvèrent inébranlables les archevêques primats de Cantorbéry qui osèrent leur tenir tête, et, à l'imitation des Lanfranc et des Anselme, le clergé anglais avait réussi à raffermir son indépendance, quand Henri II monta sur le trône. Ozanam nous transporte en 1161. Thomas Becket, que le dernier archevêque avait chaudement recommandé à Henri II avant de mourir, est depuis quelque temps chancelier du royaume et gouverneur de l'héritier de la couronne. Tout le pays bénit la sagesse de son administration, et on l'admire d'être resté chaste au milieu d'une cour corrompue. Il est appelé à occuper le siège vacant de Cantorbéry. Il avait eu jusque-là le goût du faste ; mais, dès qu'il a reçu l'onction sainte, il s'enferme dans un monastère pour se retremper dans les rudes épreuves de l'ascétisme chrétien. Là, il partage son temps entre les méditations solitaires et l'exercice de la charité. « Chaque jour il lave lui-même les pieds à douze pauvres et leur rompt le pain ; chaque jour aussi plus de cent de ces malheureux sont conviés à un banquet préparé par ses ordres. » Voilà comment il s'apprête à se montrer digne du grand rôle qui lui est réservé.

Henri II est un prince altier et emporté. Mécontent
d'un jugement rendu par un tribunal ecclésiastique,
« il demande impérieusement que le coupable soit
livré à la justice séculière ; l'archevêque répond par
un refus fondé sur la discipline des canons de
l'Église ». Telle fut l'origine d'une querelle qui devait
aboutir à la mort tragique de Thomas Becket. Ozanam en suit toutes les péripéties. La colère du roi, la
lâcheté des évêques qu'il parvient à intimider, la fermeté de Thomas Becket qui rachète bien vite un moment de faiblesse par un redoublement d'énergie, et
qui est forcé de se soustraire par la fuite à la vengeance d'un maître irrité, sont dépeintes dans un
récit plein d'animation. Le saint prélat s'est réfugié
en France où résidait alors le pape, chassé de Rome,
au tribunal duquel il a résolu d'en appeler. C'est là
que le drame continue à se développer avec l'intervention de Louis VII, fidèle aux vieilles traditions de
la royauté française, accoutumée à prêter son appui
aux opprimés, et avec celle d'Alexandre III, qui en-
courage, sans hésiter, le noble exilé à persévérer dans
la défense des libertés de l'Église. « Il fut beau de
voir, s'écrie Ozanam, ces deux pontifes persécutés,
l'un par le despote de l'Allemagne, l'autre par le tyran
de l'Angleterre, se rencontrer tous deux dans un
même exil pour une même cause, dans une même
hospitalité, sur notre terre de France, justement
fière de ce droit d'asile qu'elle exerçait en faveur des
vertus proscrites ; il fut beau de les voir, l'un portant la couronne d'épines de la papauté, l'autre à

la veille de ceindre l'auréole du martyre, se consoler et s'affermir par un échange de courageuses pensées. »

Le jugement d'Alexandre III et l'anathème lancé peu de temps après par l'archevêque de Cantorbéry contre les fauteurs de discorde, changent en fureur l'irritation de Henri II. Les biens du prélat sont confisqués; ses parents et ses amis les plus dévoués, dépouillés de tout, sont bannis. Le pape est enveloppé dans le même ressentiment et dans la même guerre: Henri II ordonne que tous ceux de ses sujets qui ont passé l'âge de douze ans, abjurent l'autorité d'Alexandre III. Mais ces iniquités ne font fléchir ni l'héroïque intrépidité de Thomas Becket, ni la sereine impassibilité d'un vieillard entouré de pièges et opprimé comme lui. « Avec ce vieillard, fait remarquer Ozanam, était le droit, et le droit, c'est la force morale, contre laquelle la force physique ne peut prévaloir. »

A la violence succède bientôt la ruse. Henri feint de vouloir se réconcilier avec l'archevêque. Trompé par de fausses apparences et par de menteuses protestations, Thomas rentre en Angleterre et va reprendre possession de son siège au milieu des ovations, des acclamations de tout un peuple; mais ses ennemis, qui connaissent ce qui se passe au fond du cœur vindicatif de Henri II, sont loin d'avoir désarmé. Il est de nouveau accablé de vexations et abreuvé d'amertumes; on veut encore lui imposer, au nom du roi, des conditions qu'il ne saurait accepter sans manquer à son devoir. Il comprend qu'on a juré sa perte ; mais, malgré les instances de son entourage, il restera ferme à son poste d'honneur et de danger. La discipline de l'Église, dit Bossuet, « devait avoir des martyrs, aussi bien que la Foi ». Thomas Becket versera son sang pour que cette discipline conserve ses droits.

Un jour, quatre séides de Henri II s'introduisent dans l'église métropolitaine, le glaive et la hache à la main, et, au moment où l'archevêque, revêtu de ses habits épiscopaux, monte les degrés de l'autel, ils se précipitent vers lui, le saisissent et le somment, en brandissant leurs armes, de se soumettre aux volontés de son souverain ; sa conscience ne lui permettant pas de céder à cette sommation, il reçoit un coup mortel, et, en tombant, il prononce ces dernières paroles : « Mon Dieu, je vous recommande mon âme et la cause de l'Église pour laquelle je meurs. » — « Le peuple, dit Ozanam, avec un admirable instinct de reconnaissance, accourut en foule à ses funérailles ; des miracles illustrèrent sa sépulture ; l'Angleterre le proclama saint, et l'Église ratifia le vœu de la chrétienté..... Une récompense encore plus magnifique lui fut décernée : son sang avait payé la rançon de l'Église ; l'Église reconquit sa liberté... Henri II s'humilia et renonça aux prétentions qui avaient engagé la lutte fatale ; il y eut une longue trêve. »

Puis Ozanam déroule devant nous un émouvant tableau, celui de la dynastie des Plantagenets expiant

par d'effroyables catastrophes ce grand attentat d'un
de ses membres et s'éteignant dans la guerre des
Deux Roses, ensevelie dans la boue et dans le sang,
vouée à l'exécration des contemporains et de la postérité. Ce fut là, selon lui, le jugement de Dieu. Dans
un accès de folie, Henri VIII, joignant le ridicule à
l'odieux, cherchera, trois cents ans plus tard, à le
réformer par un arrêt cruel et stupide déclarant saint
Thomas rebelle à son roi et aux lois de son pays, et
défendant sous peine de mort qu'on rendît hommage
à sa sainteté, arrêt qui lui sera signifié sur sa tombe
par huissier (1).

L'Angleterre dut à l'archevêque de Cantorbéry
d'échapper au schisme si peu de temps après sa conversion à la foi catholique, et il épargna à l'Europe
entière ce qui se méditait dans tous les royaumes,
dans tous les châteaux et dans toutes les cours, l'in-
corporation de l'Église dans le système féodal, de
l'Église qui était seule à protéger le peuple contre les
grands. « Avec un tel auxiliaire, la féodalité eût
écrasé toute opposition, doublé l'intensité de son pouvoir et prolongé de plusieurs siècles la durée de son
règne. » — « L'Église, ajoute Ozanam, a reçu d'en
haut des promesses d'éternité, et celui qui les a faites
les maintiendra ; mais il s'est réservé le choix des
moyens par lesquels ses promesses s'accomplissent.
Et tandis que la société chrétienne poursuit son émigration mystérieuse de la terre vers le ciel, son salut

(1) Voir note *u.*

est assuré par une assistance toujours présente, mais diverse dans ses manifestations. Aujourd'hui, c'est la manne miraculeuse ; demain, c'est l'eau du rocher ; c'est la nuée pendant le jour, la colonne de feu pendant la nuit. Quand Israël combattait dans la plaine, Moïse, sur la montagne, étendait ses mains, et la victoire descendait ; mais Ur et Josué supportaient les mains du prophète. De même, pendant que l'Église luttait contre le schisme et la servitude, le pape était au sommet, veillant et priant, et l'esprit de Dieu était avec lui. Saint Thomas de Cantorbéry se tenait à ses côtés, soutenait ses bras, pour qu'il ne défaillît pas dans cette tâche, et l'aidait à porter le poids des destinées du monde. »

Cette image grandiose qu'au premier abord on serait tenté de taxer d'emphase, répond bien, quand on y réfléchit, à la grandeur du rôle que saint Thomas eut à remplir. Ozanam formule ainsi la conclusion de son étude : « Et maintenant vous avez devant vous deux grandes figures ; le rationalisme a fait l'une ; le catholicisme a fait l'autre ; c'est à vous de voir auquel des deux vous devez donner votre âme. »

Tel est le résumé fidèle des deux cents pages qui composent cette œuvre d'un jeune homme de vingt-trois ans. Elle se distingue sans aucun doute par de hautes pensées et de généreux sentiments non moins que par une savante érudition. Ce n'est pas en vain qu'Ozanam est allé à Fourvières, comme il nous l'apprend dans une de ses lettres, implorer le secours de saint Thomas pour un travail entrepris à sa gloire, le prier là où il avait prié lui-même ; plus d'une fois le saint semble avoir mis l'âme de son jeune biographe à l'unisson de la sienne.

Néanmoins, j'ai été, je l'avoue, encore plus séduit par le sujet, à cause surtout de l'impression salutaire qu'il est de nature à produire sur ceux pour qui j'écris, que par la manière dont il a été traité. On sent trop l'effort dans le style de l'auteur. Ozanam n'avait pu sitôt acquérir cette netteté d'expression à la fois simple et noble que Vauvenargues regarde comme le vernis des maîtres. On verra l'écrivain progresser successivement dans son livre sur *Dante et la philosophie catholique au treizième siècle*, dans les *Études germaniques*, dans la *Civilisation chrétienne au cinquième siècle*, dans les *Poètes franciscains*, pour arriver à la perfection dans *Un pèlerinage au pays du Cid ;* mais il n'obtiendra cette perfection que par un labeur opiniâtre ; car il n'avait pas reçu du ciel, lui qui brillait par tant d'éminentes facultés, l'heureux don de la facilité, et l'on ne saurait trop le regretter, en songeant à sa fin prématurée qui ne peut être attribuée qu'à ce labeur poussé à l'excès.

CHAPITRE III.

Le moment était venu pour Ozanam de passer de la vie studieuse à la vie active. Il avait fait la part de chacune des deux vocations entre lesquelles il hésitait depuis cinq ans, en se préparant à prendre le grade de docteur en droit et celui de docteur ès lettres, afin d'être prêt à tout événement. Il fallait qu'il mît fin à ses incertitudes, et qu'il se décidât à faire son choix. Sa correspondance, qui est comme le miroir de son âme, nous révèle en plus d'un endroit ses perplexités et ses angoisses dans cette grave conjoncture d'où dépendait son avenir.

« Je suis, dit-il à un ami, dans la douloureuse alternative de renoncer à l'un ou à l'autre de deux ordres de choses que j'avais pensé pouvoir joindre... Jamais les lettres ne me seront un délassement : vous avez vu par vos yeux ce qu'il m'en coûte pour écrire. Et cependant, soit amour-propre, soit tout autre motif, je ne saurais me résoudre à dire un éternel adieu à ces amies si sévères qui me font payer si cher leur familiarité. D'un autre côté, je considère que, si j'eusse consacré à l'étude exclusive du Droit les facultés que Dieu m'a données, j'aurais pu occuper au barreau un rang que maintenant je ne puis espérer d'atteindre. Toutes ces réflexions m'agitent et me tourmentent, et la prochaine nécessité où je vais me trouver de m'arrêter à un parti définitif, m'accable... Ici, parmi les personnes qui me veulent du bien, plusieurs contribuent par leurs suggestions à redoubler mes agitations et mes ennuis... Je retournerai bientôt à Lyon ; mais qu'y ferai-je ? On voudra me faire beaucoup plaider ; et pourtant il me paraît qu'il me serait bien dur d'être confiné dans l'étroite sphère du *forum*. Est-ce inspiration d'en haut ou tentation d'en bas ? Je suis résigné d'avance à la volonté de Dieu, quelque modeste que puisse être le rôle qu'il me prépare. Mais que cette volonté me soit connue !... Je souffre de me sentir porté à ne voir que la poussière et les pierres de toutes les routes de la vie. En particulier celle dont je suis aujourd'hui le

plus près, est loin de me séduire ; la perspective
d'être attaché, du matin au soir, à la glèbe judiciaire
ne me sourit guère. J'ai causé avec quelques gens
d'affaires, qui m'ont montré les misères qu'il faudrait
supporter. On a coutume de dire que les avocats sont
les plus indépendants des hommes ; ils sont au moins
aussi esclaves que les autres ; car ils ont deux sortes
de tyrans également insupportables, les avoués au
commencement et la clientèle plus tard. »

Le père de Frédéric le rappela près de lui, quand
il eut pris le grade de docteur en droit, pour qu'il dé-
butât au barreau de Lyon. Il s'y fit inscrire dès son
arrivée. C'était la carrière à laquelle sa famille le destinait depuis sa sortie du collège : il y entra pour ne
pas lui déplaire ; la crainte d'affliger de bons parents
qu'il adorait, pesa d'un grand poids dans la balance
au moment décisif. Il avait à peine fait l'essai de sa
nouvelle existence, qu'il écrivait à un de ses confi-
dents habituels :

« Vous intéresserai-je en vous disant deux mots
de la vie que je mène ici ? C'est toujours cette vie
bizarre entre des études incessantes et des occupations importunes. Je compte irrévérencieusement,
parmi ces dernières, les rares plaidoiries qui me
conduisent au palais... Si, présent en notre bonne
cité, votre mauvais génie vous eût amené à la grande
salle de l'hôtel de ville, vous eussiez vu le plus humble
de vos serviteurs aux côtés du directeur de la *Gazette
du Lyonnais*, citée pour attaque au gouvernement du
roi ; vous auriez entendu une longue harangue du

ministère public requérant, contre le chétif journal, toute la sévérité de la loi, et le jeune défenseur s'efforçant, selon sa louable coutume, de justifier l'accusé sans irriter l'accusateur. Vous auriez ouï un homme d'État, de vingt-quatre ans, se prononçant, avec une imperturbable audace, sur les plus hautes questions du droit constitutionnel et sur les causes des plus illustres faits contemporains... Telle est, mon cher ami, la plus mémorable scène de cette vie du barreau que j'ai menée jusqu'à présent. »

Il gémit ensuite d'être constamment froissé dans sa délicatesse :

« Les rapports avec les gens d'affaires sont si pénibles, si humiliants, que je ne saurais m'y plier. La justice est le dernier asile moral, le dernier sanctuaire de la société présente ; la voir entourée d'immondices, c'est pour moi un motif d'indignation à chaque instant renouvelé. Ce genre de vie m'irrite trop ; je reviens presque toujours du palais profondément ulcéré ; je ne puis pas plus m'habituer à voir le mal qu'à le souffrir... Je ne m'acclimate point dans l'atmosphère de la chicane... Il existe des habitudes d'hyperbole et de réticence dont les plus respectables membres du barreau donnent l'exemple, et auxquelles il faut s'assujettir ; toutes les figures de rhétorique sont réduites en actions devant les tribunaux qui n'entendent plus que ce langage. Il est convenu qu'on doit demander deux cents francs de dommages-intérêts, quand on en veut cinquante, que le client ne saurait avoir tort, quelles que soient ses allégations,

et que l'adversaire est un drôle. Exprimez-vous d'une
façon plus raisonnable, vous passez pour avoir fait
des concessions, vous vous êtes avoué vaincu ; les
confrères vous en font des reproches ; le client se
prétend trahi, et, si vous rencontrez dans le monde
un des juges qui ont siégé dans le procès, il vous
aborde en vous disant : « Mon cher, vous êtes trop
timide. »

La profonde antipathie d'Ozanam pour ces malheureux « gens d'affaires », qui ne furent jamais plus
maltraités, l'a rendu bien sévère à leur égard. Il ne
s'est pas assez défié de la tendance que nous avons à
généraliser nos critiques, et il est tombé dans de
regrettables exagérations. Cette mordante satire du
barreau et de tout ce qui s'y rattache, a quelque chose
de vrai assurément, si l'on ne considère que les petits côtés de la profession d'avocat ; mais Ozanam la
présente sous un tel jour qu'on dirait que ses grands
côtés lui ont échappé. Si, dans la pratique journa-
lière, la profession d'avocat ne consiste pas précisément à plaider, avec plus ou moins d'éloquence, pour
la veuve et l'orphelin, elle consiste encore moins à
n'avoir d'autre règle que l'intérêt, à ne tenir aucun
compte de l'équité et de la délicatesse. Dans tous les
temps, elle a été honorée par des hommes éminents
qui se sont fait une loi de ne consacrer leur talent
qu'à la défense des causes justes. L'esquisse crayon-
née par Ozanam, sous l'influence des contrariétés
qu'il éprouvait, n'est pas un portrait ressemblant ;
c'est comme une caricature qui reproduit quelques

traits du modèle, en faisant ressortir ce qu'ils ont de
repoussant. Il faut évidemment en conclure que la résignation d'Ozanam n'était qu'apparente et que, tout
en se soumettant sans murmurer à l'autorité paternelle, il rongeait son frein. Les extraits que j'ai cités
émanent d'un esprit mécontent qui, aveuglé par ses
préventions, n'a été frappé que « de la poussière et
des pierres de la route », pour parler comme lui, et
semble n'en avoir pas aperçu les fleurs.

Néanmoins il reconnaissait que les émotions de la
plaidoirie n'étaient pas sans charme pour lui, et il sut
prouver un jour en pleine audience, d'une manière
éclatante, qu'il avait bien le sentiment de la dignité
de l'avocat. Appelé d'office à prêter le secours de sa
parole à un accusé trop pauvre pour choisir lui-même
son défenseur, il mit, en homme consciencieux, autant de zèle à bien accomplir sa mission que s'il eût
été choisi par le client. Le magistrat qui remplissait
les fonctions du ministère public, s'oublia jusqu'à le
railler, en s'étonnant qu'il eût pris ainsi son rôle au
sérieux. Ozanam releva cette inconvenance avec autant de noblesse que de modération. Le railleur eut à
se repentir de sa malencontreuse incartade, et le jeune
avocat reçut les plus chaleureuses félicitations.

Un grand malheur vint tout à coup changer le
cours de ses idées. Le docteur Ozanam fit une chute
mortelle, en descendant l'escalier d'un indigent qu'il
était allé visiter ; il expira quelques heures après.
Frédéric fut d'autant plus désolé qu'il n'eut pas la
consolation de recueillir le dernier soupir de ce père

tant aimé et si digne d'être, qui mourait glorieusement au service des pauvres ; il ne se trouvait pas à Lyon en cet instant fatal. J'ai conservé sa réponse aux compliments de condoléance que je m'empressai de lui adresser ; il y déplorait, avec toute la sensibilité de son cœur et toute la maturité de son jugement, les tristes conséquences de cette mort soudaine.

« Vous savez, me disait-il, quelle solitude fait dans une famille la perte d'un de ses chefs ; si la mort d'une mère est plus déchirante pour ses fils, celle d'un père est plus accablante ; elle fait peut-être verser moins de larmes ; mais elle laisse après elle une espèce de terreur..... Avec mon caractère timide et irrésolu, me voilà chargé d'une responsabilité inaccoutumée au milieu d'un monde mauvais, moi qui vivais si paisible à l'ombre de cette providence visible en qui je me reposais de toutes choses... Maintenant je suis pareil à celui qui, demeurant dans une région orageuse, sous l'abri d'un large toit, le verrait brusquement s'écrouler et resterait perdu sous la voûte infinie des cieux... Je sens cependant un grand soulagement, quand je pense que, si je suis bon, je retrouverai cet excellent père au rendez-vous éternel. Plus se multiplie dans ce monde invisible le nombre des âmes qui nous furent chères, et qui nous ont quittés, plus puissante est l'attraction qui nous y entraîne. Nous tenons bien moins à la terre, quand les racines par lesquelles nous y étions attachés sont brisées par le temps... Que Dieu soit béni d'avoir semé des roses sur votre chemin, et, s'il a mis des épines dans le mien, qu'il soit encore béni, pourvu qu'il veille sur moi, et que son amour m'accompagne... Quand on verse ses peines dans un cœur aimant et religieux, on en fait jaillir la prière, et cette prière monte agréable vers le ciel, qui l'exauce toujours. C'est donc devant Dieu que je désire que vous vous souveniez de moi et de ma famille entière. »

Ozanam eut bien vite mesuré toute la portée des devoirs que lui imposait un si cruel événement. Il ne songeait plus à abandonner une profession devenue pour lui comme une nécessité; car il était le soutien d'un petit frère et d'une mère malade, menacée de perdre lentement la vue, et les besoins de cette pauvre mère augmentaient chaque jour avec l'affaiblissement de sa santé. Le docteur Ozanam n'avait pas laissé à ses enfants un riche héritage : on n'arrive guère à la fortune en exerçant la médecine comme un véritable ministère de charité; on n'amasse ainsi que des richesses d'une tout autre nature, et celles-là sont déposées dans le sein de Dieu. La gêne qui régnait au foyer domestique ajoutait au violent chagrin de Frédéric. Mais la Providence ne voulut pas qu'il eût longtemps à subir une pareille épreuve.

Au milieu des progrès de son industrie, la ville de Lyon, que Sully se plaisait à appeler « la porte dorée de la France », avait compris que l'étude des lois qui régissent le négoce serait fort utile à la principale catégorie de ses habitants; elle avait demandé au gouvernement l'autorisation de fonder une chaire de

Droit commercial ; cette autorisation lui fut accordée, après d'interminables négociations que prolongèrent au-delà de toute attente les nombreuses formalités d'une administration que l'Europe, dit-on, nous envie. Le conseil municipal jeta les yeux sur Ozanam, et son choix fut approuvé par le ministre de l'instruction publique qui, connaissant tout le mérite d'un tel candidat, avait vainement cherché à l'attirer dans l'Université, en lui offrant une chaire de philosophie à Orléans. M. Cousin lui écrivait : « Je viens vous annoncer que, dans le conseil d'hier, il a été arrêté que vous seriez nommé à la chaire de Droit commercial de Lyon. J'aurais bien préféré **vous** voir dans mon régiment ; mais je n'en désespère pas, et, en tous cas, je suis certain qu'avec moi ou sans moi, vous aimerez et servirez toujours la vraie philosophie. »

La vraie philosophie pour Ozanam, c'était le spiritualisme chrétien ; M. Cousin ne pouvait l'ignorer. On est donc autorisé à supposer qu'il y avait déjà au fond de son cœur quelque chose des tendances qu'il manifestera plus tard en se rapprochant des idées catholiques.

L'enseignement du Droit convenait bien plus à Ozanam que la plaidoirie ; il s'accordait beaucoup mieux avec la tournure de son esprit ; et, tout en le fixant auprès de sa mère dans une position non moins sûre qu'honorable et plus conforme à ses goûts, il devait lui permettre de continuer ses travaux historiques, philosophiques et littéraires.

Son discours d'ouverture inaugura brillamment le nouveau cours institué pour le commerce lyonnais, à côté de l'École des arts, pépinière de dessinateurs ingénieux, et de l'établissement de la Martinière, doté par un enfant de la cité des trésors de l'Inde pour la formation d'artisans habiles. Ce discours portait l'empreinte de l'élévation de son esprit. Ozanam se sentait comme stimulé par les éloquentes paroles qui retentissaient non loin de là dans les Facultés récemment fondées pour répandre de plus en plus, dans la seconde ville du royaume, l'amour des sciences et des lettres. Quoique l'austérité du sujet ne se prêtât guère aux ornements du langage, le lettré apparaissait sous le légiste. A l'exemple des Domat et des d'Aguesseau, qui furent à la fois jurisconsultes, orateurs et écrivains, Ozanam ne dédaignait pas l'élégance de la forme, tout en s'attachant plus particulièrement au fond.

A peine était-il entré en matière qu'il fut aisé de voir que le jeune professeur ne se bornerait pas à un aride, mais inévitable commentaire des articles du Code, que le philosophe, l'historien et le moraliste auraient leur part dans son enseignement aussi bien que le praticien ; ce qui, par instinct, l'attirait le plus, c'était le sens supérieur de toute chose. « L'histoire du Droit, dit-il dans un passage de son discours, découvre, dans ce qui fut, les causes qui ont préparé l'organisation de la société présente. La philosophie du Droit considère ce qui doit être ; elle explique les lois par les deux notions du juste et de l'utile ; elle

touche à la morale et à l'économie politique. Il se
rencontrera sur notre route plus d'un problème qui
ne saurait se résoudre sans le secours de cette double
lumière. Toutefois nous éviterons le charme dangereux
des recherches savantes pareilles à ces fruits dont
parle Homère et dont les parfums faisaient oublier
au voyageur enivré les soins du retour... Quand la
jurisprudence nous renverra à la loi suprême de la
morale, nous recourrons à celle-là seule qui, dès les
premiers jours du monde, visita l'homme dans les
secrets de sa conscience, et qui, depuis dix-huit cents
ans, renouvelée par une promulgation plus solennelle, présida, sans fléchir, à tous les progrès de la
civilisation moderne... Ceux qui entoureront cette
chaire en rapporteront le respect du droit d'autrui
plus encore que le sentiment du leur. Et, si nos vœux
se réalisent, nous changerons en un cours de devoirs
commerciaux le cours de Droit commercial. »

Ozanam ne pouvait annoncer en meilleurs termes
quel serait le véritable esprit de ses leçons. La haute
idée qu'il se faisait du Droit éclate surtout dans sa
péroraison : « Jusque dans ses plus minutieuses dispositions, le droit est l'œuvre de nos besoins moraux ;
il a ses origines au fond des replis du cœur ; ses développements tiennent une large place dans l'histoire
des peuples : le droit est la plus importante manifestation de l'activité humaine. C'est aussi l'expression
imparfaite, mais toujours perfectible, de la volonté
divine, embrassant, dans l'unité de ses vues générales, la multiplicité infinie des faits individuels. Et

la jurisprudence de tous les siècles, dans ses plus
admirables définitions, ne fera que répéter cette sublime pensée de Démosthènes : La loi est une conception de Dieu, entrevue par les sages, mise en pratique
ici-bas par l'assentiment commun de la société. »
Ozanam entonnait en quelque sorte, dès le début, un
sursum corda que l'auditoire se montra digne d'entendre en l'applaudissant. On reconnaît bien là celui
qui avait conçu le projet de faire un livre sur la philosophie et l'histoire du Droit traitées au point de vue
chrétien, et de remplir ainsi une vaste lacune de la
science. Un cours si bien commencé fut suivi comme
il méritait de l'être. En apprenant à un ami un succès
qui dépassait ses espérances, Ozanam lui disait : « Je
me suis permis toutes les digressions philosophiques
et historiques que les matières comportaient. Je n'ai
même pas reculé devant des vérités sévères; mais je
ne refuse pas non plus l'occasion d'appeler un sourire sur les lèvres de mes auditeurs. »

Ozanam, qui était aussi spirituel que savant, prenait plaisir à égayer de temps en temps les discussions sérieuses par quelques traits humoristiques.
C'était le moyen de jeter une agréable variété au
milieu de la gravité habituelle de son cours.

On a heureusement inséré dans ses œuvres complètes les notes qu'il avait rédigées pour la préparation de ce cours trop tôt interrompu; il eût été à
regretter qu'elles fussent perdues pour le public. Il
faut les lire, si l'on veut pouvoir bien apprécier
Ozanam comme juriste ; ce n'est pas le côté le moins

curieux du talent de ce futur professeur de littérature
étrangère à la Sorbonne. Qui oserait, après avoir lu
ces notes si remarquables, soutenir l'incompatibilité
de l'esprit littéraire et de l'esprit judiciaire? Cette
lecture, fort instructive, nous fait assister à diverses
phases de l'éclosion des pensées de l'auteur ; elles ne
sont qu'indiquées brièvement là où il croyait devoir
s'abandonner aux chances de l'improvisation ; elles
s'étendent, au contraire, sous sa plume, avec netteté
et précision, souvent même avec éclat, dans les parties qu'il confiait à sa mémoire, pour reproduire fidèlement, dans sa chaire, le fruit des méditations du
cabinet.

« Ce ne sont que des notes, sauf de courts et rares
fragments qui s'en détachent, selon le mot de M. Ampère, comme des figures terminées avant le reste dans
l'esquisse d'un maître ; il n'y a là que les grandes
lignes du sujet ; mais elles y sont toutes, et plus elles
sont nues, mieux elles découvrent l'ensemble et les
divisions de l'horizon qu'elles embrassent. Ainsi,
dégagées de tout accessoire, elles en dessinent les
contours avec une pureté de trait pleine de relief et
de vigueur. Je ne crains pas de dire qu'on y retrouve
tout Ozanam, son érudition si sûre, son esprit si largement ouvert et si pénétrant, son cœur si droit et
même les éclairs de son éloquence. »

Ce jugement élogieux émane du magistrat distingué qui voulut bien se charger de diriger la publication de ces précieuses ébauches, de M. Foisset, l'un
des amis les plus dévoués et les plus éclairés d'Oza-

nam. Plusieurs d'entre elles semblent appartenir au
grand ouvrage dont il avait déjà tracé le plan dans
son imagination, et que les changements survenus
bientôt après dans sa destinée ne lui laissèrent pas le
temps de mettre au jour; elles dénotent un écrivain
naturellement porté vers ces sommités idéales où
rayonne une clarté divine, et accoutumé à élever tout
ce qu'il touchait (1).

La charité d'Ozanam ne brille pas moins que sa
sagesse dans tout ce qui concerne les relations normales des patrons et des ouvriers. Il signale les dangers de l'antagonisme de ces deux classes, qui ne
peuvent vivre et prospérer qu'en s'appuyant l'une sur
l'autre. Faisant allusion aux terribles insurrections
de 1831 et de 1834, il insiste sur la nécessité de pré-
venir le renouvellement de pareils malheurs par une
application des principes si féconds de l'association
et de la fraternité capable d'amener l'étroite union de
la force des richesses et de celle du nombre, l'harmonieux accord du capital et du travail. C'était en
1840, huit ans avant la révolution de Février, que ces
paroles prévoyantes, compatissantes pour le faible,
sans être outrageantes pour le fort, descendaient de
la chaire d'un professeur sincèrement, profondément
catholique. Nous devrions ne jamais oublier que ce
qui était vrai à cette époque est encore vrai de nos
jours, et faire d'une situation pleine de périls et de
menaces l'objet de nos préoccupations constantes. Je

____

(1) Voir note *v*.

glisse sur cette réflexion, qui m'entraînerait trop loin,
si je m'y appesantissais.

Ozanam condamne énergiquement « cette industrie
casernée, qui arrache le pauvre, sa femme et ses enfants, pour les parquer dans des entrepôts malsains,
dans de véritables prisons, où tous les âges, tous les
sexes sont voués à une dégradation systématique et
progressive »; il vante, à juste titre, les bienfaits de
l'industrie domestique, qu'à Lyon un usage séculaire
a consacrée ; il fait remarquer que la moralité de
l'ouvrier a tout à gagner dans la vie conjugale et paternelle, qui lui procure les joies du cœur et maintient
le culte des traditions qu'il reçut de ses pères. En
traitant la question si délicate et si difficile des rapports entre les patrons et les ouvriers, Ozanam
fit plus d'une excellente leçon d'économie politique
chrétienne.

La fin de son cours fut à la hauteur du commencement. Un noble patriotisme respire dans ses adieux
à ses auditeurs : « Les lois, leur dit-il, sont l'âme de
la patrie; c'est la patrie morale, bien plus digne encore
de nos affections que la terre même où nous naissons
pour mourir. Ces lois peuvent être défectueuses,
parce qu'elles sont perfectibles; mais elles n'en sont
pas moins l'expression de quatorze siècles d'un glorieux passé. »

Ozanam entretenait une correspondance active avec
ses anciens confrères de la Société de Saint-Vincent
de Paul de Paris; il leur était toujours uni par les
liens d'une pieuse camaraderie, d'une de ces amitiés

qui, formées sous les auspices de la foi et de la charité,
au lieu de s'attiédir dans l'éloignement, se recueillent
et se condensent pour ainsi dire. Il aimait à leur rappeler « les églantines de la route de Nanterre où ils
allaient jeter sur le passage du Dieu sauveur les fleurs
et l'encens de leurs pensées », les reliques du saint
dont ils étaient les disciples, portées, à Clichy, sur
leurs épaules, les longues promenades autour des
lilas du Luxembourg, sur la place de Saint-Étienne
du Mont, quand le clair de lune projetait l'ombre de
ses trois grands édifices, ces dissertations infinies
qui, entamées aux conférences de droit ou à celles
d'histoire, se continuaient, en plein air, avec la même
chaleur, pendant des heures entières. Et il ajoutait :
« Le souvenir embellit tout, idéalise les réalités, épure
les images et conserve plus volontiers les impressions douces que les émotions pénibles ; le charme du
souvenir me fait comprendre comment l'histoire
devient pour l'esprit humain poésie, et pourquoi les
peuples gardent leurs traditions avec un attachement
si filial. »

Il exhortait ses chers camarades, comme s'il était
encore parmi eux, à s'associer, dans l'intérêt de la
religion, à tout ce qui réclamait le concours de la
jeunesse catholique ; tantôt il les pressait de signer
une pétition contre la suppression des tours, déposée
chez M. de Lamartine, qui voulait que la portion de
l'héritage de leur saint patron, qu'il s'agissait de détruire, fût respectée ; tantôt il les invitait à faire une
manifestation en faveur de l'archevêque de Cologne

dans la lutte qu'il soutenait contre la tyrannie du gouvernement prussien, à l'exemple de saint Thomas de Cantorbéry, cet illustre défenseur des immunités de l'Église. Cette correspondance, en le mettant au courant de ce qui se passait à Paris, dans le monde religieux et charitable, ravivait le zèle que lui inspirait le précepte de l'aumône et l'excitait à donner une plus forte impulsion à la conférence de Saint-Vincent de Paul de Lyon, dont il avait été nommé président.

La conférence lyonnaise avait eu à surmonter des obstacles inattendus par suite de l'opposition de quelques hommes, animés assurément des meilleures intentions, mais qu'aveuglaient des idées préconçues et qu'offusquait toute innovation née sur le sol parisien. Il se plaignait amèrement « de ces pères de concile en frac et en pantalons à sous-pieds, qui prononçaient entre la poire et le fromage, pour qui les nouveaux venus étaient toujours les mal venus, qui faisaient de leur opinion politique un treizième article du Symbole, et disaient, en se substituant à Notre-Seigneur : « Quiconque n'est pas avec nous est contre nous. » Mais il se consolait de les avoir pour adversaires, lorsqu'il les entendait anathématiser l'abbé Lacordaire, déclarer l'abbé de Ravignan inintelligible et l'abbé Cœur suspect. Du reste, ces singulières préventions ne tardèrent pas à se dissiper, quand il eut pris en main le gouvernail : il avait l'esprit si conciliant ! Il savait si bien ménager toutes les susceptibilités ! Qui, d'ailleurs, n'eût été touché de son infatigable dévouement, de son angélique piété et de cette ardente initiative qui s'exerçait sans cesse pour le bien ? Il n'en fallait pas davantage pour vaincre, doucement, mais sûrement, toutes les résistances.

Une école de lecture, d'écriture et de calcul fut établie par les soins de Frédéric pour l'instruction des militaires de la garnison ; elle avait principalement pour but de faire pénétrer dans l'âme de chacun d'eux un rayon d'en haut ; elle eut bientôt obtenu les plus heureux résultats.

A Lyon, comme à Paris, Ozanam partageait ses loisirs entre les pratiques de la charité et la culture des lettres. Il écrivait dans les *Annales de la Propagation de la Foi*, œuvre si chère aux Lyonnais, qui l'avaient vue naître humblement comme toutes les grandes choses, se développer avec une rapidité surprenante et englober successivement dans son action toutes les contrées de l'univers.

Ozanam publiait une savante étude sur *les Biens de l'Église*, où il remontait à l'origine de ces biens, vraiment communs, formant en partie le patrimoine des pauvres, et passait en revue les différentes législations qui les avaient régis. Là, finissant par aborder la période révolutionnaire, il s'élevait contre l'Assemblée constituante, qui ne s'était pas contentée du sacrifice volontaire d'un revenu de quatre-vingts millions fait spontanément par les représentants du clergé, dans la nuit du 4 août, et s'était emparée, sans indemnité préalable, de toutes les propriétés ecclésiastiques pour en faire indûment le gage des créanciers de l'État, à la charge, fut-il expressément stipulé dans le décret, de pourvoir d'une manière convenable aux frais du culte, à l'entretien de ses ministres et au soulagement des indigents ; conditions presque immédiatement foulées aux pieds, imparfaitement accomplies plus tard par le Concordat, et qu'on propose aujourd'hui de répudier tout à fait, au mépris des engagements les plus sacrés.

Dans une autre étude, non moins savante, il réfutait les erreurs que renfermait un ouvrage de Michelet, dont le titre seul indique l'importance : *Origines du Droit français cherchées dans les symboles et les formules du Droit universel.* On est frappé du ton de bienveillance qui règne dans cette réfutation, et on se l'explique aisément, quand on considère que, si déjà le rationalisme avait enlevé Michelet à la foi catholique, cet écrivain était encore loin de sa dernière évolution, qu'il n'allait pas du moins jusqu'à se glorifier de son incrédulité, et qu'on pouvait espérer le réveil de ses anciennes croyances. Ozanam citait un magnifique passage dans lequel Michelet semblait justifier un espoir qui ne devait pas, hélas ! se réaliser : c'est celui où il reconnaît que le rapprochement des lois constate, aussi bien que le rapprochement des langues, la ressemblance qui existe entre toutes les formes de la pensée, chez toutes les nations du globe, « l'accord de ces voix qui, sans s'écouter, se répondent si juste de l'Indus à la Tamise, comme pour prouver l'unité de création et de fin dans la grande famille humaine ».

« Ce fut pour moi, dit Michelet, une vive émotion,

quand j'entendis pour la première fois ce chœur universel. Un tel accord du monde, si étonnant dans les
langues, me remuait profondément dans le Droit...
Le miracle devenait sensible. De ma petite existence
d'un moment, je voyais, je touchais, indigne, l'éternelle communion du genre humain. »

De plus, Ozanam avait versé des larmes sur les
bancs de la Sorbonne, le jour où la parole enflammée
de Michelet retraçait la vie et la mort de Jeanne
d'Arc, cette héroïne, « partie des derniers rangs,
triomphant au nom de Dieu et de la France, dispa-
raissant dans un bûcher entre le ciel et la terre,
immortel objet d'admiration, de piété et d'amour (1) ».
Cet attendrissement mêlé de fierté nationale avait
laissé dans son cœur un sentiment favorable à l'orateur qui l'avait tant ému par son éloquence patrio-
tique.

Le vrai génie de Michelet est bien apprécié et le
vrai caractère de l'histoire bien défini dans les réflexions suivantes :

« M. Michelet était né poète, dans le sens primitif
et le plus étendu de ce mot, c'est-à-dire capable de
s'élever à des conceptions idéales, de sentir vivement
les impressions de la nature, de reproduire les
premières en choisissant, rapprochant, combinant les
secondes. Avec ces éminentes facultés nous avons
redouté de le voir descendre au rang d'historien.
L'histoire est la mémoire des peuples ; mais c'est une

(1) Jules Simon, *Notice sur Michelet.*

mémoire impassible, impartiale, complète, que la passion, la sensibilité, l'imagination, peuvent accompagner quelquefois, mais ne doivent dominer jamais ; qui choisit avec critique entre les récits parvenus jusqu'à elle, mais qui ne choisit pas entre les faits constatés et les accepte alors même qu'elle ne saurait ni s'en inspirer, ni les comprendre. Si les anciens la représentèrent comme une muse, ce fut une muse austère : ils ne lui donnèrent ni le masque trompeur, ni les cordes mobiles de la lyre, mais des tables de pierre et un inflexible burin. »

Quoique Michelet n'eût pas encore montré jusqu'où pouvait aller l'essor d'une imagination qui devait tant contribuer à l'égarer, au point de vue philosophique comme au point de vue moral, tout en ajoutant à sa réputation par la magie du style, Ozanam avait jugé avec raison que sa faculté maîtresse était l'imagination poétique, et que cette faculté si séduisante se changeait souvent en défaut pour l'historien. Dans sa belle notice sur Michelet, M. Jules Simon émet, au milieu des éloges qu'il lui prodigue, une opinion conforme au fond à celle d'Ozanam ; car il reproche à « ce poète de la grande espèce » de prendre pour le monde réel, en écrivant l'histoire, le monde qu'il crée lui-même en dramaturge puissant, de subir, sans s'en douter, l'influence soit d'une passion débordante d'artiste, soit une passion violente d'homme de parti, et de s'enivrer de ses haines comme de ses enthousiasmes. Or, il n'est rien de plus contraire aux premiers devoirs de quiconque se donne la mission de faire revivre le passé.

Ozanam avait travaillé avec ardeur aux thèses exigées pour le diplôme de docteur ès lettres. Dès que ces thèses furent terminées, il partit pour Paris et comparut devant le jury de la Sorbonne. M. Cousin, tout absorbé qu'il était par ses hautes fonctions de ministre de l'instruction publique, voulut assister à cette épreuve, dont le talent d'Ozanam fit une fête littéraire ; M. Villemain céda aussi au désir d'en être témoin. Frédéric était déjà assez connu par des œuvres remarquables pour qu'on ne pût pas s'étonner de l'empressement inaccoutumé qui se produisit parmi les lettrés.

Neuf professeurs composaient l'aréopage appelé à prononcer. Ozanam eut à soutenir une discussion avec un de ces Aristarques qui, peu versé, selon toute apparence, dans l'*Introduction à la vie dévote,* ce bréviaire des âmes chrétiennes digne d'être placé à côté de l'*Imitation de Jésus-Christ,* s'était récrié, quand, en faisant l'énumération des meilleurs écrivains nés au seizième siècle, le candidat avait mis en tête saint François de Sales, qu'il préférait au cynique Rabelais et au sceptique Montaigne, non seulement pour le fond, mais pour la forme, intimement liée dans l'art d'écrire à la manière de sentir et de comprendre. Il fut ravi d'avoir l'occasion d'insister sur les services rendus par le pieux évêque de Genève à la langue française aussi bien qu'à la religion ; outre sa sagacité dans l'observation du cœur humain, sa mansuétude à l'égard de nos faiblesses, sa dialectique insinuante et persuasive, il se plut à faire ressortir

l'abondance, la richesse de son style, enveloppe dorée
des trésors de son âme, de ce style si expressif dans
son originalité, tour à tour imagé et pittoresque,
ferme et incisif, simple et familier avec grâce, souvent
plein de finesse, de charme, de bonhomie, même
d'enjouement, quelquefois, il est vrai, gâté par le
mauvais goût de l'époque, mais réalisant mieux que
tout autre cet aphorisme de Buffon : *Le style, c'est
l'homme*, et donnant longtemps avant Fénelon, à
cette langue si souple et si claire, dont Rivarol a pu
dire : *Ce qui n'est pas clair n'est pas français*, l'accent
de la suavité et de l'onction.

L'apologie de ce génie affectueux, de ce moraliste
par excellence de la spiritualité, qui a su rendre la
dévotion aimable et attrayante dans les effusions d'un
cœur échauffé par l'amour divin, fut pour Ozanam
un véritable triomphe : un pareil sujet était en parfaite harmonie avec sa propre nature, si douce et si
tendre, qu'on ne saurait trop applaudir à cette jolie
réflexion de Lamartine : « Il y avait autour de lui
comme une atmosphère de tendresse pour les hommes,
comme un air balsamique qui avait traversé le vieil
Éden (1). » Il eut toujours une prédilection marquée
pour saint François de Sales ; c'était, dans l'ordre
intellectuel et moral, un de ses ancêtres ; Ozanam
appartenait à la famille spirituelle de celui qui disait,
en vrai précurseur de saint Vincent de Paul : « Aymez
les pauvres ; prenez plaisir à vous trouver et à con-

(1) Voir note *x.*

verser avec eux, à les voir chez vous, à les visiter
chez eux, à les laisser s'approcher de vous, dans les
églises, dans les rues et ailleurs. Soyez pauvre vous-
même de la langue en leur parlant comme d'égal à
égal ; mais soyez riche des mains en leur faisant
part de ce que Dieu vous a donné de plus qu'à eux. »
Voilà ce qu'il avait fait jusque-là sans relâche. Qui
plus que lui prit plaisir à les visiter pour les secourir
et les éclairer en se mettant à leur portée ! Le saint
dont il avait fidèlement pratiqué les leçons, l'inspira,
j'aime à le croire, en ce jour béni.

Ozanam fut encore plus heureux dans une autre
partie de l'épreuve. Il se surpassa en soutenant sa
thèse sur *Dante et la philosophie catholique au treizième siècle ;* son succès fut si grand que M. Cousin,
enthousiasmé, s'écria : « Monsieur Ozanam, il est
impossible d'être plus éloquent que vous. » Tous les
assistants s'associèrent avec élan à un éloge parti de
si haut. Cette thèse devint un livre qui mérite un
examen particulier.

Nous avons vu dans quelles circonstances l'idée
mère de ce livre se présenta à l'esprit d'Ozanam : on
sait qu'elle lui vint au Vatican, devant la fresque de
Raphaël, où Dante est placé entre le Docteur angélique et le Docteur séraphique, entre saint Bonaventure et saint Thomas d'Aquin. C'est dans la philosophie de Dante qu'Ozanam a trouvé l'explication de la
pensée du peintre travaillant sous l'œil des papes et
dans le palais de l'orthodoxie.

Dante Alighieri s'offre à nous sous trois aspects

différents : sa vie et ses œuvres nous montrent en lui
le politique, le poète et le philosophe. Le poète s'est
élevé à de telles hauteurs, il a jeté un tel éclat qu'il a
tout éclipsé par le rayonnement de sa gloire, et qu'il
est seul resté en quelque sorte dans la mémoire de la
postérité.

Ozanam s'est proposé, avant tout, de raviver le
souvenir du philosophe, quelle que fût son admiration
pour les autres diamants de la couronne de ce grand
homme, que Lamartine appelle « un Titan de la
poésie, un prodigieux sculpteur de paroles ». *La Divine Comédie*, cette épopée du monde invisible, dans
laquelle l'Italien Gioberti, exalté par son patriotisme,
voit « la Bible humaine de la société moderne », a
tout à la fois un sens littéral et poétique pour le vulgaire, un sens mystique et symbolique pour les initiés. Ce poème extraordinaire, la composition la plus
vaste, la plus grandiose et la plus originale qui ait été
conçue depuis Homère, n'est pas seulement une
œuvre d'art très remarquable, malgré ses bizarreries,
et par la variété des tons et par la beauté des vers,
une œuvre que l'artiste semble avoir imprégnée du
sang de son cœur en y épanchant ses colères, ses
haines, ses douleurs et ses joies, où sont comme
réunis, dans un même cadre, la sauvage rudesse du
pinceau de Michel-Ange et le charme ineffable de la
palette du Corrège ; il embrasse encore toute une religion et toute une philosophie d'un siècle digne d'être
regardé comme la belle adolescence de l'humanité
chrétienne.

C'est ce qu'Ozanam s'attachera à démontrer d'ailleurs sur le témoignage de l'auteur lui-même, qui nous avertit que « le ciel et la terre ont mis la main à sa création » et qui invite « quiconque a l'entendement sain à être attentif à la doctrine cachée sous le voile de ses vers étranges (1) » : témoignage significatif, en vérité, que son fils Giacopo développera ainsi, peu de temps après sa mort :

« L'œuvre entière se divise en trois parties, dont la première se nomme *Enfer*, la seconde *Purgatoire*, la troisième *Paradis*. J'en expliquerai d'avance et d'une façon générale le caractère allégorique en disant que le dessein principal du poète est de montrer, sous des couleurs figuratives, les trois manières d'être du genre humain. Dans la première, il considère le vice, qu'il appelle *Enfer*, pour faire comprendre que le vice est opposé à la vertu comme son contraire, de même que le lieu déterminé pour le châtiment se nomme *Enfer* à cause de sa profondeur opposée à la hauteur du ciel. La deuxième partie a pour sujet le passage du vice à la vertu, qu'il nomme *Purgatoire*, pour montrer la transmutation de l'âme, qui se purge de ses fautes dans le temps ; car le temps est le milieu où toute transmutation s'opère. La troisième partie est celle où il envisage les hommes parfaits, et il l'appelle *Paradis* pour exprimer la hauteur de leurs

(1)   O voi ch'avete gl' intellecti sani
         Mirate la doctrina cha s'asconde
         Sutto' velame dei versi strané.

                              DANTE.

vertus et la grandeur de leur félicité, deux conditions
hors desquelles on ne saurait reconnaître le souverain
bien. C'est ainsi que l'auteur procède dans les trois
parties du poème, marchant toujours, à travers les
figures dont il s'environne, vers la fin qu'il veut
atteindre. »

Les indications fournies par le fils de Dante sur les
intentions philosophiques de son père ont ouvert à
Ozanam, comme à la plupart des commentateurs italiens et à quelques critiques allemands, la voie qui
les a conduits à découvrir la philosophie catholique
du moyen âge dans *la Divine Comédie.*

Ozanam était merveilleusement préparé pour son
intéressante entreprise. Il connaissait à fond la langue
du pays de Dante; car l'Italie était aussi son pays
natal; cette langue aux grâces viriles avait été la
langue de son berceau, et le moyen âge n'avait pas
pour lui de secrets. Il avait étudié cette grande
époque avec une ardeur sans égale, et il l'aimait pas-
sionnément.

« Le moyen âge, dit-il dans une de ses lettres, est
un peu comme les îles enchantées dont parle le poète :
on y aborde en passant et seulement pour quelques
heures ; mais on y cueille des fruits, on s'y désaltère
à des fleuves qui font oublier la patrie, c'est-à-dire le
temps présent, ou, pour s'exprimer d'une façon plus
simple, on y est vraiment captivé par le charme des
faits, des mœurs, des traditions; on est retenu par la
multitude des documents au milieu desquels on se
complaît ; on éprouve quelque chose de pareil à cette

servitude douce et volontaire, qui attache l'âme aux
ruines, et que j'ai ressentie à mon voyage de Rome...
N'est-il pas aussi pieux de s'arrêter aux légendes et
aux traditions de nos pères que de s'asseoir sur les
débris des aqueducs et des temples dont l'antiquité a
semé notre sol? »

Ozanam avait suivi, dans tous ses détours, le travail subtil et profond de l'esprit humain au moyen
âge, qu'il louait, non d'avoir triomphé du mal dont
l'empire fut grand dans cette période de l'histoire,
mais de l'avoir détesté, flétri, combattu sans aucune
de ces capitulations si communes dans les siècles
faibles. Nul n'avait compris mieux que lui un temps
si diversement jugé (1). Parmi les promoteurs les
plus actifs de la vulgarisation de Dante, nul ne pouvait mieux dévoiler chez l'illustre Florentin le méta-
physicien et le théologien sous le poète, et constater
la concordance allégorique de ses idées et de sa foi
avec celles des plus fameux docteurs de l'époque.

Le professeur qu'il devait bientôt remplacer à la
Sorbonne avait déjà éclairci le côté philologique du
poème d'Alighieri en traitant des origines de cette
langue italienne dont Dante était le véritable initiateur (2). Un autre écrivain était parvenu à tirer de
vieux récits, d'anciennes descriptions, une ingénieuse
Divine Comédie avant Dante, qui signalait la plupart
des sources poétiques où Dante avait pu puiser, alors
que les destinées de l'homme, au-delà du tombeau,

(1) Voir note *y*.
(2) Voir note *z*.

préoccupaient plus que jamais tous les esprits, et que, sous l'influence de cette préoccupation universelle, les visions des grands spectacles de la vie future devenaient chaque jour plus nombreuses, alors que les légendes, empreintes de toute la douceur et de toute la sévérité de la religion, s'étaient multipliées comme pour faire régner l'âme sur les sens, la prière sur la nature, l'éternité sur le temps (1).

Ozanam allait compléter la glorification, j'oserai presque dire la réhabilitation d'un génie si longtemps méconnu en France, qualifié par Voltaire de monstre d'obscurité, en le ressuscitant tout entier, en lui rendant toute son ampleur, en faisant la lumière au sein des ténèbres pour nous donner le mot de l'énigme de ce sphinx sublime. *La Divine Comédie* a été comparée à une de ces basiliques romaines dont on veut visiter non seulement le dedans et le dehors, mais aussi le dessous : on descend à la lueur des torches dans une catacombe qui s'enfonce et se divise en plusieurs branches, s'étendant sur un espace immense. Si l'on va jusqu'au bout sans reculer, on sort dans la campagne, bien loin du lieu où l'on était entré, et l'on perd de vue la basilique elle-même. En admettant qu'il y ait quelque chose de vrai dans cette comparaison, on ne saurait en faire l'application à Ozanam ; car, il faut reconnaître qu'il a su trouver, dans son exploration souterraine, une issue qui lui a permis de ne pas perdre de vue la basilique et de con-

____

(1) Voir note *aa.*

templer avec enthousiasme le magnifique ensemble de choses divines et humaines que lui offrait l'œuvre de son poète favori.

Ce livre d'Ozanam étant, sans contredit, le plus considérable des ouvrages de sa jeunesse, je crois devoir y insister davantage et en citer quelques fragments.

Le livre débute par un discours préliminaire sur la tradition littéraire en Italie, depuis la décadence latine jusqu'à Dante. On dirait un chapitre de l'histoire de la littérature du moyen âge, considérée au point de vue chrétien, qu'Ozanam avait formé le projet d'écrire et pour laquelle il était prêt, quand la mort vint le frapper (1). C'est le tableau, peint à grands traits, des lettres sauvées, sous ce ciel privilégié, au milieu de l'invasion des barbares, par l'heureuse intervention du monachisme et de la papauté, qui redoublent d'efforts pour que le feu sacré s'entretienne sous l'austère virginité du cloître, pour que l'enseignement ne soit jamais suspendu, pour que les littératures qui se succèdent, se lient et se continuent de manière à maintenir l'unité dans les productions de l'esprit humain, dont le christianisme avait accepté l'héritage en ralliant à lui le passé.

« L'Église a veillé sur elles, dit Ozanam, pendant que l'ouvrier immortel semblait sommeiller, comme l'ange de cet artiste pieux qui, à son réveil, trouva achevée par une main invisible l'esquisse interrompue

_____

(1) Voir note *hh*.

le soir..... Le lever du treizième siècle est célébré par
des chants d'une harmonie jusqu'alors inconnue; les
hommes libres de Florence et de Sienne échangent
des vers d'amour avec les courtisans siciliens de Frédéric II, tandis que, sur les montagnes de l'Ombrie,
on entendait le cantique de saint François d'Assise. »

Ainsi, tout semble prêt pour l'avènement du grand
Alighieri. Quand il paraît, la poésie est partout.

« Deux choses sont nécessaires, ajoute Ozanam,
pour la perfection de l'art : d'un côté, le génie, de
l'autre, le travail. Le génie est un don, et les siècles
peu nombreux qui le possèdent, n'arrivent toutefois
à la gloire que par la discipline du travail, par un
long apprentissage sous la conduite d'autrui. Le travail est une loi, et, courageusement accomplie, il n'est
point de temps si malheureux qu'elle ne puisse honorer encore; elle console même la société de l'absence momentanée du génie, puisqu'elle en assure
le retour en gardant la place qu'il a laissée. » Cette
place, il était réservé à Dante de l'occuper avec éclat.

Ozanam termine son discours par ce cri éloquent :
« Quand je vois cette multitude de lecteurs, d'inter-
prètes, d'imitateurs, ah! Dante me semble bien vengé!
L'exilé qui n'avait où reposer sa tête, qui éprouvait
combien le pain de l'étranger est amer et comme il
est dur de monter et de descendre par les escaliers
d'autrui, c'est lui à qui une foule d'hommes illustres
ou obscurs vient demander le pain de la parole : il
fait à son tour monter et descendre par ses escaliers,
par les degrés de son enfer, de son purgatoire et de

son paradis, toutes les générations des gens de lettres. »

Dans l'*Introduction* qui vient à la suite de ce discours, Ozanam nous annonce qu'il nous initiera à une philosophie qui s'exprime dans la langue la plus mélodieuse de l'Europe, dans un idiome vulgaire que comprennent les femmes et les enfants, à une philosophie dont les leçons sont des chants que les princes se font réciter et que les artisans répètent, à une philosophie poétique et populaire, à une poésie philosophique et vraiment sociale :

« C'est surtout, dit-il, un intérêt de piété filiale qui a dominé pendant que nous avons recueilli les faits et les idées qu'on va lire ; c'étaient pour nous quelques fleurs de plus à répandre sur les tombes de nos pères qui furent bons et grands, quelques grains d'encens de plus à offrir sur les autels de celui qui les fit bons et grands pour ses desseins. »

Il explique d'une façon charmante pourquoi il est obligé de se borner dans le commentaire d'une œuvre qui est comme le résumé de toutes les conceptions du moyen âge, dont chacune résulte à son tour d'un travail poursuivi à travers les diverses écoles, soit de l'antiquité, soit de l'ère chrétienne, et commencé dans les sanctuaires de l'Orient :

« Si Bernardin de Saint-Pierre, fait-il observer, découvrit un monde d'insectes dans un fraisier, et, après vingt jours de méditation, se retira confondu devant les merveilles de l'humble plante, on ne peut s'étonner qu'un grand homme, un seul livre de ce grand homme, un seul aspect de ce livre suffise au labeur de plusieurs années. »

Entrant en matière, il expose la situation religieuse, politique et intellectuelle de la chrétienté du treizième au quatorzième siècle, pour que le lecteur se rende compte de l'influence exercée sur Dante par le milieu où le poète vécut.

Il nous montre l'Église se retirant lentement dans le domaine spirituel, resserrant les liens de la discipline, pourvoyant si heureusement à la réforme des mœurs, qu'il est peu de siècles qui aient tant peuplé les autels ; l'époque laborieuse de l'organisation politique succédant à l'époque glorieuse des conquêtes ; l'aristocratie féodale cessant, après les croisades, d'être ce pouvoir exclusif devant lequel plusieurs générations s'étaient silencieusement inclinées ; le Tiers-État, issu de l'émancipation des communes, agrandissant peu à peu la part qui lui était faite dans le droit civil ; de précieuses découvertes tendant à changer la face du monde ; des universités vraiment dignes de ce nom s'élevant dans les principales provinces ; les progrès des arts devenant chaque jour plus rapides ; le commerce étendant le cercle de ses entreprises ; l'industrie manufacturière prospérant dans les cités, à l'ombre des libertés municipales, et la transformation du servage en vasselage encourageant l'agriculture ; la philosophie participant à ce mouvement général, se développant librement à côté et en dehors de la théologie qui n'a retenu de son ancien empire qu'une supériorité maternelle, et renouvelant la lutte interminable de l'idéalisme et du sensualisme ; une philosophie dogmatique naissant de l'union de la métaphysique et de la logique ; une philosophie mystique se formant parmi ceux qui pensent s'élever à la science par l'intuition, à l'intuition par l'ascétisme ; ces différentes doctrines faisant alliance dans un véritable éclectisme ; cette alliance atteignant son apogée, quand Albert le Grand, Roger Bacon, saint Bonaventure et saint Thomas d'Aquin ont apparu sur la scène ; ces quatre docteurs soutenant la chaire de la philosophie scolastique, dans le temple du moyen âge, saint Thomas à leur tête avec cette vaste encyclopédie des sciences morales qui l'a fait nommer l'ange de l'École, et qui devait contenir, si elle ne fût restée inachevée, tout ce qu'on peut savoir de Dieu, de l'homme et de leurs rapports ; la décadence commençant après eux ; la logique dégénérant en un assaut de sophismes, en un jeu puéril ; les créations capricieuses de l'entendement humain prenant, dans ses élucubrations philosophiques, la place qui appartient aux vivantes créations de Dieu ; enfin l'apothéose d'Aristote auquel est sacrifiée toute doctrine indépendante, célébrée au milieu du concert presque unanime des docteurs chrétiens.

« C'est, dit Ozanam, aux approches de l'an 1300, à une de ces époques solennelles où la prospérité même a quelque chose de mélancolique, parce qu'elle se sent toucher à sa fin, c'est à cette heure du chant du cygne que la philosophie du moyen âge dut avoir son poète : car, tandis que la prose, mise à l'épreuve des ans, se corrompt bientôt et ne laisse plus apercevoir que défigurée l'idée qui y était enfouie, la poésie est comme un corps glorieux sous lequel la pensée demeure incorruptible et reconnaissable ; elle est aussi une forme agile qui pénètre partout et se rend présente en même temps sur les points les plus éloignés. Immortalité, popularité, ce sont deux présents divins dont les poètes ont été faits les dispensateurs. La scolastique, menacée d'un prompt dépérissement, éprouvait le besoin d'avoir son Homère, comme la philosophie grecque, quand elle avait trouvé Platon. »

Ozanam fait ensuite ressortir les caractères particuliers de la philosophie italienne à laquelle Dante fut de bonne heure initié. Nous la voyons, dès l'origine, morale dans sa direction, poétique dans sa forme, fécondée encore plus par le christianisme, à ce double point de vue, florissante au plus haut degré à ce moment du moyen âge, où saint Thomas d'Aquin et saint Bonaventure, moralistes profonds, sont poétiquement inspirés, l'un, lorsqu'il compose les hymnes qui devaient un jour désespérer Santeuil ; l'autre, quand il écrit le cantique traduit par Corneille.

« La belle Florence, dit Ozanam, se distingue entre les cités assises au pied de l'Apennin. Déchirée par les guerres civiles, si elle enfante dans la douleur, elle se donne des enfants immortels (1). » Ozanam cite en première ligne Bruno Latini, le maître de Dante, qui, à de sérieux travaux de métaphysique,

____

(1) Voir note cc.

joignit une poésie didactique où ne manquent ni la justesse de la pensée, ni la grâce de l'expression ; puis Guido Cavalcanti, salué du titre de prince de la Lyre, à qui l'on dut un chant d'amour que les théologiens les plus vénérés ne dédaignèrent pas de commenter. Il conclut de tout ce qui précède que c'était à l'Italie que revenait naturellement l'honneur de fournir à la philosophie du treizième siècle le poète qu'il lui fallait.

Nous arrivons au récit des agitations et des malheurs de la vie politique de Dante mêlé aux discordes de sa patrie et exilé par elle. Après les avoir succinctement racontés, Ozanam ajoute :

« Les circonstances lui ménagèrent une vie du cœur dont nous devons pénétrer les mystères. En effet, selon les lois qui régissent le monde spirituel, pour élever son âme, l'attraction d'une autre âme est nécessaire ; cette attraction, c'est l'amour ; Dante n'échappa point à la loi commune. Il avait à peine neuf ans, lorsqu'il rencontra dans une fête de famille une jeune enfant pleine de noblesse et de grâce. Cette vue fit naître en lui une affection qui n'a pas de nom sur la terre et qu'il conserva plus tendre et plus chaste encore durant la périlleuse saison de l'adolescence... Quand Béatrix quitta la terre dans tout l'éclat de la jeunesse, il la suivit par la pensée dans le monde invisible et se plut à la parer de toutes les fleurs de l'immortalité ; il la fit asseoir sur le trône de Dieu ; il oubliait sa mort en la contemplant dans cette glorieuse transfiguration. Cette beauté qui s'était mon-

trée à lui sous des formes réelles, devenait un type
idéal qui remplissait son imagination... Il sut dire ce
qui se passait en lui ; il sut noter, pour parler son
propre langage, les chants intérieurs de l'amour, et
Dante fut poète. »

Ozanam nous apprend que la mort de Béatrix lui
fit chercher des consolations dans quelques écrits de
Boèce et de Cicéron ; qu'il y trouva les premiers vestiges d'une science qu'il n'avait pas encore étudiée,
de la philosophie, et que cette science ne tarda pas à
s'emparer entièrement de son esprit ; qu'il eut ainsi
en quelque sorte une troisième vie toute vouée aux
labeurs scientifiques, développant chez lui ces trois
facultés qui, réunies dans une certaine proportion,
constituent le génie, l'intelligence pour percevoir,
l'imagination pour idéaliser, la volonté pour réaliser.
Le voilà donc à la fois philosophe et poète comme
plusieurs de ses plus illustres contemporains, en attendant que d'un coup d'aile il s'élève au-dessus d'eux.

Ozanam glisse sur les affections passagères dont
ses compositions lyriques gardent la trace, parce que
les égarements où le jetèrent les séductions de la
beauté, malgré le souvenir de Béatrix, eurent un merveilleux secret pour se faire oublier, le repentir, ce
repentir que le poète manifestera dans un de ses plus
beaux chants, en se représentant lui-même, confes-
sant, à la face des siècles assemblés, les fautes de sa
jeunesse, les yeux baissés comme un enfant qui reconnaît ses torts.

Il nous fait remarquer qu'aux diverses vicissitudes

politiques, poétiques et scientifiques par lesquelles Dante passa, correspondent trois sortes d'ouvrages où se révèle son infatigable activité, entre autres le traité *de Monarchia*, théorie savante de la constitution du Saint-Empire qui, rattachant l'organisation de l'Europe chrétienne aux traditions de l'ancien empire romain, allait chercher les dernières sources du pouvoir et de la société dans la profondeur des desseins providentiels ; les deux livres de *Vulgari eloquio*, fruit des études philologiques qui lui permirent de faire de la langue vulgaire un instrument digne de servir aux plus hautes inspirations ; le *Convito*, où, pour mettre la science à la portée du grand nombre, il répand les données philosophiques qu'il a recueillies dans son commerce avec les sages de l'antiquité ; mais le commentateur ne voit là que des préludes ou des épisodes pour préparer les voies à l'œuvre unique où se reproduira l'unité du génie, à la *Divine Comédie* dont le cadre sera emprunté aux habitudes du temps, aux exemples des anciens, ou plutôt au passé tout entier de la poésie.

« La poésie, dans son plus noble essor, est, dit Ozanam, une intuition de l'infini ; dès le paganisme elle nous apparaît revêtue d'un caractère sacerdotal, se mêlant à la prière et à l'enseignement religieux..... Le christianisme dut favoriser encore davantage l'intervention des choses surnaturelles dans la littérature qui se forma sous ses auspices. Toute cette littérature s'accordait, au treizième siècle, avec la foi qui nous montre les régions éternelles comme la patrie de

l'âme, comme le lieu naturel de la pensée. Dante le
comprit, et franchissant les limites de l'espace et du
temps pour entrer dans le triple royaume dont la
mort ouvre les portes, il plaça de prime abord la scène
de son poème dans l'infini... Là, s'érigeant en souverain juge, il puise à son gré au trésor des récom-
penses et des peines ; il a l'occasion de dérouler, avec
la magnificence de l'épopée, ses théories politiques et
d'exercer, avec cette verge de la satire que les prophètes n'ont pas dédaigné de manier, ses impitoya-
bles vengeances. Là, comme un voyageur attendu à
l'arrivée, il rencontre Béatrix qui l'a précédé de quelques jours ; il la possède dans son triomphe, telle
qu'il se l'était faite dans ses rêves... Dominant la
création dont nul recoin obscur ne peut lui échapper,
il est convié à étaler la prodigieuse variété de ses connaissances ; il peut, poète didactique, ébaucher le
système d'une admirable philosophie. Le symbolisme, procédé philosophique, puisqu'il repose sur la
loi incontestable de l'association des idées, et éminemment poétique d'ailleurs, puisque la poésie se
complaît dans les images, est le moyen qu'il em-
ploie. »

Ozanam rappelle que, dans l'histoire sainte, chaque
événement a tout ensemble une existence réelle et
une signification figurative ; chacun de ses plus
fameux personnages y remplit un rôle historique et
une fonction prophétique.

« Ainsi, dit-il, les personnages de Dante sont des
idées incarnées, des figures vivantes ; toute la *Divine*

Comédie est pénétrée d'un enseignement allégorique qui en est la vie intérieure. »

Ozanam cherche à prouver par des extraits pris çà et là que, sous la forme symbolique qu'il lui a plu d'adopter, Dante a fait entrer toutes ses conceptions savantes dans son poème. Virgile, ce maître de la science humaine, selon l'opinion générale de l'époque, que le poète philosophe avait étudié avec amour, et qu'il a pris pour guide à travers l'Enfer et le Purgatoire, c'est, pour le commentateur, la personnification de la philosophie ; Béatrix, cet ange adoré que la passion platonique de Dante met au-dessus de tout et qui l'initie aux splendides merveilles du Paradis, c'est la personnification de la théologie ; ces deux représentants de la raison et de la foi unissent leurs efforts pour conduire le poète, c'est-à-dire l'homme, à la paix, à la liberté, à la santé spirituelle, qui est le principe de l'immortalité future (1).

Ozanam suit Dante pas à pas dans le détail de ses doctrines philosophiques et théologiques, de sa science scolastique, de son astronomie, qui offrent tout un système comprenant le mal d'abord, puis le mal en lutte ou en rapport avec le bien, enfin le bien lui-même, dans l'homme, dans la société, dans la vie à venir, dans les êtres extérieurs à l'influence desquels la nature humaine est soumise ; insistant par-dessus tout sur les vérités morales considérées comme le plus bel héritage que nous laissèrent ceux qui, par

(1) Voir note *dd.*

le raisonnement, descendirent au fond des choses ;
concluant des faits variés du monde visible aux lois
invariables du monde invisible.

« Comme c'est dans la morale, dit Ozanam, que se
révèle principalement l'excellence de la philosophie,
c'est d'elle aussi qu'en résulte la beauté ; car la beauté,
c'est l'harmonie, et la plus complète harmonie d'ici-
bas est celle des vertus... Déplorant la corruption des
mœurs, Dante l'attribue en grande partie à la corruption des lois et des pouvoirs... Il compte le petit
nombre des bons rois, et les déchirements intestins
des cités, et les flots de sang versé. Et, comme si la
parole mise au défi était vaincue par ces sinistres
spectacles, il emprunte le langage des prophètes de
l'un et l'autre Testament. »

Pour mettre en relief la manière de Dante, Ozanam
reproduit cette figure poétique de l'humanité corrompue :

« Le gouvernement des nations, dans ses altéra-
tions successives, est comparable à la vision de
Daniel. C'est la statue gigantesque d'un vieillard à la
tête d'or, à la poitrine et aux bras d'argent, au tronc
de cuivre, aux jambes de fer, aux pieds d'argile.
Debout, dans un antre du mont Ida, il tourne le dos
à l'Égypte et regarde Rome. Chacune des parties qui
le composent, la tête exceptée, est sillonnée d'une fente
qui distille des larmes, et ces larmes réunies, se faisant une issue à travers les parois de la grotte, vont
former dans l'intérieur de la terre les quatre fleuves
infernaux. » Allégorie qu'Ozanam interprète ainsi :

« La statue, c'est la monarchie, telle que les mauvais
princes l'ont faite ; l'Égypte est l'image des institutions du passé ; Rome est le type des temps nouveaux.
La succession des métaux représente celle des em-
pires, des formes politiques, des âges qui vont dégénérant. Les blessures du corps social sont vraiment
des sources de crimes et de douleurs dont le débordement doit remplir l'Enfer. »

Comment l'homme se relèvera-t-il de sa décadence
après le péché ?

« L'œuvre de la régénération morale, répond le
poète, est une seconde création ; elle ne saurait s'accomplir sans l'intervention divine. On la sollicitera
par la prière : la prière fait violence à la Toute-Puissance, parce que la Toute-Puissance s'est promis de
se laisser vaincre par l'amour, pour vaincre à son
tour par la bonté... La réhabilitation replace l'homme
sur le haut degré qu'il occupait d'abord ; elle le refait
tel qu'il était sorti des mains du Créateur ; elle lui
reconstruit dans les joies de sa conscience une sorte
d'Éden moral, la béatitude la plus grande qui puisse
se goûter sur la terre. »

Que voyons-nous dans cette sphère du bien, qui
nous est présentée par Dante ?

« Au besoin de connaître correspond le besoin
d'aimer. Ou plutôt le même germe d'amour qui, par
une sage culture intellectuelle, se tourne vers ce qui
est vrai, entouré d'une culture morale, se dirigera
vers ce qui est bon. Une initiative providentielle
s'exerce à notre insu dans nous-mêmes ; elle s'an-

nonce par des dispositions heureuses qui varient suivant les âges de la vie. L'adolescence a pour elle
l'obéissance et la douceur, la modestie et la beauté...
Les ornements de la jeunesse et de l'âge mûr sont la
tendresse, la courtoisie, la loyauté, la tempérance et
la force... La vieillesse est l'époque où les acquisitions
laborieuses des années écoulées doivent se communiquer : c'est l'heure où la rose s'ouvre et répand ses
parfums. Les qualités qui la distinguent sont la pru-
dence, la justice, la bienfaisance et l'affabilité. Le
dernier âge se repose dans une attente pieuse et sereine de la mort, dans un retour reconnaissant sur
les jours passés, dans une affectueuse aspiration vers
Dieu qui est proche... Au-dessus de toutes les autres
vertus sont la Foi, l'Espérance et la Charité, incon-
nues de ceux que la révélation n'a pas visités, descen-
dues du ciel avec elle, destinées à y retourner un
jour... Ce sont de purs rayons immédiatement venus
de Celui qui est le soleil des âmes, qui les éclaire et
les échauffe jusqu'à ce qu'il les attire plus près de lui.
Cette action mystérieuse s'appelle la grâce...

« Après la chute de notre premier père, la pléni-
tude de la science ne pouvait se retrouver que dans
un nouvel homme; elle habita la poitrine sacrée qui
fut ouverte sur le Calvaire par la lance d'un soldat.
De là elle devait se répandre parmi les sages du
sanctuaire, dans cette école catholique où allaient se
succéder tant de nobles esprits...

« La Providence n'a pas moins fait pour le règne
de la justice que pour le règne de la vérité... Elle a

voulu que l'unité fût la loi qui présidât au gouvernement du monde; elle lui a donné pour fondement,
suivant le poète, l'autorité monarchique; mais, l'ordre
social n'existant que dans l'intérêt du genre humain,
c'est un axiome incontestable que le monarque est
considéré comme le serviteur de tous...

« La société temporelle conçue de la sorte ne saurait se réaliser complètement ici-bas; mais le poète a
trouvé le type de ses conceptions dans un monde
meilleur. Le ciel s'ouvrant devant lui, il a contemplé
les âmes des justes qui, jadis, furent assis sur des
trônes destructibles, réunies maintenant dans une
royauté sans fin. Il les a vues formant de leurs
splendeurs groupées ensemble, ces mots écrits en
lettres de feu, comme la grande maxime de la politique : *Diligite justitiam, qui judicatis terram.* Puis la
lettre *M* reste seule et couronnée d'une auréole flam-
boyante; c'est le symbole de la monarchie. Et une
dernière transformation fait apparaître à sa place
l'aigle, oiseau de Dieu, l'emblème du Saint-Empire
romain, c'est-à-dire de la monarchie universelle régénérée par le christianisme...

« Parallèlement à la monarchie universelle où sont
réglées les choses de la terre, s'élève l'Église universelle où s'accomplissent les destinées religieuses de
l'humanité. Son royaume n'est pas de ce monde; un
autre empire lui appartient, bien plus digne d'elle,
celui de l'éternité; elle est dépositaire des enseignements divins qui surpassent toutes les œuvres de la
raison; elle est enrichie de grâces qui font germer

des vertus étrangères à la nature ; catholique, elle
embrasse plus de nations que la société séculière n'en
rassembla jamais. Elle est monarchique aussi ; car,
au milieu d'une telle multitude et d'une si grande
variété d'hommes, l'intervention modératrice et di-
rectrice du souverain pontificat est nécessaire pour
contenir l'impétuosité des volontés individuelles.

« C'est pour préparer un siège à ce pontificat que
Dieu mit la main à la fondation de Rome et de la
puissance romaine. Voilà pourquoi la cité de Ro-
mulus fut faite un lieu saint... C'est sur l'horizon des
sept collines que, durant tant de siècles, se levèrent
les deux soleils qui illuminaient, l'un, les routes de
la vie, l'autre, le chemin du ciel, le soleil impérial et
le soleil de la papauté. Ces deux astres, sortis de leur
orbite, se sont heurtés, et l'on a pu croire à leur
éclipse. Le désordre s'est introduit au sein de la milice du Christ, malgré les efforts de son chef immortel
pour la rallier autour de lui. La cité de Dieu ne saurait donc attendre non plus sa réalisation complète
sous les lois du temps. La société typique, dit le
poète, est celle dont le Christ est le supérieur visible.»

C'est ainsi que nous sommes conduits au séjour
des âmes épurées par les épreuves de la vie ou par
les expiations qui la suivent, au séjour de l'éternelle
béatitude.

« La béatitude consiste dans la vision de Dieu. C'est
là, dans ce miroir immense, que les élus aperçoivent
en une seule et immuable perspective tout ce qui est,
fut et doit être... Leurs regards y plongent d'autant

plus qu'ils ont mérité davantage... Pour retracer la
fête sans lendemain des conviés de l'immortalité, le
poète s'est servi des plus ravissantes couleurs... Il lui
a été donné de voir au milieu de l'empyrée un grand
réservoir de lumière s'étendre en forme circulaire et
réfléchir l'éclat de la gloire divine; à l'entour, des
trônes brillants s'élèvent en amphithéâtre; là, sont
assis, couverts de blancs vêtements, les rangs pressés
des bienheureux. C'est comme une rose blanche aux
feuilles innombrables qui s'épanouit : l'allégresse et
la louange sont les parfums qui s'échappent de son
calice. Des anges aux ailes d'or descendent, pareils à
des essaims d'abeilles dans une large fleur, et remontent vers Dieu sans que leur foule en intercepte
les rayons...

« Si, dans les joies du Paradis, les anges se confondent avec les bienheureux, ils se montrent, dans
le Purgatoire, juges, gardiens, consolateurs des justes
souffrants. Leurs apparitions redoutables éclairent
les ténèbres de l'Enfer, lorsqu'ils vont châtier l'audace des démons. Ils rencontrent les mêmes ennemis
et les combattent avec des chances plus égales sur la
terre, où le salut et la perte des âmes font le sujet de
leurs querelles...

« Des dernières hauteurs du fini jusqu'à l'infini,
des plus sublimes créatures jusqu'à leur créateur, il
y a un abîme, et ce n'est pas trop des forces de la
raison et de la foi pour le franchir... Le poète arrive,
dans son ascension, au principe primordial, de qui,
médiatement ou immédiatement, émanent toutes les

existences. Dieu se fait connaître par des preuves physiques et métaphysiques ; il s'est encore plus manifesté en répandant la rosée céleste de l'inspiration sur les prophètes, les évangélistes et les apôtres... Unique dans sa substance, la puissance, la sagesse et l'amour prennent en lui une triple personnalité, en sorte que le singulier et le pluriel lui appartiennent dans les langues des hommes. Il est esprit ; il est le centre indivisible où convergent tous les lieux et tous les temps. Il est le cercle qui circonscrit le monde, et que rien ne circonscrit. Immense, éternel, immuable, il est la vérité première en dehors de laquelle il n'y a que ténèbres. Il est aussi la bonté sans bornes. Ce Dieu qui s'est révélé comme créateur, s'est engagé comme rémunérateur envers l'homme, son œuvre de prédilection, quand le Verbe, unissant à lui notre nature déchue, eut donné à la justice inflexible une victime digne d'elle...

« Enfin, au terme de son pèlerinage dans les trois mondes du châtiment, de la purification et de la suprême félicité, le poète a vu Dieu lui-même... Dans le ciel entr'ouvert un point lumineux apparut qui rayonnait d'une clarté insoutenable à l'œil... Comme à ce spectacle le poète demeurait suspendu entre l'étonnement et le doute, il lui fut dit : « De ce point dé-« pendent le ciel et la terre.» C'était Dieu...

« Dans le même point, à une profondeur plus grande, trois cercles se montrèrent à Dante égaux en mesure, divers en couleurs, et le second était comme la splendeur du premier, et le troisième comme une vapeur émanée des deux autres. Ainsi se manifestait la Trinité. Le deuxième cercle, attentivement considéré, sans perdre sa couleur primitive, semblait se peindre d'une effigie humaine, symbole de l'incarnation du Verbe.

« Et, tandis qu'il cherchait à comprendre ce prodigieux spectacle, le poète éprouva la joie d'avoir compris ; il se sentit devenu tel qu'il lui était impossible de détourner les yeux de ce point où tout le bonheur auquel le désir humain peut aspirer était réuni, et sa volonté doucement attirée entrait dans l'harmonieux mouvement universel. Tous les mystères lui étaient dévoilés dans une intuition immédiate... C'était un état de l'intelligence qui n'a pas de nom parmi les hommes ; c'était une complète participation à cette philosophie, la seule véritable, qui est celle des saints et des anges, qui est en Dieu même, amour infini d'une sagesse infinie. »

Voilà le dernier mot de la philosophie de Dante qu'Ozanam a su découvrir sous le symbolisme souvent énigmatique du merveilleux édifice de la *Divine Comédie*.

Dans les chapitres suivants, Ozanam nous montre les analogies des doctrines de Dante avec les doctrines orientales, avec les écoles de l'antiquité, avec celles du moyen âge, et leurs rapports avec la philosophie moderne : il en résulte que Dante est un éclectique chrétien. C'est surtout de Platon qu'il s'est inspiré dans l'antiquité :

« Le cygne des jardins d'Académus, dit Ozanam,

et l'aigle de Florence planent de concert dans les hautes régions. »

Mais Dante est resté fidèle à certains égards au Stagyrite qui créa la langue de la science et lui fit un lexique et une syntaxe ; sa confiance en celui que son maître, Bruno Latini, traducteur de la *Morale* d'Aristote, lui avait appris à vénérer, est demeurée intacte sur les questions vraiment philosophiques, sur les questions qui touchent à la constitution, aux facultés, à la destination de l'homme. Dante s'est efforcé de rapprocher, par des emprunts alternatifs, ces deux philosophes grecs. Parmi les docteurs du christianisme, il a plus particulièrement profité des leçons de saint Bonaventure et de saint Thomas d'Aquin, alliant le mysticisme du premier au dogmatisme du second, dans ses beaux vers sur la *Foi*, sur la *Grâce*, dans ses tournois théologiques, dont Béatrix était pour lui la reine, dans ses thèses relatives à la portée de la raison humaine et à ses bornes, à la perfectibilité de l'homme ; joignant la suavité et l'enthousiasme de l'auteur de l'*Itinéraire de l'âme à Dieu*, qui réduisait en doctrine ce qu'on racontait des ravissements et des transports de saint François, à la force et à la profondeur de l'auteur de la *Somme*, qui non seulement avait abordé et résolu les problèmes les plus ardus de la métaphysique, mais encore avait en quelque sorte proclamé le principe de l'égalité politique en disant : « Dieu n'a pas créé deux Adams, l'un de métal précieux de qui seraient issus les nobles, l'autre de boue, père des roturiers. »

C'est au pieux contemplatif plus qu'à tout autre qu'il est redevable de cette belle symbolique chrétienne qui embrasse la nature et l'histoire, et lie ensemble toutes les choses visibles en les prenant pour les ombres de celles qui ne se voient pas, langue énergique dont tous les termes sont des réalités et toutes les paroles des faits significatifs, langue savante et sacrée qui avait ses traditions et ses règles, et qui se parlait dans le temple, qui se traduisait quelquefois sur la toile et la pierre par la peinture, la statuaire et l'architecture.

Mais ce qui domine dans l'œuvre de Dante, c'est l'ascendant qu'avait exercé sur lui l'ange de l'École, dont il fut toujours un des plus fervents admirateurs; de sorte qu'on a pu dire que si la *Somme* de saint Thomas venait à se perdre, on retrouverait, dans ses parties essentielles, sa philosophie traduite en vers par Dante.

« *La Divine Comédie*, dit Ozanam, est la *Somme* poétique du moyen âge, et Dante est le saint Thomas de la poésie..... Dante n'a pas seulement résumé le passé avec la force d'une pensée originale; il a encore devancé le présent en préparant l'avenir..... Quelque lumière qu'il ait pu répandre sur plusieurs points, son mérite éminent est d'avoir agi sur tous les points à la fois, en faisant sortir la philosophie de l'ornière scolastique où elle était engagée, en la dépouillant de formes raides et décolorées pour lui donner les souples et franches allures de la langue populaire...

« Sa méthode a servi de point d'appui aux efforts
du chancelier Bacon. Le fier proscrit de Florence et
le disgracié de Vérulam se rencontrèrent dans un
même partage de malheur et de gloire. Tous deux,
condamnés par la société, la jugèrent à leur tour,
dénoncèrent les idoles qu'elle adorait, accusèrent ses
égarements, et lui indiquèrent les moyens capables
de la conduire à des résultats scientifiques plus grands
que ses espérances...

« Dante avait cherché dans la théologie morale les
principes de l'ordre social ; il en devait poursuivre
impitoyablement les déductions jusqu'aux plus démocratiques et plus impraticables maximes... Entre tous
les privilèges nul ne lui est plus odieux que celui de
la naissance ; il ébranle la féodalité dans sa base, et
sa rude polémique, en attaquant l'hérédité des honneurs, n'épargne pas l'hérédité des biens ; il avait
fait à lui seul tout le chemin que les esprits ont parcouru depuis Machiavel, qui le premier tenta de
réduire en formes savantes l'art de gouverner, jusqu'à
Leibnitz et Wolf, qui animèrent les notions abstraites
de la métaphysique en les transportant dans le droit
public et le droit civil, depuis Montesquieu, l'illustre
auteur de l'*Esprit des lois*, et les encyclopédistes du
dix-huitième siècle jusqu'à la révolution sanglante
qui tira, avec tant de violence, les dernières conséquences de leurs enseignements. Et naguère encore,
quand les disciples de Saint-Simon promettaient à
chacun selon sa capacité, selon ses œuvres, ces hardis
novateurs se rendaient, en réalité, l'écho des vœux

exprimés, dans un jour de mécontentement, par le vieux chantre du moyen âge (1)...

« Dans *la Divine Comédie*, il y a une vraie philosophie de l'histoire, genre d'étude inauguré par l'évêque de Meaux, enrichi par les veilles de Vico et appelé à recueillir les fruits de tous les labeurs qu'une érudition infatigable entreprend autour de nous. Dante peut donc être compté parmi les précurseurs du rationalisme moderne pour avoir donné aux sciences philosophiques une direction morale, politique, universelle, qu'elles n'avaient pas avant lui. Toutefois il n'alla pas jusqu'aux excès qui se sont vus de nos jours. Il ne divinisa pas l'humanité en la représentant sans autre lumière que sa raison, sans autre règle que sa volonté. Il ne l'enferma pas non plus dans ses destinées terrestres, comme le font ceux pour qui tous les événements historiques ne sont que les effets nécessaires d'autres événements passés ou futurs. Il ne plaça l'humanité ni si haut, ni si bas. Il vit qu'elle n'est pas tout entière dans ce monde où elle passe, pour ainsi dire, par essaims ; il alla d'abord la chercher au terme du voyage où les innombrables pèlerins de la vie sont rassemblés pour toujours...

« On a dit que Bossuet, la verge de Moïse à la main, chasse les générations au tombeau ; il est permis de dire que Dante les y attend avec la balance du jugement dernier..... Ainsi, les tendances

(1) Voir note *ee*.

logiques et pratiques de Dante s'accordaient avec
les nôtres sans se laisser détourner vers les mêmes
erreurs. De là ces admirations et ces sympathies générales qui, dans ces derniers temps, ont rappelé ce
grand homme de l'oubli. « Dante, dit Lamartine,
semble le poète de notre époque; car chaque époque
adopte et rajeunit tour à tour quelqu'un de ces génies
immortels qui sont toujours aussi des hommes de
circonstance ; elle s'y réfléchit elle-même ; elle y retrouve sa propre image ; elle trahit ainsi sa nature
par ses prédilections. »

Ozanam consacre tout un chapitre à établir d'une
manière péremptoire l'orthodoxie catholique de Dante;
c'est ce qu'il a le plus à cœur de mettre hors de doute.
Cette orthodoxie a été contestée par des critiques qui
sont allés jusqu'à regarder le poète florentin comme
un des pères de la Réforme. Ozanam repousse et ré-
fute énergiquement leur fausse interprétation de
quelques textes obscurs. Il signale les divers passages où Dante confesse en termes formels les dogmes
niés par le protestantisme, inflige dans son *Enfer*
d'affreux supplices à l'hérésie et au schisme, s'incline
devant la papauté, plein de respect pour la plus haute
et la plus sainte des magistratures, pour ce pouvoir
spirituel reçu du ciel par saint Pierre et transmis par
lui à ses successeurs. Des paroles amères contre la
cour de Rome sont, il est vrai, tombées de sa plume ;
sa verve satirique s'est livrée à de violentes invectives
qui ont l'air d'être un manifeste antipapal, quand on
les considère isolément. Ozanam reconnaît que Dante

s'est rabaissé en versant l'injure sur ceux dont il eût dû baiser les mains, en faisant ainsi de son génie l'instrument de ses haines et de ses vengeances, et il le déplore ; mais il ne voit dans ces excès regrettables que l'effet du ressentiment du vaincu et du proscrit des guerres civiles. Il fait d'ailleurs remarquer qu'il faut distinguer le souverain pontificat, indéfectible et divin, d'avec la personne sacrée, mais mortelle et fragile, qui en est revêtue ; que jamais les catholiques n'ont été tenus de croire à l'impeccabilité de leurs pasteurs, et que les défenseurs les plus ardents des droits du sacerdoce, saint Bernard, par exemple, et saint Thomas de Cantorbéry, ne dissimulaient pas les vices qui le déshonoraient quelquefois (1).

« L'Église, dit Ozanam, couverte d'une inviolabilité plus sérieuse que celle dont on environne les rois, ne saurait être solidaire des iniquités de ses ministres. Sans doute il est plus pieux de détourner nos regards, et, comme les fils du patriarche, de jeter le manteau sur les turpitudes de ceux qui, dans la foi, sont nos pères. Mais, si Dante l'oublia, si, dans les jours mauvais qu'il passa loin de sa patrie, il accusa les chefs du parti qui lui en fermait les portes, si, dans l'entraînement d'une indignation qu'il croyait vertueuse, il répéta souvent les calomnies de la renommée, ce fut imprudence et colère, ce fut erreur et faute, mais non pas hérésie. »

Ce chapitre finit par un de ces résumés dans les-

____

(1) Voir note *ff*.

quels Ozanam excelle, et où sont réunis les traits les
plus saillants du tableau qu'il a déroulé devant nous.

« Notre tâche est accomplie, dit-il ; l'orthodoxie de
Dante résulte évidemment du travail tout entier que
nous achevons. C'est la vérité dominante où viennent
aboutir toutes nos inductions et nos recherches... Si
l'on a pu appeler Homère le théologien de l'antiquité
païenne, on ne saurait appeler Dante l'Homère des
temps chrétiens sans faire tort à sa religion. L'a-
veugle de Smyrne a fait descendre les dieux trop
près de l'homme, et nul au contraire mieux que le
Florentin ne sut relever l'homme et le faire monter
vers la Divinité. C'est par là, c'est par la pureté, par
le caractère immatériel de son symbolisme, comme
par la largeur infinie de sa conception, qu'il a laissé
bien loin au-dessous de lui les poètes anciens et ré-
cents, et particulièrement Milton et Klopstock.....

« Ainsi nous trouvons-nous ramenés à notre point
de départ, à cette fresque du Vatican où Dante est
confondu parmi les docteurs, à ces hommages solen-
nels et populaires que l'Italie lui a décernés : nous
savons maintenant la raison de sa gloire... Cinq cent
vingt-trois ans ont passé depuis que le vieil Alighieri
s'est endormi à Ravenne, sous le marbre sépulcral...
Tous les genres d'intérêt politique, élégiaque, scientifique, dont le poème de Dante était redevable aux
choses passagères d'ici-bas, se sont évanouis ; il n'aurait plus que le mérite d'un document historique, difficile à juger, s'il n'empruntait ailleurs un attrait universel. Ces mystères de la mort qui préoccupaient les

hommes d'autrefois n'ont pas cessé de solliciter nos méditations, et nulle autre lumière que celle du catholicisme n'est venue les éclairer...

« La religion de l'Évangile n'a pas à craindre les Christophe Colomb et les Copernic de l'avenir ; car, de même que ces deux grands hommes, en découvrant la forme véritable et les relations du globe, ont fixé, une fois pour toutes, les opinions incertaines sur ces deux points principaux du système du monde, et n'ont laissé aux astronomes et aux navigateurs futurs que des découvertes de détail, ainsi le catholicisme, en faisant connaître l'homme et ses relations avec Dieu, a révélé pour toujours le système du monde moral : il ne laisse plus à découvrir une nouvelle terre et de nouveaux cieux, mais seulement des vérités isolées, des lois subalternes, trop peu pour satisfaire l'orgueil de l'homme, assez pour occuper jusqu'à la fin des temps l'assiduité laborieuse de l'esprit humain (1). »

Lamartine, malgré sa grande bienveillance pour Ozanam, n'a vu en général que des rêves dans les interprétations mystiques du poème de Dante que le jeune écrivain s'est plu à développer. Pour lui, « ce n'est que de la nuit délayée avec des ténèbres » ; ce sont ses propres expressions. Mais, quand il a porté ce jugement sévère, Lamartine, ne l'oublions pas, n'avait plus les lumières de la foi ; il ne pouvait être bon juge en pareille matière. Toutefois, il lui était

______

(1) Voir note *gg*.

resté un spiritualisme assez élevé pour qu'on ait lieu
d'être surpris d'un tel dédain.

« Ce qui intéresse véritablement l'homme, dit-il
dans sa critique du livre d'Ozanam, c'est l'homme lui-
même, et, dans l'homme, c'est la partie permanente
de son être, c'est l'âme, et, dans l'âme, c'est la destinée passée, présente, future, immortelle, de ce principe immatériel, intelligent, aimant, souffrant, consciencieux, vertueux ou criminel, se récompensant
soi-même par ses vertus, se punissant soi-même par
ses vices, se rapprochant ou s'éloignant de Dieu selon
qu'il vole en haut ou en bas dans la sphère infinie de
sa carrière éternelle, jusqu'au jour où il s'unit enfin
à son Créateur. »

Or, cette âme, dont Lamartine parle en termes fort
nobles assurément, mais peu précis en ce qui concerne ses idées sur l'*au delà* (1), cette âme tour à
tour coupable, repentante, purifiée, c'est elle seule
qu'ont en vue Dante et son commentateur; c'est elle
qu'ils ont suivie, à la clarté du flambeau sacré, dans
ses pérégrinations du monde invisible où tout dépend, pour le sort qui lui est réservé, de la conduite
qu'elle a tenue ici-bas; mais cette clarté a manqué à
Lamartine pour les comprendre, quand ils ne faisaient au fond que préciser en quelque manière, au
moins quant aux grandes lignes de notre avenir éternel, ce qui flottait à l'état vague et incertain dans son
imagination.

(1) Voir note *hh*.

Il rend du reste pleinement hommage au talent qu'Ozanam a déployé ; il admire la chaleur et l'éloquence dont tant de pages sont empreintes ; cette chaleur et cette éloquence ne se rencontrent pas au même degré chez les critiques italiens les plus enthousiasmés du chef-d'œuvre de leur poète national.

« Un esprit tel que le sien, ajoute Lamartine après avoir déploré sa mort, hélas ! si prompte, eût été bien nécessaire à ce temps de contention pénible où la philosophie redevenue religieuse et où l'orthodoxie redevenue platonicienne, si elles ne peuvent pas se confondre, tendent néanmoins à s'avancer dans une concorde divine sur la double voie que la raison et le cœur cherchent vers le même but. » Nul, en effet, n'eût pu, mieux que lui, amener ou affermir dans le monde savant cette alliance de la science et de la foi, cette conciliation des doctrines du christianisme et de ce qu'ont de légitime les exigences de la société moderne, qui s'étaient depuis longtemps opérées dans son esprit.

Ailleurs, Lamartine, appréciant une traduction de *la Divine Comédie* que l'abbé de La Mennais venait de faire paraître, regrette qu'Ozanam ne l'ait pas traduite avant lui : « Ozanam, dit-il, était le traducteur qu'il fallait au poète mystique de la philosophie des trois mondes. M. de La Mennais, plus consommé dans le maniement de la langue, avait en partie l'énergique âpreté de Dante ; Ozanam en avait l'onction. » Lamartine ignorait alors qu'Ozanam avait laissé une traduction de la seconde partie de *la Divine*

Comédie, du *Purgatoire*, qui justifie à tous égards
une opinion aussi flatteuse. Cette traduction joint à
la fidélité l'élégance et la force ; elle n'enlève rien de
son énergie et de sa richesse d'images au modèle que
le traducteur connaissait à fond par un commerce
journalier (1).

Le livre d'Ozanam eut un grand retentissement en
Italie et en Allemagne, où l'on s'empressa de le reproduire dans les deux langues. Silvio Pellico, le
sympathique auteur d'un ouvrage qui contribua beaucoup, par sa publication, à délivrer l'Italie du joug de
l'Autriche, lui écrivit : « Votre livre sur Dante me
plaît. Ce que vous dites de la philosophie toute catholique de ce grand poète est de la plus exacte vérité.
Les malheureux écrivains, contraires à l'Église, qui
ont tâché de faire de Dante un de leurs patriarches,
étaient aveuglés par leurs préjugés. Votre manière
de les réfuter est triomphante. Tous les Italiens doivent se féliciter de la fraternité qui vous unit à eux,
et qui vous a inspiré une si noble et si sainte apologie
de leur poète chéri. »

Je me suis étudié à donner une idée exacte de
Dante et la philosophie catholique au treizième siècle,
par une analyse entremêlée de nombreuses citations ;
l'importance de l'œuvre m'en faisait un devoir. Ozanam n'avait que vingt-six ans quand il composa ce
bel ouvrage d'environ cinq cents pages in-8°, qui avait
exigé tant de recherches, qui dénotait un bagage

(1) Voir note *ii.*

scientifique presque aussi considérable et presque aussi varié que celui du poète philosophe qu'il s'agissait d'interpréter. Pour restituer à Dante le caractère auquel il attachait lui-même le plus de prix, pour bien saisir le sens caché sous cette poésie surhumaine, pour y découvrir derrière chaque beauté une doctrine, il fallait avoir quelque chose de l'élévation de son esprit et de la grandeur de son âme ; il fallait surtout partager la foi profonde de ce génie si religieux et son vif enthousiasme pour les bienfaits de Dieu, pour les merveilles de la création. Toutes ces conditions étaient admirablement remplies par Ozanam ; il avait en même temps la sagacité et la science d'un philosophe, l'imagination et la sensibilité d'un poète, les croyances et la piété d'un chrétien, je dirai plus, d'un saint. Ozanam eût-il rêvé quelquefois, ce qu'il est difficile d'admettre, en présence des preuves sur lesquelles il s'appuie, et de ses judicieuses explications, de tels rêves l'honoreraient encore ; car il n'est permis qu'aux grands esprits et aux grands cœurs d'en faire de pareils.

CHAPITRE IV.

Mort de la mère d'Ozanam. — Il a un moment la pensée d'entrer
dans l'ordre du Père Lacordaire. — Une chaire à la Faculté des
lettres de Lyon lui est offerte ; mais il sera obligé de prendre part
à un concours d'agrégation. — A la suite de ce concours il est
appelé à la Sorbonne. — Chargé de faire un cours de littérature
allemande à la rentrée, il visite les bords du Rhin. — A son retour, Ozanam s'éprend de Mlle Soulacroix, fille du recteur de Lyon.
— Leur mariage est décidé ; mais auparavant Ozanam devra
prendre possession de sa chaire. — Sa première leçon. — Son
écrit sur les *Nibelungen* est comme le résumé de plusieurs des
leçons suivantes. — Il retrouve à Paris M. de Montalembert. — Il
assiste aux conférences du Père de Ravignan et provoque une réunion de la Société de Saint-Vincent de Paul que préside le Révé-
rend Père. — Il revient à Lyon et se marie. — Son séjour aux
eaux d'Allevard après son mariage. — Son voyage en Sicile et à
Rome avec Mme Ozanam. — Sa correspondance nous donne la
relation de ce voyage. — En revenant d'Italie, M. et Mme Ozanam
s'arrêtent à Nîmes où Ozanam est heureux de voir le poète Reboul.
— Ils vont ensuite s'installer à Paris ; c'est la fin de la jeunesse
d'Ozanam. — Ce qui caractérise particulièrement l'action qu'Ozanam a exercée. — Quelques réflexions sur sa mort prématurée.

Pendant qu'il était en train de convertir en volume
sa thèse sur Dante, Ozanam eut le malheur de perdre
celle qui, après lui avoir donné le jour, avait formé
son âme, avec une pieuse sollicitude, en l'exerçant
dès son enfance à la pratique de toutes les vertus. Sa
mère, depuis longtemps souffrante, fut promptement
ravie à son amour, au moment où elle semblait com-

mencer à se relever de son long abattement. Mais rien n'est consolant comme le spectacle d'une fin chrétienne, et cette consolation fut amplement accordée au bon Frédéric. La perspective d'une éternité bienheureuse illumina pour Mme Ozanam ce redoutable passage de la vie à la mort, que seul le juste peut envisager sans effroi. Ses trois fils, agenouillés près de son lit, qu'ils baignaient de leurs larmes, reçurent sa suprême bénédiction et recueillirent son dernier soupir; elle expira doucement, en se voyant entourée de tout ce qu'elle avait de plus cher au monde. Qui ne serait touché du récit que fait Ozanam de cette scène funèbre dans une lettre, sous le coup de la première émotion?

« Ma mère demeura trois jours à peu près calme, sereine, murmurant des prières, ou répondant par quelques mots d'ineffable bonté à nos caresses et à nos soins..... Enfin arriva la nuit fatale; c'était moi qui la veillais; je suggérais, en pleurant, à cette pauvre mère les actes de foi, d'espérance et de charité qu'elle m'avait fait bégayer tout petit... Tous les secours que la religion réserve pour cette heure solennelle lui furent appliqués. Le souvenir d'une vie immaculée, les bonnes œuvres qui, trop multipliées et trop fatigantes, en avaient hâté le terme, trois fils conservés dans la foi au milieu d'une époque si orageuse, et réunis là par une coïncidence vraiment providentielle, toutes ces circonstances paraissaient rassemblées pour adoucir l'horreur, pour éclairer les ténèbres du trépas. Point de convulsions, ni d'agonie, mais un sommeil qui laissait sa figure presque souriante, un souffle léger qui allait s'affaiblissant : un instant vint où il s'éteignit ; nous nous relevâmes orphelins... Comment vous dire la désolation qui éclata au dehors, et cependant l'inexprimable, l'inexplicable paix intérieure dont nous jouissions ?... Comment le sentiment d'une béatitude nouvelle s'emparat-il malgré nous de notre cœur ?... Quand la pensée de la scène auguste dont j'ai été témoin me revient, considérant combien sera prompte, tant la vie est courte, la réunion de ceux que la mort a séparés, je sens s'évanouir les tentations de l'amour-propre et les mauvais instincts de la chair ; tous mes désirs se confondent en un seul : mourir comme ma mère. »

Mourir comme sa mère, c'est-à-dire mourir saintement ! Ce vœu, parti du fond de ses entrailles, sera exaucé, avant le temps, non certes trop tôt pour ce parfait chrétien, mais trop tôt pour les siens et pour son pays, trop tôt pour l'enseignement de la jeunesse qui avait en lui un guide sûr et respecté, trop tôt pour les œuvres charitables dont il était le plus ferme soutien, trop tôt pour les lettres qui pouvaient attendre un surcroît de gloire du complet épanouissement de son talent. La mémoire de cette mère adorée ne l'abandonnera jamais ; elle contribuera à le maintenir dans la droite voie où il était entré sous sa direction. Voici ce qu'il écrira deux ans après à un ami :

« Quelque chose d'une douceur infinie s'est passé en moi : c'est comme une assurance que ma mère ne m'a point quitté ; c'est un voisinage bienfaisant, quoique invisible ; c'est comme si cette âme chérie m'eût, en passant, caressé de ses ailes. Et de même qu'autrefois je reconnaissais la voix, les pas, le souffle de ma mère, quand une idée vertueuse se présente à mon esprit, quand une salutaire impulsion ébranle ma volonté, je ne puis m'empêcher de croire que c'est toujours elle... Il y a des instants de tressaillement subit, comme si elle était là à mes côtés ; il y a surtout, lorsque j'en ai le plus besoin, des heures de maternel et filial entretien... Quand j'ai fait quelque bien aux pauvres qu'elle a tant aimés, quand je suis en repos avec Dieu qu'elle a si bien servi, je vois qu'elle me sourit de loin ; souvent, si je prie, je crois écouter sa prière qui accompagne la mienne, comme nous faisions ensemble le soir au pied du crucifix. »

Et, quelques années plus tard, il parlera d'elle avec la même effusion en cherchant à consoler un autre de ses amis qui, à son tour, avait à déplorer la perte d'une mère :

« Ce n'est pas seulement un souvenir qui me reste ; ce n'est pas seulement l'espoir d'avoir pour protectrice auprès de Dieu celle que j'avais pour gardienne sur la terre ; c'est la certitude d'être encore en communication étroite avec elle... Que de fois, dans mes peines, tout à coup, et quand j'y pensais le moins, j'ai cru entendre cette voix qui me rendait le courage ! Que de fois aussi, dans un jour de joie et de succès, il me semblait qu'elle venait prendre sa part de mon bonheur et qu'elle se félicitait de me voir heureux !

Je ne puis traiter ceci d'illusion ; c'est une sensation
trop vive et trop pénétrante qui m'atteste que ma
mère vit toujours avec moi, quoique d'une meilleure
vie (1). »

Une impression si douce, ressentie dans une pareille situation, est le privilège des âmes angéliques ;
ces liens mystérieux que la mort ne rompt pas, ne
peuvent exister qu'entre les élus de Dieu. C'est une
des merveilles de la foi que nous offrent ces lettres
d'un fils non moins tendre que pieux ; elle transforme
comme par miracle en intimes jouissances les plus
amères douleurs.

Ozanam avait été déjà tenté de se consacrer à Dieu.
Quand je lui fis part de mon mariage, il me disait
dans sa réponse :

« Bien que mon âge soit celui des passions, à peine
en ai-je senti les premières approches. Ma pauvre tête
a déjà bien souffert ; mais mon cœur n'a pas encore
connu d'autres affections que celles du sang et de
l'amitié.

« Cependant, il me semble que j'éprouve, depuis
quelque temps, les symptômes avant-coureurs d'un
ordre nouveau de sentiments, et je m'en effraye. Il se
fait en moi un grand vide que ne remplissent ni
l'amitié ni l'étude ; j'ignore qui viendra le combler :
sera-ce Dieu ? Sera-ce une créature ? Si c'est une
créature, je souhaite qu'elle apporte avec elle ce qu'il
faudra de charmes extérieurs pour qu'elle ne laisse

(1) Voir note *jj*.

place à aucun regret; mais je prie surtout qu'elle m'apporte une grande vertu, qu'elle ne me fasse pas descendre. »

On voit quelles étaient alors ses hésitations. Vers la même époque, il écrivait :

« En vérité, j'envie le sort de ceux qui se dévouent à Dieu et à l'humanité... Le mariage m'inspire d'incroyables répugnances... Il me semble qu'il y ait une sorte d'abdication dans l'union conjugale... Pourquoi la virginité ne serait-elle une vertu que pour les filles d'Ève ? Je sens qu'il y a aussi une virginité virile qui n'est pas sans honneur ni sans charmes... Avez-vous jamais vu, sans éprouver un serrement de cœur, le lendemain d'une noce ? Soyez sûr que l'homme abdique beaucoup de sa dignité le jour où il s'enchaîne au bras d'une femme. »

Cette glorification exagérée du célibat, de la part d'un jeune homme qui était la pureté même, n'était-elle pas un indice de ses dispositions secrètes ? Peu s'en fallut qu'il ne cédât alors au divin attrait de la vie religieuse ; mais son frère aîné était missionnaire ; l'exercice de ce saint ministère le tenait presque toujours éloigné du foyer domestique. Frédéric comprit qu'en l'état, le devoir lui commandait de rester auprès de ses vieux parents, et il s'y décida sans hésiter. Il les aimait d'ailleurs trop tendrement pour ne pas apprécier le bonheur d'être l'appui de leur vieillesse, et nul, on le sait, ne goûtait mieux que lui les joies de la famille. Mais la mort de son père et celle de sa mère, qui se succédèrent à un an d'intervalle, lui ayant rendu toute sa liberté, il était naturel qu'il revînt à ses anciennes tendances.

L'abbé Lacordaire avait renoncé momentanément aux conférences de Notre-Dame pour s'occuper du rétablissement de l'ordre des Frères Prêcheurs en France, où sa noble entreprise rencontrait des préjugés invétérés qu'il fallait vaincre. Cette grande œuvre venait de l'arracher en quelque sorte à son triomphe. Il ne devait reparaître devant son magnifique auditoire de six mille hommes que revêtu de la robe blanche de Saint-Dominique. Plusieurs jeunes gens du plus haut mérite s'étaient groupés autour de lui, et le Saint-Père avait béni la nouvelle branche de la congrégation dominicaine. Ozanam fut un de ceux qui applaudirent le plus à cette heureuse résurrection. En adressant ses félicitations au père Lacordaire, il lui dévoila le fond de son âme, d'une âme inquiète et agitée au sujet de sa vocation :

« Si Dieu voulait bien m'appeler à lui, écrivait-il, je ne vois pas de milice où il me fût plus doux de le servir que celle où vous êtes engagé. J'ai le désir d'en connaître d'avance les conditions pour m'aider à prendre un parti. » Le père Lacordaire lui répondit : « Je me réjouis des instincts persévérants qui vous poussent à servir Dieu. L'espérance de vous voir un jour des nôtres me serait bien chère. »

Puis il lui apprenait en quoi consistait la règle des Frères Prêcheurs, dont le but est la prédication et la science divine, dont les moyens sont la prière, la mortification des sens, l'étude, et il ajoutait : « Une

semaine passée avec nous dans notre noviciat vous
mettra plus au courant que dix volumes. »

Dans la même lettre, le père Lacordaire lui faisait
l'éloge de ses ouvrages : « Il faut se garder, lui disait-
il, de quitter la plume. Sans doute c'est un rude métier que celui d'écrire ; mais la presse est aujourd'hui
trop puissante pour y abandonner son poste... Vous
avez un style qui a du nerf, de l'éclat et une érudition
qui s'appuie bien. Je vous engage fort à travailler, et
si j'étais le directeur de votre conscience, je vous en
imposerais l'obligation..... Écrivons, non pour la
gloire, non pour l'immortalité, mais pour Jésus-
Christ. Crucifions-nous à notre plume. Quand personne ne nous lirait plus dans cent ans, qu'importe ?
La goutte d'eau qui aborde à la mer n'en a pas moins
contribué à faire le fleuve, et le fleuve ne meurt pas...
Que de livres, perdus aujourd'hui dans les bibliothèques, ont fait, il y a trois siècles, la révolution
que nous voyons de nos yeux ! Nos pères nous sont
inconnus à nous-mêmes ; mais nous vivons par
eux. »

Des deux conseils que lui donnait le père Lacordaire, si jaloux de l'associer à son œuvre naissante,
Ozanam ne suivra que celui de travailler avec ardeur ;
la Providence ne le destinait pas à la vie monastique ;
nous verrons bientôt qu'elle lui réservait une autre
mission non moins digne de lui.

Le succès toujours croissant du cours de Droit
commercial, et surtout la réputation qu'Ozanam s'é-
tait faite par la publication de son livre sur *Dante et*

la philosophie catholique au treizième siècle, l'avaient
placé bien haut dans l'estime du recteur de l'Académie de Lyon. La chaire de littérature étrangère à
la Faculté des lettres de cette ville était à la veille de
devenir vacante. M. Soulacroix eut la bonne pensée
d'offrir à Ozanam de le proposer au ministre de l'instruction publique pour la succession de M. Edgar
Quinet, en demandant qu'il fût autorisé à conserver
sa chaire de Droit commercial et à mener de front
les deux enseignements. Frédéric fut séduit par les
avantages d'une position qui flattait ses goûts littéraires. M. Cousin savait tout ce que valait Ozanam ;
il avait déjà cherché vainement, nous l'avons vu, « à
l'enrôler dans son régiment ». Il promit de le nommer
sans s'opposer à un cumul qu'il était permis de tolé-
rer chez un esprit de cette trempe ; mais il exigea
qu'Ozanam subît l'épreuve du concours d'agrégation
qu'il venait d'instituer pour les professeurs de l'Université, et qu'il voulait inaugurer d'une manière
éclatante.

Ozanam tint à justifier brillamment la confiance
que le ministre lui avait témoignée. Il se mit sans
retard à résumer ses études antérieures et à rassem-
bler dans un cadre complet des connaissances glanées
jusque-là au hasard. « Je commence, lisons-nous dans
une de ses lettres, à préparer le concours d'agrégation dont les longues et difficiles matières me décou-
ragent souvent. Il est fâcheux que le temps donné
soit si court. Sans cela quel plaisir de revoir l'un
après l'autre ces beaux et bons génies depuis Homère

et Platon jusqu'à Dante et Tasse, Calderon et Shakes-
peare, Racine et Schiller ! Malheureusement il faut
se presser, et toutes ces grandes figures passent si
rapidement devant moi qu'elles y font l'effet d'une
ronde de fantômes, et qu'il me semble toujours entendre, en l'appliquant à ces illustres trépassés, le
refrain de la ballade allemande : Les morts vont
vite... Je suis obligé de courir à travers toutes les
admirables créations des lettres grecques, latines,
françaises, étrangères, de cueillir d'une main hâtive,
au risque de les flétrir et de les déshonorer, tant de
beautés poétiques, d'en faire, au lieu d'une couronne,
un lourd paquet, de les soumettre ensuite aux profanes élaborations de la chimie littéraire, de les in-
fuser, de les analyser, de les pulvériser au gré d'une
critique pédantesque, de m'ingurgiter, comme un
breuvage, la plus grande quantité possible de réminiscences, et d'arriver tout saturé de grec, de latin,
d'allemand, devant la docte Université, à l'effet d'y
étaler un savoir quasi universel. »

Il y a une légère teinte d'humeur et de raillerie
dans ce piquant exposé de la tâche qu'Ozanam avait
à remplir, et l'on ne saurait s'en étonner, quand on
considère l'étendue de cette tâche et le peu de temps
dont pouvait disposer ce jeune émule de Pic de la
Mirandole appelé à disserter *de omni re scibili et de
quibusdam aliis,* après avoir dévoré tant de choses,
« sans préjudicier aux rations habituelles de Code de
commerce et de commentateurs ». Mais il ne tarda
pas à se familiariser avec les difficultés de la situa-

tion, et son esprit s'était tout à fait calmé, quand il écrivait :

« L'Allemagne et l'Italie, contrées voisines de la France, sont, à mon avis, le domaine naturel du professeur de la Faculté de Lyon. Il se trouve que ces deux langues me sont connues, et avec elles un peu des deux mondes étrangers dont elles ouvrent l'accès. Enfant de l'Italie par la naissance, ravi de l'avoir revue, engagé par la secrète promesse du cœur à la visiter de nouveau, vous savez si je l'aime ! J'ai mis aussi le pied sur le sol tudesque, et les prochaines vacances ne se passeront pas sans que je sois allé à Munich. Et, assurément, c'est une noble étude que celle de ces deux civilisations, de ces deux histoires, de ces deux grandes formes de la pensée. Rome et les Barbares, le Sacerdoce et l'Empire, Dante et les Nibelungen, saint Thomas d'Aquin et Albert le Grand, Galilée et Leibnitz : antithèse soutenue, heureuse opposition dont le résultat est la société moderne, avec ses arts, ses sciences et sa législation. Je lis, du reste, assez l'anglais et l'espagnol pour ne point désespérer de faire, en temps opportun, des rapprochements utiles, et, grâce au peu que je sais des langues orientales, je pourrai me tenir au courant des questions générales de la philologie. Enfin, quelque imparfaite, inculte même que soit ma parole, j'ai éprouvé, en de graves occasions, lorsque la grandeur du sujet l'avait échauffée, qu'elle n'était point entendue avec défaveur, et que j'obtenais, sans m'en rendre compte, l'effet désiré, sympathie et conviction. »

Comme tous les hommes vraiment supérieurs, Ozanam avait la conscience de sa force, quelle que fût sa modestie, et, en s'épanchant ainsi dans le sein d'un ami, il ne faisait qu'énoncer une vérité déjà bien établie, et qu'il allait mieux établir encore ; car il suffisait qu'il eût à défendre une grande cause et que son âme fût émue pour que l'éloquence jaillît de ses lèvres. Tout ce qu'il y avait d'élevé dans un si vaste programme, était, certes, de nature à surexciter ses belles facultés.

Les résultats du concours d'agrégation dépassèrent les espérances de ses meilleurs amis. Sept candidats parurent dans la lice. On comptait parmi eux plusieurs jeunes professeurs qui joignaient à des études approfondies « une improvisation coulante, vive et gracieuse », selon le témoignage même d'Ozanam. Ce fut Frédéric qui sortit vainqueur de la lutte ; il obtint le premier rang après les plus brillantes passes d'armes. Et pourtant il n'avait pas été favorisé par le hasard pour les deux leçons que chaque concurrent devait faire sur des sujets différents tirés au sort, l'un, vingt-quatre heures, et l'autre, une heure d'avance. Le sujet de littérature ancienne fut pour lui « l'histoire des scoliastes grecs et latins ».

« Ceci, dit-il dans le récit de ce tournois intellectuel, semblait une méchanceté du sort. et l'on savait si bien que je n'étais nullement au courant de cette spécialité philologique que la lecture du billet fut accueillie par un rire général de malice... Je me croyais perdu..... Après une nuit de veille et une

journée d'angoisse, j'arrivai plus mort que vif au
moment de prendre la parole. Le désespoir de moi-
même me fit faire un acte d'espérance en Dieu, tel
que jamais je n'en formai de plus fervent, et jamais
non plus je ne m'en trouvai mieux. Bref, votre ami
parla sur les scoliastes pendant sept quarts d'heure
avec une assurance, une liberté dont il s'étonnait
lui-même ; il parvint à intéresser, à émouvoir même,
à captiver non seulement les juges, mais l'auditoire,
et se retira avec tous les honneurs de la guerre, ayant
mis les rieurs de son côté. »

Dans le cours de ces longues épreuves, il fut, à
plus d'une reprise, amené à confesser sa foi, soit en
comparant Montesquieu, comme publiciste, avec saint
Thomas d'Aquin, soit en signalant l'influence funeste
exercée, au siècle de Louis XIV, par l'école jansé-
niste, sur la poésie française, soit en renouvelant et
en développant cette apologie de saint François de
Sales, considéré comme écrivain, qu'on avait tant
remarquée, quand il avait soutenu sa thèse pour le
doctorat ès lettres. C'est ce qu'il appelle « des saillies
de catholicisme », et il se félicite de n'avoir pas déplu
au jury par une pareille manifestation.

« Dieu m'avait fait la grâce, ajoute-t-il, d'apporter
dans cette lutte une foi qui, même quand elle ne
cherche pas à se produire au dehors, anime la pensée, maintient l'harmonie dans l'intelligence, la chaleur et la vie dans le discours. Ainsi puis-je dire : *in
hoc vici*, et cette pensée, qui peut au premier abord
sembler orgueilleuse, est pourtant celle qui m'humilie

et en même temps me rassure. Un triomphe si merveilleusement providentiel me confond ; j'y crois voir
l'indication d'un dessein de Dieu sur moi, une vocation véritable ; ce que mes prières sollicitaient depuis
tant d'années. »

Le rapport que le doyen de la Faculté des lettres
de Paris adressa au ministre de l'instruction publique
sur le concours d'agrégation, donne une haute idée
du succès d'Ozanam, non seulement par les louanges
si flatteuses qu'il lui décerne, mais encore par celles
qu'il décerne à ses rivaux.

« M. Ozanam, est-il dit dans ce rapport, a paru
aux juges mériter le premier rang, moins par ses
connaissances classiques, fort étendues assurément,
mais égales peut-être chez d'autres, que par sa manière large et ferme de concevoir un auteur ou un
sujet, par la grandeur de ses commentaires et de ses
plans, par ses vues hardies et justes, et par un langage qui, alliant l'originalité à la raison et l'imagination à la gravité, semble éminemment convenir au
professeur. Seul des candidats, il a fait preuve d'une
étude grammaticale et littéraire des quatre langues
étrangères indiquées au programme : l'italien, l'espagnol, l'allemand et l'anglais. » Puis vient l'éloge des
deux candidats qui ont le plus vivement disputé à
Ozanam la supériorité. « C'est ainsi, dit l'éminent
rapporteur en finissant, que le concours qui a ouvert
une ère nouvelle pour les Facultés, ne sera peut-être
pas surpassé de longtemps. »

M. Cousin dut être content des résultats de cette

inauguration ; car l'institution pour laquelle il éprouvait une affection d'auteur, ne pouvait avoir un plus
·beau début. A dater de ce jour, la destinée d'Ozanam
était fixée ; il avait enfin trouvé sa voie et senti ce
souffle de Dieu qui a reçu le nom de vocation. Il fut
jugé digne d'entrer immédiatement à la Sorbonne
pour y suppléer M. Fauriel dans la chaire de littérature étrangère. Ce n'était pas à Lyon qu'il devait
commencer sa carrière dans le haut enseignement
universitaire ; c'était à Paris même, sur ce grand
théâtre qui est le point de mire des hommes les plus
distingués, où toute parole éloquente a tant de retentissement, où les réputations fondées sur un mérite réel sont consacrées par les applaudissements
d'un public d'élite, qui se répercutent dans tout l'u-
nivers.

Ozanam fut chargé de faire, à la rentrée des Facultés, un cours sur la littérature allemande au
moyen âge, en débutant par les *Nibelungen* et le
Livre des héros. Il crut nécessaire, pour la satisfaction
de ses scrupules de professeur novice, de visiter les
bords du Rhin où s'était déroulée toute cette poésie
barbare, germanique, franque, qu'il avait à étudier.
Sa correspondance nous fait connaître ses impressions de voyage, ses sensations de touriste ; il leur
dut « ce rafraîchissement de l'esprit, cette féconda-
tion de l'âme que produit toujours la première vue
d'un monde nouveau ».

« Ce genre d'excursion à vol d'oiseau, dit-il dans
le récit de ce voyage, a ses inconvénients sans doute,

mais peut-être aussi ses avantages. Si l'on n'aper-
çoit aucun détail, on est plus frappé des masses. Si
l'on voit de moins près, on voit de plus haut ; l'instruction est moins réelle, l'impression plus forte. »

La Belgique est le pays qu'il rencontre d'abord sur
sa route ; il se croit transporté dans le royaume de
Lilliput ; cette miniature de nation ne lui paraît que
le portrait réduit de trois autres nations, une triple
contrefaçon de la France, de l'Angleterre et de l'Allemagne ; mais il a bientôt remarqué ce qu'il y a d'excellent dans les institutions et le caractère belges.
Tout lui annonce qu'il foule un sol plein de foi. Louvain, où est la Sorbonne des Pays-Bas, Louvain,
doté par les évêques nationaux de quarante chaires,
d'une bibliothèque de cent trente mille volumes, de
trois collèges où les jeunes gens trouvent un asile
pour leurs mœurs et d'inappréciables secours pour
leur instruction, excite au plus haut degré son enthousiasme. « Nulle part, s'écrie-t-il, je n'ai vu aimer
aussi franchement ces trois choses, l'orthodoxie, la
liberté et les lumières... Placée entre deux grands
peuples, la Belgique, cette petite contrée, sait rapprocher et vivifier par une sainte inspiration les éléments politiques, scientifiques, industriels qu'elle
leur a empruntés..... Elle donne, aux étrangers qui
la parcourent, un spectacle capable de déconcerter
bien des systèmes, d'éclairer bien des préventions.
Elle est là comme une leçon, comme un exemple ;
c'est bien aussi le moyen d'être une *puissance*. »

Il salue, en passant à Aix-la-Chapelle, le tombeau

de Charlemagne, « grande pierre noire avec ces seuls
mots d'une simplicité sublime : *Carolo Magno* (1) ».

Cologne, qu'on a surnommée la Rome du Nord, le
retient plus longtemps. Son cœur se serre, quand il
voit inachevée la cathédrale de cette terre classique
du catholicisme allemand, de ce foyer d'illustres souvenirs et de vertus héroïques. Il regrette amèrement
que le gouvernement prussien, détenteur de sommes
considérables affectées par différents princes et par
de riches particuliers à l'édification de cette cathédrale, ait refusé de les restituer à l'archevêque de
Cologne, malgré ses énergiques réclamations ; car
l'exécution du plan conçu par un humble tailleur de
pierres eût donné à la chrétienté une église sans rivale.

« Les travaux, dit-il, sont, il est vrai, continués,
et, si l'activité présente se soutient, dans sept ou huit
cents ans on en pourra finir..... La pauvre cathédrale
n'est plus une pierre d'attente, et ce n'est point une
ruine. L'avenir et le passé lui font défaut à la fois.
Mais cette chose sans nom est si belle que je
l'admets sans peine pour le chef-d'œuvre du genre
gothique. Les voûtes sont d'une ouverture si majestueuse et si élégante, les galeries et les pinacles si
élancés. les sculptures si fines ! Avec ses roses et ses
trèfles, avec ses ogives toutes radieuses au milieu des
décombres, elle me semblait, cette église, veuve
comme l'Andromaque d'Homère (2), souriant à travers

(1) Voir note *kk*.
(2) Voir note *ll*.

ses larmes. Et la comparaison n'a rien de trop heurté et de trop bizarre, en présence de tant de grâce et de tristesse. »

Ensuite il passe en revue les autres églises dont les tours et les clochers couronnent la ville ; il est frappé de leur variété, de leur antiquité non moins que de leurs richesses. Il s'arrête principalement à Sainte-Marie du Capitole, fondée par la mère de Charles Martel et demeurée dans un remarquable état de conservation ; à Saint-Géréon, la plus splendide de toutes, qui, au dehors, se distingue par un dôme immense à dix faces et à plusieurs étages, où tout, au dedans, est lumière, peintures et or.

« A Sainte-Ursule, dit-il, on n'a plus envie de rire des onze mille vierges à la vue des ossements qui remplissent autour de la nef un vaste reliquaire ; les compte qui en aura le courage... Pour moi, je vois le fait historique de la vierge martyre ; je m'agenouille près de sa tombe, puis je m'inquiète peu du nombre de ses compagnes ; je sais seulement qu'elle en a plus trouvé au ciel qu'elle n'en avait sur la terre ; j'aime cependant à suivre, dans les fresques tracées sur les murs par un vieux et naïf pinceau, la tradition populaire qui certainement figurerait au premier rang dans tous les recueils scientifiques, si au lieu d'une sainte, il s'agissait d'une Walkyrie, et de Velléda au lieu de sainte Ursule. »

Cette dernière observation est pleine de justesse : celui qui l'a faite connaissait bien son siècle. Que de fables plus ou moins païennes sont traitées de nos

jours avec respect par ceux-là mêmes qui n'ont que
du dédain pour les légendes du moyen âge à cause
de leur caractère religieux !

Toutes les beautés qu'offrent à ses yeux ces sanctuaires, jettent Ozanam dans le ravissement.

« Non, dit-il, ce n'est pas sans raison que nos
pères l'avaient voulu ; la maison de Dieu devait être
aimée des hommes ; le lieu qui devait être saint, il
fallait aussi qu'il fût beau. L'admiration est un sentiment moral ; il élève, épure et prépare. Le vanda-
lisme et le jansénisme nous ont fait un culte pauvre
et nu, une piété morose. Ils ont effacé, comme des
scandales, les images où s'arrêtaient les regards de
l'enfance, étouffé la musique puissante qui enlevait
l'esprit des jeunes gens, détruit ce demi-jour qui était
doux à la paupière des vieillards... Ils ont anéanti ces
solennités, ces représentations pieuses, ces processions triomphales où la foule accourait joyeuse... Et,
au milieu de ces murs blanchis et dépouillés, ils ont
installé une divinité nouvelle qui produit autour d'elle
le silence et le vide : elle se nomme l'*Ennui*. »

Ozanam rappelle que ces merveilles devant lesquelles il s'extasie, sont dues à des Germains du huitième ou onzième siècle, arrière-petits-fils des Francs
de Clovis, que deux cent cinquante ans de christianisme avaient initiés aux plus délicats comme aux
plus sublimes mystères de la véritable beauté. Dans
ce qu'il dit du génie allemand, de son passage de la
barbarie à la civilisation, des glorieuses traces que
l'Allemagne du moyen âge a laissées partout, on voit

déjà poindre en quelque sorte son futur ouvrage des *Études germaniques*.

« C'était à Cologne et à Aix-la-Chapelle, dit-il, que se couronnaient et se déposaient les empereurs, que se tenaient les diètes, que s'organisaient les croisades. Les noms de Charlemagne, des Othon, des Henri, des Frédéric reparaissent dans tous les endroits où s'élève une pierre historique, et il n'y a pas un rocher qui n'ait son histoire, sa tradition ou sa fable. »

Il dépeint ensuite, en artiste, les sites pittoresques ou mémorables des bords du Rhin.

« Ma pensée qui s'était souvent portée de ce côté-là, n'avait rien pu concevoir qui approchât du vrai. Une nature toute différente de la France, de la Suisse ou de l'Italie. Un ciel où les nuages d'octobre permettaient encore aux rayons du soleil de se jouer et de produire à chaque instant de nouveaux effets de lumière. Le fleuve large, profond, limpide, et cependant d'un beau vert de mer. Des montagnes qui ne forment pas un mur continu, mais qui semblent presque toutes venir de l'intérieur, et former comme les efflorescences d'autant d'innombrables petites chaînes, tour à tour en saillie ou en retraite, et quelquefois laissant entre elles de magnifiques échappées de vue sur les contrées voisines. Partout des stratifications bizarres, des colonnades de basalte, des restes de convulsions volcaniques. Cette charpente osseuse couverte d'un manteau de verdure où se mêlaient toutes nuances, depuis le gazon frais jusqu'aux feuilles mortes que balaye l'automne. Des bois de chênes à tous moments. Une teinte plus souvent sombre, mais gaie aussi parfois; des perspectives trompeuses, des eaux chatoyantes, quelque chose de fascinant qui vous plaît et qui vous trouble. »

Tous les touristes qui ont parcouru les bords du Rhin admireront la vérité de ce tableau esquissé de main de maître. Ozanam ajoute : « Alors on n'est plus étonné des récits et des dénominations attachés à ces rives. Voici le rocher du Dragon où une vierge germaine, Andromède chrétienne, un crucifix à la main, confondit le serpent infernal auquel ses idolâtres compatriotes l'avaient exposée ; non loin est la pierre angulaire de Roland : le héros y vint pleurer sa fiancée et mourir... Les Nibelungen, l'épopée carlovingienne et le cycle de Saint-Graal sont là face à face.

« Des mythes plus anciens ont peuplé d'*Elfes* et de *Nains* la colline de Hurbey et les cavernes de Kedrich. Mais au-dessus du mythe dominent les graves réalités de l'histoire. Ici s'élevaient le Kœnig-Stuhl, rendez-vous des électeurs de l'Empire aux jours de calamité plus menaçante ou de délibération plus solennelle, le château de Rheinsten, le plus redoutable asile de ces barons spoliateurs qui infestaient le Rhin et rançonnaient les marchands, devenu plus tard le point vers lequel se dirigèrent les attaques des communes rhénanes coalisées, origine de la ligue hanséatique. Tout près étaient le pont de Drusus, le sol où pour la première fois fut plantée l'aigle romaine, et le pays où durant quinze ans régna aussi la nôtre, le champ de bataille de nos victoires d'hier et *de demain peut-être...* »

Ce n'est pas sans un douloureux saisissement que je reproduis ces derniers mots si patriotiques, hélas ! si cruellement démentis par l'événement, quand je pense aux grands désastres infligés à notre chère patrie qui, en 1870, sembla un instant avoir tout perdu, fors l'honneur. Comme tout bon Français, Ozanam l'avait crue invincible ; tant était invétérée sa glorieuse habitude de vaincre ! Au moment où il écrivait, la question d'Orient avait coalisé contre nous presque toutes les puissances de l'Europe ; la guerre paraissait imminente ; la sagesse de Louis-Philippe conjura le danger, en résistant à la surexcitation des esprits qui partageaient en général la confiance d'Ozanam dans la fortune de la France, et qui, exaltés par les souvenirs des victoires d'hier, ne doutaient pas des victoires de demain. L'histoire lui saura gré d'avoir bravé l'impopularité pour nous préserver des terribles conséquences d'une lutte inégale, de calamités pareilles probablement à celles qui devaient fondre sur nous trente ans après, en nous écrasant, sans abattre toutefois notre courage.

Au milieu de toutes ces apparitions du passé, ce qui intéresse le plus Ozanam, c'est le côté religieux. « Dans tout cet espace, dit-il, le fleuve coule sous un ciel catholique ; les saints patrons des navigateurs, saint Pierre, saint Nicolas, la bienheureuse Marie ont leurs images sur ces bords ; trois fois le jour, la cloche de l'*Angelus* annonce au voyageur qu'il n'est

pas seul ; la croix couronne les plus hautes crêtes des
monts voisins, et rien ne rappellerait les ravages du
rationalisme moderne sans les couvents séculari-
sés qu'on rencontre, et sur le frontispice desquels
l'ignoble enseigne d'une auberge a remplacé le signe
sacré du salut... Le moyen âge se retrouve là tout
entier dans les ruines du monastère où sainte Hilde-
garde écrivit ses visions, dans les chapelles fondées
par sainte Hélène, dans une série de châteaux et de
petites villes admirablement conservées comme autant de Pompcïas féodales. L'enceinte de murs cré-
nelés, les tours et les portes sur la rivière, le donjon
sur le tertre le plus proche, la grande église collé-
giale ou paroissiale, tantôt romane, tantôt gothique,
les couvents des moines, les calvaires, saints sépul-
cres, statues miraculeuses aux environs, tout s'y retrouve, hormis les populations ; car la plupart de ces
ruines n'ont d'habitants qu'un petit nombre de vi-
gnerons et de pêcheurs. »

Ozanam termine en plaisantant avec esprit au sujet
de l'utilité problématique de sa rapide excursion.

« Dans ma promenade solitaire à travers l'Allemagne, j'ai tâché de recueillir en une semaine le plus
de sensations possible. Il n'y a pas de mal à cette extrême urgence qui me presse ; l'activité forcée est une
bonne hygiène pour les esprits paresseux : il y a de
l'inspiration dans la contrainte. Puisse-t-il en être
ainsi !..... Mais à d'autres moments mon excursion
me paraît une folie, une témérité de feuilletonniste
qui s'en va *découvrir* l'Allemagne, ou plutôt une ma-

nière d'escobarderie pour dire à mes auditeurs cet hiver : « Messieurs, j'ai vu ! » Absolument comme, quand j'étais petit, je trempais le bout de mes doigts dans l'eau, afin de pouvoir répondre à maman sans mentir : « Je me suis lavé. » Enfin, et pour en revenir aux grandes comparaisons, je fais un peu comme Caligula qui alla jusqu'au Rhin, ramassa des cailloux, et revint à Rome recevoir, avec les honneurs du triomphe, le nom de Germanique. »

J'ai lu avec un plaisir infini cette spirituelle et instructive relation d'un voyage dont Ozanam comprenait assurément toute l'importance, malgré ses railleries ; car elle est empreinte de la ferveur du chrétien, de la science de l'historien, de l'enthousiasme de l'artiste, de l'habileté de l'écrivain, et je me suis dit plus d'une fois en la lisant : « Voilà en quelques pages tout Ozanam. » Je ne crois pas qu'il ait été donné à beaucoup de touristes de cueillir en huit jours assez de fleurs sur leur chemin pour former un bouquet aussi ravissant que celui-là.

D'après les conseils de M. l'abbé Noirot, qui savait combien son ancien élève avait besoin d'un cœur sur lequel il pût appuyer le sien, Ozanam avait renoncé à la vie religieuse, et de tous côtés on lui parlait de mariage ; il se familiarisait peu à peu avec une idée toute nouvelle pour lui. Il fallait à ce pieux jeune homme une compagne vraiment digne de s'associer à sa destinée, une compagne qui, suivant le désir qu'il exprimait dans une lettre, lui apportât, « avec assez de charmes extérieurs pour ne laisser place à aucun regret, une grande vertu, l'attirât en haut, ne le fît pas descendre » ; la Providence prit soin de la désigner en quelque sorte elle-même en lui ménageant l'occasion de la rencontrer.

A son retour d'Allemagne, Ozanam était allé rendre visite au recteur de l'Académie de Lyon qui l'avait fortement encouragé à concourir pour l'agrégation, comme par un secret pressentiment du plus brillant succès. Pendant qu'il causait avec M. Soulacroix, ses regards se portèrent involontairement sur ce qui se passait dans la pièce voisine dont la porte était ouverte. Une charmante jeune fille, à l'air doux et intelligent, entourait de soins affectueux un adolescent aux traits altérés par la maladie et cherchait, avec une ineffable sollicitude, à lui faire oublier un instant ses souffrances, en lui prodiguant ses caresses et en l'amusant : c'étaient la fille et un des fils de l'excellent recteur. Frédéric fut profondément touché de ce spectacle à la fois gracieux et attendrissant qui lui faisait envier le bonheur d'être aimé par une si délicieuse créature, et l'image de cette sœur si bonne pour son frère ne le quitta plus ; il dut s'avouer qu'un amour chaste et pur s'était à son insu emparé de son âme ; ce qu'on appelle le coup de foudre, ne l'avait pas épargné ; on eût pu lui dire ce qu'il écrira plus tard lui-même à un ami longtemps rebelle à ce sentiment, mais enfin dompté comme lui : « Il est donc pris, cet imprenable ; ce superbe a capitulé ! »

Un amour qui avait pour origine la bonté d'une sœur dévouée, ne pouvait qu'être béni de Dieu.

M. l'abbé Noirot, à qui Ozanam ouvrit son cœur, avait déjà songé pour son élève favori à une alliance où se trouvaient réunies toutes les garanties morales d'un heureux avenir. Il était intimement lié avec M. Soulacroix ; il offrit à Ozanam de lui servir d'intermédiaire. Agréé d'abord par les parents, vraiment fiers d'avoir pour gendre celui qu'ils avaient si souvent admiré, Ozanam fut au comble de ses vœux, quand la jeune fille appelée à être pour lui Béatrix sous le nom harmonieux d'Amélie, eut donné son consentement.

Mais il restait une grave question à résoudre avant d'accomplir ce grand acte qui consistait à fonder une famille : Ozanam échangerait-il la suppléance de la Sorbonne si peu rétribuée et si précaire pour le moment contre une position, plus modeste sous le rapport littéraire, mais plus sûre et plus lucrative qu'il dépendait de lui d'occuper à Lyon, en joignant à la chaire de Droit commercial celle de M. Quinet nommé professeur au Collège de France ? Il n'avait pas hésité dans son choix tant que sa personne était seule en jeu, sauf à se dédommager de sa médiocrité peu dorée par la lecture d'un chapitre de Sénèque sur le mépris des richesses, comme il disait plaisamment en écrivant à un des siens ; mais il tenait à n'imposer à sa compagne aucun sacrifice qu'elle n'eût d'avance accepté librement. Il voulut donc qu'elle se prononçât sur ce point, et déclara qu'il se soumettrait à sa décision. après avoir insisté sur les mauvais côtés de la vie parisienne pour tous ceux à qui la fortune n'avait

pas accordé ses faveurs, sur les privations qu'ils auraient nécessairement à supporter dans les premières
années de leur séjour à Paris.

Mlle Soulacroix, dont l'esprit très cultivé était à la
hauteur des circonstances, répondit avec fermeté que
ces privations ne l'effrayaient pas, et qu'elle avait
l'intention bien arrêtée de ne pas détourner le jeune
professeur de la voie où il avait le plus de gloire en
perspective, et surtout où il ferait le plus de bien.
Ozanam n'avait pas trop présumé d'elle en la faisant
juge suprême de la situation. Elle comprit parfaitement que son rôle était « de l'attirer en haut, et non
de le faire descendre », comme disait Frédéric dans
un épanchement dont j'ai déjà parlé ; ces deux âmes
privilégiées s'entendaient à merveille ; les élans généreux étaient dans la nature de chacune d'elles.

M. et Mme Soulacroix ne comptaient pas moins que
leur fille sur le talent d'Ozanam pour aplanir les difficultés par sa prompte élévation aux premiers degrés
de la hiérarchie universitaire. La noble énergie qu'elle
venait de montrer, les émut l'un et l'autre ; ils se rési-
gnèrent à se séparer d'elle, et le mariage fut décidé.
M. Soulacroix, transporté de joie, mit la main d'Ozanam dans la main de sa fiancée, et leur union reçut
du chef de la famille sa première consécration. On
convint que la cérémonie nuptiale n'aurait lieu qu'au
mois de juin de l'année suivante, parce qu'il fallait
qu'Ozanam prît immédiatement possession de sa
chaire ; son cours l'appelait à Paris ; cet ajournement
était donc inévitable.

Quelque dure que pût être pour les futurs époux
une telle épreuve, elle fut adoucie par une correspondance qui leur permit d'apprendre à lire dans leurs
cœurs et de se révéler mutuellement les trésors qu'ils
renfermaient. Ozanam se donna de temps en temps
le plaisir d'adresser à celle qu'il aimait des vers pleins
d'effusion et de grâce ; ils avaient d'autant plus de
charme qu'ils sortaient de ce moule de l'amour chrétien qui embellit tout en l'épurant : la poésie senti-
mentale fut toujours chère aux amoureux lettrés.
Cette partie de la correspondance d'Ozanam n'a pas
été publiée ; on a pensé avec raison qu'il convenait
de ne pas soulever le voile qui couvrait ces effusions
intimes : il est des choses si délicates que la publicité
serait pour elles une sorte de profanation.

A la veille de son départ, Ozanam écrivait à un ami :

« Comme cette cruelle question de vocation, si longtemps incertaine, s'est tout à coup dessinée ! En
même temps que Dieu me rappelle sur ce terrain glissant de la capitale, il veut m'y donner un ange gardien pour consoler ma solitude : je pars en laissant
conclue une alliance qui se terminera à mon retour...
Que la Providence me conserve, pendant cet exil de
six mois, la douce compagne qu'elle semble m'avoir
choisie et dont le sourire est le premier bonheur qui
ait lui sur ma vie depuis la mort de mon pauvre père !
Vous me trouverez bien tendrement épris ; mais je
ne m'en cache pas, encore que je ne puisse m'empêcher quelquefois d'en rire. Je me croyais le cœur plus
bronzé. »

Ozanam allait, on le sait, suppléer M. Fauriel, que l'état de sa santé condamnait au repos. Ce savant professeur avait traité successivement de l'épopée homérique, de la langue italienne considérée dans ses origines, de la littérature espagnole et de la poésie provençale. Après un enseignement consacré aux lettres néo-latines, il avait paru convenable de faire place aux langues du Nord. Ozanam devait exposer l'histoire générale de la littérature allemande du douzième au quinzième siècle, et se livrer à l'étude spéciale des principaux ouvrages qu'elle avait laissés. Il arrivait précédé de la réputation que lui avaient faite l'éclat du concours d'agrégation et son livre sur Dante. Ses amis et ses admirateurs étaient nombreux parmi ses maîtres et ses collègues de l'Université qui, de bonne heure, avaient pressenti son avenir et dont il réalisait si bien les espérances ; parmi les membres de la société de Saint-Vincent de Paul qui vénéraient et chérissaient en lui un des fondateurs de cette belle œuvre et s'enorgueillissaient de ses succès comme s'ils partageaient sa gloire ; dans les rangs de la jeunesse des Écoles où le nom d'Ozanam avait déjà un si grand prestige. Son installation fut pour tous comme une fête. On les vit se presser autour de sa chaire et sanctionner en quelque sorte, par une chaleureuse ovation, le jugement qui lui avait valu l'honneur d'entrer si jeune à la Sorbonne. Il ne trompa pas l'attente de cet auditoire choisi dont la sympathie manifeste produisait sur lui l'effet d'une effluve magnétique à laquelle sa timidité naturelle ne résistait pas. Si cet orateur si sympathique qui commandait pour ainsi dire la bienveillance à ses adversaires, eût eu des ennemis, ils eussent été forcés de reconnaître ce jour-là même que la Sorbonne n'avait qu'à se féliciter de lui avoir ouvert ses portes.

Il commença par rendre un hommage mérité à celui qu'il remplaçait, en se présentant modestement sous son patronage. Puis il traça avec netteté et précision le plan qu'il se proposait de suivre. Il annonça qu'il embrasserait d'un rapide regard les institutions, les révolutions, les transformations qui remplirent pour l'Allemagne une durée de trois cents ans ; ce qui l'amènerait à indiquer le point de départ, les développements et les résultats de la littérature, ses diverses phases reproduisant celles de l'état social au sein duquel elle vécut. Cette première leçon ne fut en réalité que l'ébauche de ce plan faite à grands traits. J'ai été heureux de la trouver dans les œuvres complètes d'Ozanam. C'est un beau morceau littéraire d'un style élégant et ferme, où j'ai particulièrement remarqué ce qu'il dit de la poésie lyrique des Minnesinger, ces chantres d'amour, dont les voix mélodieuses s'élevaient sans nombre et se répondaient sans fin des rives du Rhin aux rives du Danube. La comparant aux poésies des autres nations européennes, il fait observer que chez les Provençaux, l'imagination domine, qu'une fantaisie vive et légère se joue dans leurs écrits, et que pour eux l'existence se colore d'un rayon plus riant.

« Leur poésie, dit-il, c'est le gai savoir. Ordinai-

rement tempérée par une parfaite délicatesse dans la
forme, leur pensée quelquefois s'abandonne au délire
des sens; leur luth emprunte plus d'une corde à Ana-
créon, et le caractère de leurs chants peut se dégrader
jusqu'au cynisme. Les Italiens font la part plus large
à l'intelligence : la science d'aimer devient grave et
sérieuse... C'est le caractère platonique dont le type
le plus parfait sera Pétrarque. Mais pour les Allemands, la source poétique est dans cette dernière et
plus secrète profondeur de la nature humaine qu'on
nomme le cœur. Là, au milieu d'une continuelle alternative de joie et de souffrance éclôt la mélancolie qui
est aussi l'aspiration vers le bien, le désir. L'expression du désir, c'est le chant... Il faut au chant du Minnesinger plus de réalité qu'aux savants poèmes de
l'Italie, plus de chasteté qu'aux chansons joyeuses
des Provençaux; il se distingue par un caractère spécialement élégiaque..... Dans ce chant, la simplicité
va souvent jusqu'au sublime. Un Minnesinger raconte
que le jeune Titurel, nourri dans de sévères enseignements, abhorrait l'idée de l'amour et se signait
avec crainte, si le mot seul se prononçait devant lui.
Interrogé par un sage vieillard, il avoue qu'entre ses
mains sont tombés les livres licencieux d'Ovide, et
que son innocence est demeurée frappée d'horreur.
Le grave interlocuteur loue son disciple, mais lui apprend à discerner l'amour impur des siècles païens
d'avec la sainte effusion de la tendresse chrétienne
(*Minne*) qui embrasse la créature sous l'œil du Créateur. La *Minne* n'a rien de vulgaire ni de périssable.

Selon Gottfried de Strasbourg, « elle trône au ciel,
« elle enveloppe les anges ; sur la terre, elle règne ;
« elle n'est absente que de l'enfer ». C'est une religion qui entoure d'un triple hommage la Sainte
Vierge, les femmes et la nature ; car les poètes aiment
à confondre dans leurs hymnes ces trois divinités,
dont la dernière seule est restée sans tache, la terre
au sortir des mains de Dieu, Ève au réveil de son
époux, Marie venue pour les purifier l'une et l'autre
après leur souillure. »

Dans ce passage, il m'a semblé voir Ozanam dé-
peignant lui-même l'extrême pureté qui lui avait
d'abord inspiré tant d'éloignement pour le mariage,
les conseils éclairés de M. l'abbé Noirot, auquel il
était redevable d'une plus saine appréciation, l'amour
chaste qu'il avait si soudainement ressenti, en pieux
chevalier, pour la jeune fille devenue la dame de ses
pensées. Cet amour est bien la sainte effusion de la
tendresse chrétienne ; il n'a rien, lui aussi, de vulgaire ni de périssable, et, quand Ozanam compose un
hymne en l'honneur de sa fiancée, c'est comme un
Minnesinger français qui chante. On dirait que ce rapprochement ne lui a pas échappé : tant il paraît se
complaire en ce charmant sujet !

« A la pudeur craintive des affections intimes, ajoute-
t-il, se mêlent, dans les conceptions de la poésie lyrique allemande, les accents plus mâles du patriotisme
et de la foi. Elles ne sont pas moins remarquables
par l'harmonie du rythme et de la langue. L'art de
surprendre et de captiver l'oreille, cultivé dès lors

avec une habileté infinie, trahit déjà l'instinct musical des populations germaniques. Pourquoi faut-il que la plupart de ces merveilles demeurent invisibles au regard de l'étranger? En même temps que la finesse des sentiments se soustrait à la grossièreté de notre analyse, la perfection du langage s'évanouit en passant dans un idiome différent. Ainsi le vieux poète Lambrech rapporte qu'aux extrémités de l'Asie il est une magnifique forêt, où des arbres gigantesques se chargent de fleurs qui, s'ouvrant aux premiers jours de l'été, laissent s'échapper de leurs calices de gracieuses jeunes filles. Elles mènent des danses éternelles à l'abri des paternels ombrages. Le voyageur conduit par le hasard dans ces lieux y trouve une douce hospitalité. Mais si, pensant au retour, il veut entraîner avec lui quelqu'une des jeunes compagnes, à peine a-t-elle touché la lisière des bois et rencontré les rayons du soleil qu'elle se décolore et meurt entre ses mains. De même les ravissantes créations des *Minnesinger*, si belles dans leur ombre native et sous le demi-jour qu'elles aiment, se fanent et s'évanouissent à la clarté meurtrière de la traduction. »

Il y a toute la fraîcheur d'une imagination pleine de poésie dans la comparaison qu'a fournie à Ozanam la forêt magique de ce prédécesseur du chantre d'Armide. Ce qu'un proverbe italien appelle, en quelque sorte, « les trahisons du traducteur », ce qui n'est en réalité que l'effet de son impuissance à rendre dans une autre langue les délicatesses du style, ne saurait être mis en relief avec plus de grâce. Cette inévitable altération des beautés qui font le charme de l'original est ici présentée, on en conviendra, sous une forme extrêmement heureuse.

Un peu plus loin, je relève cette sentence si digne d'un orateur catholique :

« La cause de l'art, comme celle de la liberté, n'est jamais désespérée, quand elle se réfugie dans ces sanctuaires que nulle force ne violera jamais, l'Église et la conscience des peuples. »

En faisant l'énumération des ouvrages allemands dont il aurait à s'occuper, Ozanam signale, après le monument national des *Nibelungen*, le *Parcival* de Wolfram, où l'auteur a poursuivi l'idéal de l'héroïsme chrétien, et qui se recommande par des conceptions hardies jusqu'à la témérité, par un langage qui a quelque chose de la magnificence orientale ; le rapprochant du chef-d'œuvre de Dante, de la *Divine Comédie*, il fait ressortir brièvement les rapports qui existent entre ces deux grands poèmes dont le premier a précédé le second d'un siècle.

« Des deux côtés, dit-il, c'est la même donnée morale : c'est le drame intérieur de l'âme humaine rendu sensible : c'est une série d'aberrations, d'expiations, d'initiations que le héros traverse, engagé d'abord dans un labyrinthe d'égarements, d'où il sort par l'énergie d'une discipline austère, pour arriver enfin au radieux séjour de la vérité, de la vertu et de la gloire. »

Dans sa péroraison, Ozanam nous montre l'Allemagne, l'Angleterre, l'Italie se rencontrant, en la personne de leurs représentants les plus illustres, à

l'Université de Paris, aux écoles de la rue du Fouarre,
sur ces bottes de foin, sièges rustiques où venaient
s'entasser tour à tour quarante mille étudiants rassemblés des plus lointaines provinces pour profiter
de l'enseignement de docteurs renommés.

« Ainsi, dit-il, en cet âge de jeunesse et de féconde
effervescence, sous les auspices d'une même foi, se
faisait en commun l'éducation de la famille européenne. »

Il proteste contre l'étrange erreur d'un patriotisme
teutonique mal entendu qui avait cru naguère pouvoir retremper ses haines à l'égard de la France dans
l'étude du moyen âge, où domine, en réalité, le sentiment de la fraternité universelle, et il nous venge
des injures parties du haut des chaires prussiennes
qui nous avaient insultés du nom de *Welches* (1). La
Prusse préludait déjà à la guerre terrible qu'elle devait nous faire plus tard, en s'évertuant, dans ses
universités, à entretenir le feu des passions populaires, et elle ne craignait pas de falsifier l'histoire
pour atteindre plus sûrement son but. Ozanam releva
le gant jeté à la France par son implacable ennemie
le jour où il montait pour la première fois dans sa
chaire ; son cours de littérature allemande fut par là
noblement inauguré.

Il ne nous est resté de ce cours, qui eut lieu avant
le mariage d'Ozanam et pendant « son exil » loin de
sa fiancée, que cette leçon d'ouverture : il est à re-

(1) Voir note *mm*.

gretter que les autres n'aient pas été conservées ;
mais nous avons un très bon article de lui sur *les Nibelungen et la Poésie épique*, qui est, si mes souvenirs ne me trompent pas, comme le résumé de plusieurs d'entre elles.

Je fis, en 1841, un voyage à Paris, et je m'empressai d'aller entendre Ozanam à la Sorbonne ; ce
fut ma plus agréable distraction. J'ai reconnu dans
l'article en question le sujet des leçons auxquelles il
m'a été donné d'assister. Je me rappelle l'enthousiasme qu'excita l'éloquence du jeune professeur, et
l'émotion que j'éprouvai en joignant mes applaudissements à ceux que lui prodigua son auditoire accoutumé.

Ozanam était plein d'admiration pour le poème des
Nibelungen, pour cet épisode détaché d'une tradition
qui fut l'héritage commun de toutes les nations germaniques, et qui reparaît avec elles sur tous les
points où les jeta leur fortune, des bords glacés de
l'Islande et des îles Féroë, au pied des Pyrénées et
aux rives de l'Adige. Il regardait cette épopée des
temps barbares comme l'Iliade de l'Allemagne, et il
prenait plaisir à en faire ressortir les beautés. Dans
le Siegfried des *Nibelungen*, il retrouvait le Sigurd
des Scandinaves qui, de nos jours, a si heureusement
inspiré un des maîtres de notre grande scène lyrique ;
il comparait les adieux de Siegfried et de Chriemhild
à ceux d'Hector et d'Andromaque ; mais il faisait
remarquer que, sous ces caractères antiques, parmi
ces réminiscences d'un paganisme mal éteint, déjà la

présence de l'idée chrétienne se révélait; ce qui permettait de placer le poème barbare à côté des plus brillantes fictions chevaleresques.

« Le rôle principal des *Nibelungen*, dit-il dans son article, est celui d'une femme; c'est elle qui la première entre sur le théâtre, n'en disparaît jamais, du moins par la pensée, et n'en sort qu'en le fermant. C'est une nature vraiment héroïque dont le développement remplit toute la fable, grandissant avec une effrayante vérité depuis l'innocence du premier âge jusqu'à l'atrocité d'une agonie sanglante; c'est la pudeur de la vierge, la tendresse de l'épouse, le ressentiment de la veuve; mais toujours c'est l'amour... Si cette femme, tendre comme Andromaque, fidèle comme Pénélope, efface toutes les figures des anciennes épopées, si elle fait pâlir même les plus redoutables acteurs de l'épopée allemande, si le sexe le plus faible est choisi pour réaliser le **type** de l'héroïsme, n'est-ce pas là une chose tout à fait neuve, possible seulement au temps de la chevalerie? Alors la fille d'Ève, relevée de sa longue déchéance, fut réhabilitée dans les lois, glorifiée dans les arts. Un même culte réunit sous des cieux différents les *Minnesinger* et les troubadours, et l'image de deux femmes, Chriemhild et Béatrix, couronnent les deux plus grands poèmes de la barbarie et du christianisme. »

Le souvenir de Dante, on le voit, est constamment présent à son esprit; tout le ramène à ce poète aimé auquel il dut les premiers rayons de gloire qui illuminèrent son front.

« Les *Nibelungen*, ajoute-t-il, ressemblent, par le mystère qui plane sur leur auteur, à tous les monuments du moyen âge où l'artiste n'a pas usé pour lui-même de l'immortalité qu'il dispensait : cathédrales dont le plan ne fut jamais signé, statues au piédestal desquelles le sculpteur n'inscrivit pas 'son nom, et le plus grand de ces glorieux anonymes, le livre de l'*Imitation*. On aime ces génies qui se sont voilés de leurs ailes ; ils ne perdent rien au mystère ; on ne doute pas d'eux, et volontiers on leur élèverait aussi des autels, sous ce titre : « Aux dieux inconnus. »

Ozanam avait trouvé le moyen d'agrandir son sujet en rattachant à l'étude des Nibelungen la question de l'origine des épopées. Il réfuta les arguments de l'école nuageuse qui, faussant par une regrettable exagération une idée vraie en ce sens qu'il n'y a pas d'épopée sans traditions nationales, ne faisait naître la poésie épique que de la tradition, sans tenir aucun compte de l'art, ne voyait dans l'Iliade qu'une collection de chants populaires répétés de ville en ville par les rapsodes, ces troubadours grecs, et allait jusqu'à nier la personnalité d'Homère. Il démontra combien l'union de la tradition et de l'art était nécessaire pour donner à la poésie épique une forme immortelle.

« Sans doute, dit-il, il n'appartient pas au génie, quelque grand qu'il soit, de disposer à son gré de l'imagination publique. Si la foule a besoin du poète pour exprimer ce qu'elle sent, le poète a besoin d'elle pour sentir ce qu'il exprime. On ne se passe point, comme on veut, de la société, de ses enseignements, de ses croyances. C'est une orgueilleuse opinion de prétendre que l'homme isolé puisse créer de toutes pièces une poésie ; c'est comme la statue imaginaire de Condillac qui, seule et sans secours, crée le monde de sa pensée. Mais la tradition est une argile ; l'art seul peut la façonner de manière à lui imprimer le sceau de la beauté véritable... Ce qui n'est que populaire finit par devenir trivial, comme ces récits des *Quatre Fils Aymon* et de la *Belle Maguelonne*, qu'on rencontre encore, imprimés sur papier gris, dans les humbles demeures de nos villageois... Les ouvrages parfaits ne s'accomplissent que par le concours du travail personnel de l'homme et de l'action providentielle de la société. »

C'est ainsi qu'une simple question de critique a conduit Ozanam aux généralités de l'histoire de la littérature et par là même aux doctrines rationnelles qui la dominent et l'éclairent. Il s'est élevé encore plus haut dans ses considérations sur le scepticisme allemand :

« Il n'est pas aujourd'hui, dit-il, de lauréat, dans les universités de l'Allemagne, qui, au lendemain de ses thèses, se réveillant docteur, ne songe à se faire place dans le monde lettré par la témérité d'un nouveau doute. Il cherche quelqu'une de ces figures devant lesquelles se soit longtemps inclinée l'admiration des hommes ; il n'aura pas de paix qu'il n'ait brisé l'idole, à peu près comme ces enfants dont les bandes malfaisantes errent autour de nos cathédrales, et qui, à coups de pierres, s'exercent à mutiler les statues des pontifes et des rois. C'est un triste jeu que de démolir les vieilles gloires. Le scepticisme introduit dans les études littéraires ne s'y contient pas. Les existences historiques s'évanouissent à leur tour dans la nébuleuse clarté du mythe et du symbole... Qui sait si les paradoxes de Niebuhr n'ont pas préparé le scandale de Strauss? Quand on nie la personnalité du poète dans la poésie, on est bien près de nier la personnalité humaine dans l'histoire, et d'aboutir à ce fatalisme, qui, ne voyant que des nécessités dans le passé, ne peut donner que la servitude pour l'avenir. Et ces déductions, remontant plus haut, nous mènent jusqu'à la négation de la personnalité divine en métaphysique, c'est-à-dire jusqu'au panthéisme. »

Ozanam est arrivé dans ses conclusions aux plus sublimes hauteurs de la philosophie ; voilà comment procèdent les esprits vraiment généralisateurs, les esprits habitués à embrasser d'un coup d'œil de vastes horizons.

En revenant à Paris, pour son installation à la Sorbonne, Ozanam avait été heureux de retrouver ses chers confrères de la société de Saint-Vincent de Paul et de s'associer encore à leurs bonnes œuvres. La visite des pauvres, qu'il considérait partout comme l'accomplissement d'un devoir impérieux, fut son plus doux passe-temps. Il revit aussi avec joie le pieux historien de sainte Élisabeth de Hongrie, l'une des plus pures étoiles qui se soient levées au moyen âge sur le ciel de la Germanie. M. de Montalembert lui fit un accueil qui justifia pleinement ce que Frédéric écrivait à son illustre ami quelques mois auparavant :

« Il n'est donné qu'à notre divine cause de rapprocher les plus inégales destinées et d'effacer entre elles toutes les distances pour ne former qu'une seule famille où la foi et la charité tiennent lieu de rang. C'est surtout, lorsque l'entourage que nous avions reçu de la nature, vient à tomber, brèche par brèche, sous les coups de la mort, c'est alors qu'on bénit Dieu de pouvoir se réfugier dans cette seconde enceinte que prépare pour nous l'amitié chrétienne ! »

L'amitié chrétienne ! Quels cœurs furent jamais mieux faits pour en goûter les douceurs que le cœur d'Ozanam et celui de Montalembert ! Il y avait entre eux tant de points de contact ! Profondément religieux l'un et l'autre, ils étaient possédés d'une même flamme ; ils déployaient la même ardeur pour assurer le triomphe du christianisme qu'ils présentaient comme la source suprême du progrès. Dépassant de cent coudées, par leur élévation d'esprit, comme par leur grandeur d'âme, le niveau général de l'humanité, ils avaient les mêmes goûts, les mêmes passions littéraires, le même enthousiasme pour les arts qui leur apparaissaient marqués du sceau de la foi, et où ils voyaient une des plus hautes aspirations de l'homme. Le beau nom de liberté éveillait en eux les mêmes sentiments. Ils travaillaient de concert à la réconciliation du passé et de l'avenir en s'efforçant de rendre la religion tout à fait indépendante de la poli-

tique (1). Ils avaient au plus haut degré l'intelligence
des conditions du temps présent; ils ne maudissaient
ni leur siècle ni leur pays, tout en combattant, sans
faiblir, pour la vérité; ils étaient d'avis qu'il y avait
quelque chose de mieux à faire dans cette lutte inces-
sante, quand on voulait bien remplir les devoirs
qu'elle imposait. Tout tendait donc à les unir.

Le noble pair avait une tendre affection pour le
jeune professeur de la Sorbonne; il fut charmé d'apprendre, de la bouche même d'Ozanam, l'alliance
conclue avant son départ de Lyon, et, après une
chaude embrassade, il le félicita en lui disant que des
joies infinies couronnaient ici-bas la piété conjugale,
fondement sacré de la famille, et que ces joies lui
étaient réservées. Ozanam se plaira à rappeler cette
aimable prédiction au prophète lui-même, quand il
aura le bonheur de la voir accomplie.

Le père de Ravignan avait succédé depuis quelques années à l'abbé Lacordaire dans la chaire de
Notre-Dame. Il appartenait à cet ordre des Jésuites,
si riche en hommes éminents, qui apportait dans la
défense du catholicisme quelque chose de la vaillance
et de l'intrépidité du soldat de Manrèze, son saint
fondateur; qui avait versé son sang sur tous les
points du globe pour la propagation de la foi; qui de
plus excellait à diriger les âmes vers le bien, et fournissait des prédicateurs distingués à l'Église non
moins que des maîtres habiles à la jeunesse.

(1) Voir note *nn*.

Le père de Ravignan ne ressemblait à son prédécesseur que par le zèle qui l'animait ; il n'avait ni sa
hardiesse ni son originalité ; mais à de fortes et
calmes convictions il joignait cette perfection des
gestes et de la diction qu'il devait particulièrement à
l'exercice de son ancienne profession de magistrat.
Sa physionomie à la fois grave et douce dénotait une
longue habitude de la méditation. Cet homme de
Dieu était, lui aussi, un grand orateur ; quoique ses
qualités dominantes fussent loin d'être celles de
l'abbé Lacordaire, il n'attirait pas moins la foule
autour de sa chaire dans les rangs élevés du monde
parisien.

« Votre cœur, disait-il à ses auditeurs, est l'arène
où se débattent les intérêts du ciel et de la terre. »

Voilà pourquoi, quelle que fût la force de sa dialectique, l'éloquent apôtre s'adressait au cœur autant
qu'à la raison ; il cherchait à émouvoir plus encore
peut-être qu'à convaincre. Un de ses biographes le
peint bien, quand il dit que sa sainteté faisait partie
de son éloquence, qu'il parlait surtout par ses vertus
célestes, par sa foi ardente, que son action oratoire si
parfaite semblait n'être que le complément visible de
l'expression de cette foi.

Ozanam était un des plus grands admirateurs du
père de Ravignan, et professait pour lui une vénération sans bornes (1). Non content de suivre assidû-
ment ses conférences, il provoqua une réunion géné-

____

(1) Voir note 00.

rale de la société de Saint-Vincent de Paul, pour que
le bon père fût appelé à la présider. J'assistai à cette
réunion où brillait, çà et là, au milieu de nombreux
étudiants, l'uniforme de l'École polytechnique, cet
uniforme entouré, à juste titre, de tant de prestige ;
on y comptait déjà assez de notabilités de tout genre
engagées dans la paisible croisade de la charité catholique, pour qu'on pût se réjouir de voir se former,
en dehors de tous les systèmes politiques et philosophiques, un groupe compact d'hommes déterminés à
user de tous leurs droits de citoyens, de toute leur
influence de gens instruits, de toutes leurs études
professionnelles, dans le but d'honorer la religion en
temps de paix et de la soutenir en cas de lutte ; j'en ai
gardé des souvenirs qui ne sauraient s'effacer de ma
mémoire. J'ai devant les yeux, comme si c'était tout
récent, l'attitude pleine de noblesse et de dignité du
père de Ravignan, et l'air inspiré, le rayonnement
séraphique de son visage, lorsqu'à la fin d'une allo-
cution destinée à nous enflammer encore plus pour
le service des pauvres, il s'écriait en nous montrant
le ciel : « Nous nous reposerons là-haut. » Ce n'était
pas la voix d'un homme qui frappait alors nos oreilles ;
c'était la voix d'un ange. Je n'ai jamais éprouvé au
même degré la puissance du talent rehaussé par la
sainteté.

Ozanam se hâta de retourner à Lyon, dès qu'il eut
terminé son cours, et que sa liberté lui fut rendue.
Il n'avait cessé de se préparer, par de graves réflexions
et par de ferventes prières, au mariage qui l'atten-

dait, à l'auguste sacrement qui devait le lier jusqu'à
la mort, d'une manière indissoluble, à la femme de
son choix. « L'amour du chrétien, a dit un grand
prédicateur, est une fleur délicate et précieuse dont il
réserve, pour une fête unique, l'éclat, la grâce et le
parfum. » Tel était l'amour d'Ozanam que les mauvaises passions n'avaient point entamé, de ce jeune
homme si chaste, si ferme dans sa foi, si étranger à
ces folies de jeunesse pour lesquelles le monde a tant
d'indulgence, mais que la religion condamne sévèrement, parce qu'elle sait combien leurs conséquences
sont funestes, non seulement au point de vue indivi-
duel, mais encore au point de vue social. Ses sentiments les plus intimes se refléteront, avec toute la
poésie de son imagination, dans le tableau de cet
amour chrétien qu'il lui aura été donné de connaître
par sa propre expérience, quand il commentera le
Purgatoire de Dante.

Ozanam s'était d'avance pénétré des solennelles
obligations qu'il allait contracter en prêtant, devant
Dieu pris à témoin, le plus tendre, le plus doux, mais
aussi le plus inviolable des serments.

Le 23 juin 1844 est une date mémorable dans la
vie d'Ozanam. La cérémonie, après laquelle soupiraient
depuis plusieurs mois les deux familles et surtout les
deux fiancés, avait été fixée d'un commun accord à
cette date. On était alors dans la plus belle saison de
l'année, et la nature épanouie semblait prendre part
au bonheur des nouveaux époux. Laissons ce cher et
bon Frédéric décrire lui-même, en écrivant à un

de ses meilleurs amis, une cérémonie si touchante.

« Mercredi dernier, 23 juin, à dix heures du matin, dans l'église Saint-Nizier, votre ami était à genoux ; son frère aîné élevait à l'autel ses mains sacerdotales, et son jeune frère répondait aux prières liturgiques. A ses côtés vous auriez vu une jeune fille blanche et voilée, d'une piété angélique, et déjà, elle me permet de le dire, attendrie et affectueuse comme une amie. Plus heureuse que moi, ses parents l'entouraient, et cependant tout ce que le ciel m'a laissé de famille s'était donné rendez-vous près de moi dans cette grande circonstance, et mes anciens camarades, mes frères de la conférence de Saint-Vincent de Paul, remplissaient le chœur et peuplaient la nef. C'était un beau spectacle, et des étrangers que le hasard amenait, s'en sont trouvés émus. Quant à moi, je ne sais plus où j'étais ; je retenais à peine de grosses, mais délicieuses larmes, et je sentais descendre sur moi la bénédiction divine avec les paroles consacrées. »

La bénédiction divine, la première de toutes, n'était pas la seule qu'il reçût en ce moment : dans son extase religieuse, dans cette dilatation de son âme, il voyait son père et sa mère tendant du haut des cieux les bras à leurs enfants, qu'ils venaient de bénir à leur tour.

Nous lisons dans la même lettre :

« Depuis cinq jours que nous sommes ensemble, quelle sérénité dans cette âme que vous connaissiez si inquiète et si ingénieuse à se faire souffrir ! Je me laisse être heureux..... Le cours du temps n'est plus pour moi... Que m'importe l'avenir ? La félicité dans le présent, c'est l'éternité..... Je comprends le ciel..... Chaque jour, en me découvrant de nouveaux mérites dans celle que je possède, augmente ma dette de reconnaissance envers Dieu..... L'ange qui est venu à moi avec tant de grâce et de vertu, est comme une révélation nouvelle de la Providence dans mon obscure et laborieuse destinée. Je suis tout illuminé de plaisir intérieur... »

Il y a, en vérité, un charme ineffable dans ces épanchements d'une belle âme récompensée de sa chasteté par une telle ivresse, et l'on se surprend à jouir au fond du cœur de ses joies si pures.

Le père Lacordaire a exprimé un regret bien naturel de la part du chef de l'ordre de Saint-Dominique, qui renaissait alors sous le souffle vivifiant de sa foi d'apôtre : il eût désiré qu'Ozanam, cédant au divin attrait de la vie religieuse qui avait d'abord paru le séduire, s'enrôlât dans sa sainte milice, où il eût été capable d'occuper une des premières places, au lieu de s'engager dans les liens du mariage. Mais si la virginité vouée au service de Dieu est la plus ravissante des fleurs qui s'épanouissent sur la tige des vertus chrétiennes, rien, d'après les lois établies par Dieu même, n'est au-dessus de l'œuvre de celui qui contribue à perpétuer une famille animée de l'esprit religieux, une famille dans laquelle les sentiments pieux se transmettent comme un héritage de génération en génération: C'est par ces familles-là que vit toute société humaine ; elles constituent en quelque sorte le ciment de l'édifice qui, sans elles, croulerait sous le poids des iniquités du monde ; leur perpétuité est donc un grand bienfait de la Providence, et l'on sert, en y coopérant, d'instrument à ses desseins.

D'ailleurs, revêtu de la robe des Dominicains, Ozanam eût-il fait plus de bien qu'en exerçant son apostolat laïque dans une chaire de l'Université, et en plantant, d'une main ferme, le drapeau de la foi sur le champ de bataille de l'analyse et du doute ? Il est permis de ne pas le croire ; car son enseignement, toujours marqué au coin d'une sévère orthodoxie, toujours ramené, quel que fût son but immédiat, à l'apologie du christianisme, répandit et fit germer la bonne semence dans un milieu où la parole du prêtre ne pénétrait guère, où, dans tous les cas, elle n'était accueillie qu'avec défiance ; ce qui suffisait le plus souvent à la rendre impuissante. Ozanam est assurément le type achevé du professeur catholique, aimant à montrer la souveraine beauté de la religion pour faire désirer qu'elle soit vraie, avant de prouver qu'elle l'est, selon la méthode indiquée par Pascal ; il n'y a rien à regretter, en ce qui le concerne, si ce n'est que Dieu l'ait appelé à lui avant le temps (1).

Tant d'émotions succédant à tant de travaux avaient un peu ébranlé la santé si délicate d'Ozanam. Il souffrait d'une affection du larynx qui faisait craindre qu'il ne pût reprendre son cours à la rentrée ; il était donc urgent d'y porter remède. On lui conseilla les

(1) Voir note pp.

eaux minérales d'Allevard. C'est dans cette vallée
située sur les premières rampes des Alpes, au milieu
de toutes les grandeurs d'une nature gigantesque,
dans cette vallée transformée pour eux en paradis
terrestre, que les nouveaux mariés passèrent leur
lune de miel. Ces eaux salutaires, la beauté du séjour, de fréquentes excursions dans les environs, la
douceur infinie des soins qui furent tendrement prodigués au malade par une compagne bien chère, ne
tardèrent pas à produire une amélioration sensible,
et il fut décidé qu'Ozanam irait, accompagné de sa
jeune femme, compléter sa guérison sous le ciel clément de l'Italie, où il avait du reste à recueillir de
précieux documents pour ses études littéraires : l'utile,
qu'il ne perdait jamais de vue, devait se joindre à
l'agréable dans ce charmant voyage qui lui souriait
tant. C'était comme la continuation rêvée des enchan-
tements de la lune de miel à travers un pays inondé
de lumière, étincelant de poésie, que le prisme magique d'un amour partagé allait encore embellir davantage aux yeux des deux touristes.

M. et Mme Ozanam s'embarquèrent à Marseille
pour Naples. Voir Naples, et puis mourir ! dit un proverbe bien connu ; mais, en réalité, on ne saurait visiter cette terre privilégiée sans en rapporter un plus
ardent désir de vivre. Tel est l'effet ordinaire des
merveilles de la nature : elles attachent l'homme à la
vie en la lui offrant sous ses plus séduisants aspects.
Qui ne se complaît dans le souvenir de ce qui a excité
son admiration ? Nos voyageurs feront l'épreuve de

cette vérité d'une façon d'autant plus douce qu'à ce souvenir se mêlera celui de leurs premiers enivrements. La correspondance d'Ozanam, cette correspondance si intéressante, où j'aime beaucoup à puiser, parce que je l'y retrouve tel que je l'ai connu, témoigne de leur enthousiasme. Il écrit de Naples à ses frères :

« Voici dix jours écoulés depuis notre arrivée à Naples. Demain le bateau à vapeur nous emporte à Palerme. La longue suite de tableaux qui s'est déroulée devant nous, jusqu'à présent, dépasse toutes les conjectures de l'imagination. Ce golfe de Naples et les deux autres de Gaëte et de Salerne, tous trois si bien dessinés, tous trois déployant avec majesté les harmonieux contours de leurs rivages, de leurs promontoires et de leurs îles. Partout une végétation tropicale, les arbres verts et les plantes grasses, joints aux ombrages épais et à la fraîche culture des pays du Nord. Les vignes suspendues aux peupliers en festons innombrables, pour laisser place au-dessous à des récoltes plus modestes de millet et de maïs. Des bois d'orangers avec des buissons de myrtes et d'aloès. Puis, un ciel si pur, une lumière si transparente, que les formes des objets s'y découpent avec netteté et semblent plus voisines à l'œil trompé. Sur cette voûte toujours bleue un nuage blanc flotte du côté du midi : c'est la fumée du Vésuve, dont la masse imposante occupe le premier plan, tandis qu'à perte de vue l'horizon est fermé par la chaîne orgueilleuse de l'Apennin. »

Au tableau peint par le poète succèdent les réflexions du philosophe et de l'historien à qui appa-
raissent, sur cette scène si richement décorée, les diverses civilisations qui l'animèrent :

« Voilà, dit-il, aux confins de la Calabre, l'antique
Pestum. Ses temples annoncent, par la simplicité
grandiose de leur architecture sans ornements, la primitive époque des colonies grecques. C'est encore la
grossièreté des Étrusques, et c'est déjà l'art sévère
des Doriens ; surtout c'est l'ouvrage d'un peuple qui,
tout corrompu qu'il est, fait encore plus pour ses dieux
que pour ses magistrats ou ses histrions...

« Mais voici Pompéi, où les temples, réduits aux
plus mesquines dimensions, s'effacent devant la grandeur et l'opulence des habitations particulières. Cette
prodigieuse quantité de marbres, de mosaïques, de
peintures, cette variété infinie d'instruments, d'us-
tensiles, de meubles, d'ornements ciselés, sculptés
avec la plus grande délicatesse, tout cela montre à la
fois les raffinements d'un art avancé et d'un égoïsme
insatiable de jouissances. Le théâtre d'Herculanum,
dans sa sépulture de lave, m'a fait comprendre ce que
je ne m'étais jamais bien figuré, la mise en scène des
anciennes tragédies. Ce superbe édifice et le magnifique amphithéâtre de Pouzzoles, les immenses débris
des villas, des thermes, des piscines, des aqueducs,
sur la côte de Baïa, font ressortir le caractère dominant de l'architecture romaine qui ne fut jamais
grande que pour les lieux de plaisir ou les travaux
d'utilité matérielle. L'un et l'autre se trouvent réunis

au plus haut degré dans le palais de Tibère. à Capri, d'où l'œil du tyran pouvait planer en même temps sur les plus délicieux paysages du monde et sur toutes les tentatives de ses ennemis. Combien de milliers d'esclaves ont versé leurs sueurs pour construire, à cette hauteur presque inaccessible, ce palais témoin des turpitudes impériales !

« Telle était la destinée humaine à ce moment où la rédemption se préparait. Et, en effet, quelques années encore, et l'apôtre touchera au port de Pouzzoles. Ces lieux auront leur page dans le livre sacré : à la suite du premier évêque, plusieurs iront mourir dans les arènes où des trappes encore ouvertes laissent voir les cages des bêtes féroces. Nous avons baisé le sol inondé du sang de saint Janvier et de ses compagnons. Quelques jours auparavant nous étions descendus aux catacombes où furent recueillis leurs ossements. Comme on reconnaît, avec une respectueuse joie, dans ces galeries sépulcrales, les rendez-vous sacrés des premiers fidèles, l'emplacement de l'autel et du baptistère, et le lieu d'où la voix du prêtre se faisait entendre au peuple !

« L'Église ne restera pas longtemps ensevelie dans ces ténèbres funéraires. A la première aurore de liberté qui luit pour elle, l'Église se pare ; elle se couronne ; elle se donne de riches sanctuaires..... Que cette Italie renaissante du neuvième au treizième siècle était belle ! Quel énergique élan de foi, de génie ! En même temps que Naples secouait l'odieuse dépendance des empereurs grecs, toutes les **petites**

cités éparses sur la côte imitaient cet exemple, et ri-
valisaient de bravoure comme d'activité. Alors de
nombreux vaisseaux apportaient les richesses de
l'Orient aux habitants d'Amalfi, république puissante
qui comptait parmi ses plus chères conquêtes le corps
de l'apôtre saint André. Aujourd'hui nous l'avons
vue solitaire et dépeuplée, suspendue à ses rochers
pittoresques. Du haut du couvent des Capucins, nous
regardions, à la lueur de la lune, les flots jeter leur
blanche écume sur le rivage où jadis ils portaient tant
de gloire et de trésors. A Salerne aussi nous avons
vénéré la tombe de Grégoire VII qui vint y trouver
un dernier abri, lorsque seul il combattait pour la
liberté du christianisme et pour l'affranchissement de
la patrie italienne. »

Ozanam signale ensuite les traces des invasions et
des dominations étrangères qui se disputèrent les
Deux-Siciles.

« C'est à Capri, dit-il, le château de l'empereur Frédéric Barberousse rivalisant avec celui de Tibère ;
c'est à Naples, près la place du marché, dans l'église
Sainte-Croix, le billot sur lequel le dernier descendant de la dynastie allemande, Conradin, périt à seize
ans, par les ordres de Charles d'Anjou, frère de
saint Louis. Ce prince et ses successeurs ont élevé le
château dont les vieilles tours féodales dominent le
port. Le palais de la reine Jeanne éveille le souvenir
de cette femme sanguinaire qui, meurtrière de son
époux, perdit par ses crimes l'empire de la France
en Italie. Alors commence l'ascendant de l'Espagne :

d'opulentes fondations dans les monastères, des palais plus somptueux qu'élégants, les noms même de Médine et de Tolède, donnés aux rues de la ville, rappellent la dynastie castillane. »

C'est vraiment un cours d'histoire que ce récit du voyage d'Ozanam, qui nous montre le sceptre des Deux-Siciles tour à tour balancé entre des peuples rivaux, et ce pays déchiré par les armes de l'étranger. Ce mélange d'érudition et de descriptions poétiques lui donne non moins d'intérêt que de charme.

Dans une autre lettre, Ozanam résume les nombreux inconvénients qui faisaient qu'une excursion en Sicile ne pouvait être à cette époque une affaire d'agrément. La Sicile était alors en proie au brigandage.

« Partout, dit-il, sur notre passage, on ne parlait que de vols et d'assassinats; ils effrayaient sérieusement nos guides. Défense aux aubergistes de laisser partir les voyageurs avant le jour. De loin en loin des rassemblements de troupes pour intimider les bandits, et pourtant sans cesse de nouveaux crimes. »

M. et Mme Ozanam eurent le bonheur d'échapper aux Fra-Diavolo qui désolaient la contrée; mais ils durent se contenter de litières souverainement incommodes, de mauvaises auberges où l'on n'était pas même à l'abri de la pluie, d'une nourriture détestable qu'il fallait néanmoins chèrement payer.

De terribles ouragans, suivis de sinistres maritimes, leur firent jurer comme au bon Sancho de ne plus visiter que des îles de terre ferme, quoique leur traversée eût été heureuse. Toutefois ils étaient encore plus émerveillés qu'à Naples du spectacle que leur offrait cette nature africaine si différente de la nôtre ; les figuiers de Barbarie et les aloès gigantesques, formant une muraille infranchissable autour des jardins où venaient le cotonnier, le caroubier, le papyrus et la canne à sucre, où toutes les variétés du cédrat, du citron et de l'orange, se pressaient avec leurs fruits dorés ; les bords de la mer couverts de palmettes, le myrte et le laurier-rose en fleur le long des chemins ; enfin, de temps à autre, le grand palmier élancé dans les airs avec sa couronne de feuilles et les grappes de dattes suspendues au-dessous ; tout cela encadré dans le détroit de Messine ; au pied de l'Etna, dont le front était blanchi par la neige ; au fond du golfe de Palerme, dont les beautés sauvages effacent les beautés si vantées de Naples.

Mais un plus précieux dédommagement était réservé à Ozanam qui se proposait pour but l'étude d'abord, ensuite les hautes jouissances qui l'accompagnent. Il retrouvait dans cette île les vieilles mœurs, les vieilles traditions, la vieille langue de l'Italie ; elles s'y étaient réfugiées, et on ne les étudiait complètement que là. C'était surtout l'antiquité grecque, bien moins connue que l'antiquité romaine, qu'Ozanam allait chercher en Sicile, et son attente à cet égard ne fut pas trompée.

« Là, dit-il, les temples grecs sont debout et couronnés de leurs beaux portiques, mieux qu'à Athènes et à Thèbes... Nous avons admiré les remparts de Syra-

cuse, construits en pierres énormes superposées sans
ciment, les souterrains qui recélaient les vivres, les
munitions, les chevaux, la citadelle, le seul monument
grec de ce genre et de cette importance qui existe
encore. Nous sommes descendus dans les carrières
d'où ces masses énormes avaient été détachées, et où
les traces encore visibles du ciseau font connaître les
procédés hardis et laborieux des anciens ouvriers...
Mais notre plus profonde, notre plus solennelle impression, c'est celle que produisait la vaste étendue
de terrain occupée par la base d'édifices détruits et
par des tombes... Syracuse, longtemps rivale de Tyr
et de Carthage, est aujourd'hui assise dans le silence
et la solitude, comme ces cités coupables, maudites
par Isaïe et pleurées par Jérémie... Si affligeant que
soit ce tableau, il captive pourtant en même temps
qu'il accable; il est grandiose; il est instructif, et l'on
voudrait avoir assez de loisir et assez de larmes
pour y méditer les éternelles illusions de l'orgueil
humain (1). »

Mais c'est à Agrigente que se sont réalisés toutes
les espérances, tous les rêves d'Ozanam; car nulle
part le génie grec ne se révèle avec plus de pureté et
de splendeur. Là se rencontrent tous les progrès de
l'art, depuis l'austère nudité des premiers monuments
jusqu'à la parure quelquefois trop riche des derniers.
Non loin du temple de Jupiter Olympien, le plus
grand que l'architecture grecque ait jamais construit,

(1) Voir note *qq*.

jonchant la terre de ses pilastres abattus, s'élève une tour carrée du style le plus élégant pour immortaliser un cheval vainqueur aux jeux du cirque, les folies du génie à côté de ses grandes inspirations. Le sol qui porte tous ces prodiges, le sol sur lequel fut fondée Agrigente où s'agitait une population de huit cent mille âmes, est entièrement vidé à l'intérieur par des excavations qui se croisent en tous sens, travail colossal et dont le but est encore ignoré, ville souterraine et ténébreuse encore plus étonnante que celle qui se déployait si opulente à la face du soleil. »

Ozanam signale encore une série de bas-reliefs qui, passant par degrés de la grossièreté la plus barbare au mérite le plus achevé, présentent l'histoire entière de la sculpture. Il décrit un théâtre dont l'enceinte, bâtie avec un art si habile que la voix des acteurs se faisait entendre sans peine jusqu'aux rangs les plus éloignés, contenait trente mille personnes, où, en même temps que l'oreille pouvait ainsi s'enivrer de toutes les harmonies de la poésie et de la musique, on n'avait pas oublié le plaisir des yeux, l'horizon embrassant une perspective immense : d'une part, les rivages sinueux et les promontoires de la Sicile, le détroit et les dernières côtes d'Italie ; de l'autre, le volcan, le large cône et ses deux pentes chargées de verdure que traversent des courants de lave ; puis une mer azurée fuyant dans le lointain et allant baigner les rivages de la Grèce ; de telle sorte que chacun des flots qui venaient expirer là, semblait apporter aux colons un souvenir de la mère patrie.

Mais ce qui attirait plus particulièrement l'attention d'Ozanam, c'était la Sicile chrétienne; c'étaient les antiquités du christianisme dans cette île.

« On voit, dit-il, dans les catacombes de Syracuse, les pierres tumulaires des confesseurs et des martyrs, et au bout des longs et sombres corridors une basilique tout entière, probablement du second siècle, en forme de croix, l'autel, les images sacrées, la chaire où s'assit saint Martin, premier évêque ordonné par saint Pierre, la colonne où on l'attacha pour le faire mourir et le tombeau qui reçut ses dépouilles... La cathédrale de Montréal, et à Palerme, la chapelle du palais, toutes deux resplendissantes de mosaïques, alliant la légèreté des ogives gothiques à la gravité des formes byzantines, sont les types d'un art qui ne se retrouve pas ailleurs. Un culte filial conserve là et la foi et les mœurs des ancêtres. Rien n'est plus célèbre que les honneurs rendus à sainte Agathe, à sainte Lucie, à sainte Rosalie.

« Un soir, dans une jolie bourgade, au bord de la mer, après que l'*Angelus* avait sonné la clôture des églises, nous avons vu les habitants aller en procession aux portes fermées de chacune d'elles, saluer le Saint Sacrement d'un dernier hommage. D'autres fois nous avons rencontré à la table de quelque vénérable propriétaire une hospitalité toute patriarcale; ou bien, à notre passage dans un hameau, on nous entourait, on nous entraînait dans de pauvres maisons; on nous mettait de petits enfants sur les genoux pour avoir une bonne parole et des caresses.

Enfin, dans les monastères, nous avons trouvé des
hommes éminents et excellents, souvent une instruction qui me confondait, toujours une politesse qui en-
chantait Amélie. Longtemps elle reparlera des capucins de Syracuse et des bénédictins de Catane : hier,
à San-Pietro, un capucin à qui nous demandions
notre route, lui offrit un bouquet de roses. »

C'était une aimable courtoisie de la part du bon
religieux, une courtoisie bien faite pour émerveiller
Mme Ozanam ; mais, dans un autre pays, elle n'eût
peut-être pas osé se manifester avec tant d'expansion.
Cet abandon et cette candeur, sous l'austérité du
cloître, méritaient, en vérité, une mention particulière.

Ozanam ne pouvait quitter l'Italie sans être retourné à Rome, sans avoir montré à sa pieuse compagne la ville sainte, la ville éternelle, qui l'avait si
vivement impressionné à son premier voyage, et dont
l'illustre Alighieri disait : « Les pierres de ses murs
sont dignes de respect et le sol sur lequel elle est
assise, digne de plus d'honneurs que les hommes ne
sauraient le dire. » Ils y passèrent plusieurs jours
dans un enchantement perpétuel, au milieu de toutes
ses splendeurs anciennes et modernes, en présence
des pages d'histoire vivantes qui, là, surgissent en
quelque sorte à chaque pas. Ils prièrent ensemble au
tombeau des apôtres, sous les voûtes incomparables
de Saint-Pierre dont ils avaient contemplé avec saisissement le dôme éblouissant, à travers les ruines
des Thermes et des palais des Césars, le contraste
qu'ils avaient devant eux, leur offrant l'image de la

plus grande révolution qui ait été opérée dans le monde. Ils prièrent ensemble au pied de la croix de bois élevée dans ce Colysée vaincu par elle, où le sang des martyrs avait coulé à flots pour la régénération de l'humanité, mêlé au sang des gladiateurs pour l'amusement du peuple romain.

Après avoir visité les sept principales basiliques, ils pénétrèrent dans les entrailles de la Rome souterraine, ce débris véritable, ce témoin authentique des premiers temps du christianisme, d'où l'Église immortelle était sortie triomphante comme par l'effet d'une évocation d'en haut. Ils y remarquèrent, parmi les traces de la persécution, les peintures symboliques de Daniel dans la fosse aux lions, des trois enfants dans la fournaise, de la colombe de l'arche, du bon pasteur, qui consolaient les proscrits et soutenaient leur espérance défaillante, et, à côté d'elles, d'autres images empruntées au paganisme, mais adaptées aux nouvelles croyances, celle par exemple qui représentait le Christ sous les traits d'Orphée, comme si la belle figure du chantre de Thrace, attirant à lui les bêtes les plus farouches et les soumettant à son empire, avaient paru convenir au divin Sauveur dont la parole avait dompté les cœurs les plus rebelles. Ils ne virent pas sans émotion ces tombeaux pleins d'une poussière sacrée qui avaient servi d'autels pour la célébration des saints mystères.

L'accueil bienveillant du Souverain Pontife les combla de joie ; ils furent heureux de l'entendre parler avec amour de la France, restée la Fille aînée de

l'Église, et ils se sentirent fortifiés l'un et l'autre par
la bénédiction du Père commun des fidèles. « Ce que
le voyage de Sicile était pour l'antiquité, écrit Oza-
zam, le séjour de Rome l'est encore davantage pour
l'intelligence du christianisme. Une nouvelle vie cir-
cule dans ma pensée, et mes idées, un peu épuisées
par un épanchement précoce, se raniment et s'étendent. » Toutes les facilités lui avaient été données
pour voir les hommes et les choses dans une ville où
sa réputation l'avait depuis longtemps précédé, et ils
partirent aussi pleins de reconnaissance pour son
esprit hospitalier que d'enthousiasme pour ses magnificences.

A leur retour d'Italie, M. et Mme Ozanam s'arrêtè-
rent à Nîmes où nous avions des amis communs. Il
existait des relations d'amitié entre la famille Soulacroix et la famille du recteur de l'Académie du Gard,
homme distingué, très bon juge en matière littéraire,
qui appréciait à sa juste valeur le talent d'Ozanam, et
se réjouissait d'avoir l'occasion de connaître celui à qui
son collègue de Lyon avait confié l'avenir de sa fille.

Nîmes est sans contredit une des villes du Midi les
plus curieuses. Ses boulevards, ses promenades, ses
vieux monuments romains, mieux conservés que ceux
de Rome, lui impriment un cachet tout particulier
qui la fait aimer des touristes et surtout des archéo-
logues ; on la visite avec plaisir même après un voyage
en Italie, et c'est bien là ce qu'éprouvèrent M. et
Mme Ozanam ; ils flattèrent comme à l'envi mon
amour-propre de Nîmois.

En sa qualité d'historien habile à interroger les
ruines, Frédéric Ozanam ne se lassait pas d'admirer
ces précieux restes de l'antiquité qui, depuis la Tour-
magne jusqu'à la Porte de France, représentent une
civilisation si différente de la nôtre et donnent une si
haute idée de la grandeur romaine. Il s'extasiait devant ces Arènes encore empreintes de toute la majesté du peuple-roi, quoique fort endommagées par le
siège qu'y soutinrent au huitième siècle les Sarrasins
contre Charles Martel comme dans une forteresse;
devant cette Maison carrée, sanctuaire du temple
d'Auguste, qu'entourait jadis un double rang de colonnes entre lesquelles circulait le vulgaire profane;
chef-d'œuvre d'architecture où règne une si merveilleuse harmonie dans les proportions de toutes les
parties de l'édifice, où la couleur du temps et les
teintes chaudes du soleil méridional fondues ensemble
mettent en relief tant de grâce et d'élégance.

Il était impatient de voir Reboul, le poète-boulan-
ger, l'auteur de la touchante élégie intitulée *l'Ange et
l'Enfant,* dont les accents auront toujours de l'écho
dans le cœur d'une mère affligée. Je lui avais envoyé
plusieurs des poésies de cet excellent homme qui,
sentant « du ciel l'influence secrète » dans une position sociale où une pareille faveur ne se rencontre pas
souvent, ne dédaignait pas pour cela son humble
profession et semblait se plaire à nous offrir, dans les
armoiries de ses rêves, l'alliance originale du pétrin
et de la lyre; il m'écrivait en m'en remerciant :

« Deux choses principalement m'étonnent chez

votre Rebout, une énergie qui n'est pas de son siècle, et
un choix de style, une érudition habituelle, une abondance d'allusions savantes qui accuse des lectures
multipliées au-delà des rares loisirs d'une profession
manuelle... Recevez mon compliment sur la fécondité
poétique de votre pays. Les fleurs aiment le soleil, et
le génie s'épanouit plus brillant et plus fort sous le
climat du Midi, où la poésie prend facilement racine
et pousse de vigoureux rameaux. »

Le recteur de l'Académie du Gard avait prévenu les
désirs d'Ozanam à l'égard de Reboul, en invitant le
poète nîmois à un dîner où il voulut bien nous réunir. Je me souviens qu'un délicieux pâté, sorti de
l'officine d'un artiste culinaire qui a laissé un nom
dans le monde gastronomique, inspira à Ozanam un
joli mot : « Le pâté, dit-il, est la poésie du pain. »
Rien n'est plus vrai ; car, comme la poésie est une
des plus belles formes des manifestations de l'esprit
humain, le pâté est la quintessence de ce qui constitue
le fond même du pain, préparée, façonnée par l'art.

La soirée fut charmante. Ozanam nous raconta avec
entrain les singulières péripéties de son excursion en
Sicile, qui avait été féconde en incidents comiques.
Plus porté par caractère à la mélancolie qu'à la gaieté,
Frédéric n'était pas de ceux dont la présence suffit
pour animer une société : il avait quelque peine à se
mettre en mouvement ; mais, une fois lancé, il était
plein de verve ; sa conversation qui, sans être dépourvue d'attrait, avait ordinairement je ne sais quoi
de grave et de réservé, pétillait alors d'esprit. C'était

toujours un aimable causeur; c'était parfois un causeur étincelant. Il nous divertit ce soir-là par ses piquants récits; nous étions tous dans le ravissement en l'écoutant (1).

Ozanam eut ensuite avec Reboul un entretien plus sérieux; il lui parla, en poète et en chrétien, de ses beaux vers tout remplis de ces trois grandes choses, Foi, Espérance, Charité; il le félicita d'avoir compris qu'il fallait que la poésie, s'appuyant sur la religion, s'avançât à la tête des générations nouvelles et les guidât par ses chants vers une glorieuse éternité. Jamais deux hommes ne furent mieux faits pour s'entendre; ils joignaient l'un et l'autre à des sentiments élevés et à une intelligence d'élite une simplicité qui ajoutait à leur mérite, et le faisait encore mieux ressortir.

Cette soirée **resserra** entre Ozanam et Reboul les liens de leur mutuelle sympathie. Si Frédéric eût vécu, quand les concitoyens du boulanger nîmois lui érigèrent une statue sur la promenade la plus remarquable de la cité, en face du plus ancien de ses monuments, il eût applaudi de tout son cœur à cet hommage rendu par une ville entière au poète qui s'était, avant tout, servi des dons de Dieu pour le glorifier dans un sublime langage.

M. et Mme Ozanam terminèrent ainsi parmi nous leur voyage de noces. Ils allèrent, en nous quittant, s'installer définitivement à Paris. La jeunesse de

____

(1) Voir note *rr*.

Frédéric était finie ; une autre ère commençait pour lui. A partir de ce moment, je ne le revis qu'à de rares intervalles ; mais je ne cessai de le suivre avec le plus affectueux intérêt au milieu de ses succès littéraires et dans les diverses phases de sa noble existence.

M. de Falloux exalte en ces termes, dans les *Mémoires d'un royaliste*, le Père Lacordaire et M. de Montalembert, qu'Ozanam avait pris pour modèles :

« Le Père Lacordaire et M. de Montalembert remportèrent, l'un dans la chaire, l'autre à la tribune, un double triomphe : tous deux ont détruit le respect humain, autant que le respect humain peut être détruit ; tous deux ont substitué, pour beaucoup de nos contemporains, à un sentiment religieux vague et tiède, un catholicisme franc et militant. Le Père Lacordaire a fait entrer de la rue dans l'église, a conduit, du pied de sa chaire au pied de l'autel, les hommes, et l'on pourrait dire les classes, qui s'en tenaient systématiquement éloignés. M. de Montalembert a introduit dans l'éloquence politique, dans la presse, dans l'archéologie, des questions, des apologies du passé, des hardiesses envers le présent qui étaient sans exemple avant lui, qui font vivre encore de ses traditions ceux qui l'imitent de loin, en le méconnaissant et en l'insultant. Jamais erreurs et préjugés n'ont été serrés de plus près ; jamais siècle n'a été plus intrépidement contredit, plus énergiquement rappelé au retour sur lui-même, aux repentirs historiques, aux réparations publiques que ne le fut le dix-neuvième siècle par deux de ses fils qui lui avaient

voué un attachement sincère, mais qui faisaient passer par-dessus tout les devoirs et même les sévérités
de l'apostolat ecclésiastique et laïque. »

Après ce magnifique éloge de deux hommes que la
France compte aujourd'hui au nombre de ses gloires,
M. de Falloux énumère les infatigables lieutenants
de ces illustres capitaines dans le bon combat, et il
met au premier rang Frédéric Ozanam.

Certes, c'était un beau rôle que celui d'auxiliaire
des plus vaillants héros de l'armée catholique; mais
cette qualification ne saurait suffire, quelque honorable qu'elle soit, pour bien caractériser l'action
qu'Ozanam a exercée. Personne n'a contribué plus
que lui à dompter le respect humain parmi les jeunes
gens. C'est au sein de la jeunesse des écoles que son
influence s'est fait sentir d'une manière souveraine,
que ses exemples ont porté les plus heureux fruits,
en apprenant à cette jeunesse non seulement à confesser hautement sa foi, mais encore à pratiquer résolument, sans fausse honte, tous les divins préceptes,
et surtout le grand précepte de la charité sous l'inspiration de l'amour des pauvres allumé à l'amour de Dieu.
Voilà ce qu'il faut d'abord reconnaître, si l'on veut
rendre pleinement justice à Frédéric Ozanam, autour
duquel il y eut toujours un si large courant de sympathie. Il a eu l'honneur d'ouvrir la voie où tant de
jeunes âmes ont trouvé le salut dans l'âge des passions ; c'est assurément le plus beau de ses titres, et
celui-là date de sa vingtième année. Je ne conçois
pas de mission supérieure à celle qu'Ozanam accom-

plit dans ce dangereux printemps de la vie où le sang
fermente dans l'homme comme la sève dans la plante,
où tout concourt à nous entraîner vers le mal, où
les choses de la terre nous préoccupent bien plus, en
dépit de nos meilleurs instincts, que les choses du
ciel; il n'en est pas de plus glorieuse, si on la considère en elle-même; il n'en est pas de plus féconde en
bienfaits pour la société.

Cette mission, si bien remplie dans de telles conditions, est précisément ce qui distingue Frédéric
Ozanam des autres artisans du mouvement religieux
de l'époque, et j'ose affirmer qu'au point de vue des
résultats obtenus, dans cette pléiade d'hommes éminents qui, avec quelques divergences d'idées, eurent
un but commun, l'expansion de la foi, de la charité
par le prosélytisme du zèle sous la bannière de la
liberté, aucun n'est au-dessus de lui (1). Il fut sans
contredit un des plus actifs pour le bien.

Arrivé au terme de ma tâche, je ne peux me défendre d'une profonde tristesse, quand je songe qu'il
s'écoula moins de douze ans depuis que nous nous
séparâmes à Nîmes jusqu'à la fin prématurée de ce
saint ami. Dans ce court espace de temps son talent
grandit tous les jours comme son autorité morale.
Où se serait arrêté un tel essor, sous l'impulsion d'une
belle âme, si le fatal dénouement n'eût pas été si
prompt? Ozanam n'avait que quarante ans, quand la
mort vint le terrasser; ses facultés étaient alors dans

(1) Voir note *ss.*

tout leur éclat ; rien ne le prouve mieux que le dernier écrit émané de sa plume : *Un Pèlerinage au pays du Cid*, pays où il avait vu en quelque sorte le poème de l'Espagne héroïque et sacrée. Dans ce chef-d'œuvre d'un écrivain qui, pénétrant les secrets de l'ancienne Germanie, les avait racontés comme s'il eût été contemporain des Barbares ; qui, mêlant à de savantes dissertations de populaires légendes, avait retracé avec non moins de sagacité les débuts et les premiers progrès du christianisme chez les Francs, ces serviteurs préférés de la Providence ; qui, après avoir expliqué, commenté Dante en philosophe, avait interprété les vers mystiques et naïfs de saint François d'Assise comme un franciscain du treizième siècle (1) ; dans ce véritable chant du cygne, il y a des pages admirables où le style brille autant que la pensée.

J'ai déjà été amené, en parlant de l'enthousiasme d'Ozanam pour les beautés de la nature dans nos promenades aux environs de Lyon, à citer une de ces pages, dans laquelle les montagnes et la mer sont si bien dépeintes qu'elles arrachent au lecteur, comme si elles étaient devant lui, ce cri de l'âme : « De tous les poètes, Dieu est le plus grand. » Je ne saurais résister au plaisir de citer encore celle qui renferme son invocation à Notre-Dame de Burgos, où le sentiment chrétien semble avoir reçu, de la prévision d'une mort prochaine, une éloquence nouvelle et une nouvelle grandeur.

(1) Voir note *tt*.

« J'ajouterai, dit-il, Burgos aux lieux où mon esprit retourne avec un charme infini, surtout quand l'heure présente est triste et l'avenir inquiet, à ces pèlerinages de ma pensée qui me consolent quelquefois du pèlerinage douloureux de la vie. Souffrez donc que j'embrasse d'un dernier regard la cathédrale, que je m'agenouille dans le radieux sanctuaire, devant la Vierge du retable, et si la prière d'un catholique vous scandalise, ne m'écoutez pas.

« O Notre-Dame de Burgos, qui êtes aussi Notre-
« Dame de Pise et de Milan, Notre-Dame de Cologne
« et de Paris, d'Amiens et de Chartres, reine de
« toutes les grandes cités catholiques, oui vrai-
« ment, « vous êtes belle et gracieuse », *Pulchra es
« et decora*, puisque votre seule pensée a fait des-
« cendre la grâce et la beauté dans ces œuvres des
« hommes. Des barbares étaient sortis de leurs fo-
« rêts, et ces brûleurs de villes ne paraissaient faits
« que pour détruire. Vous les avez rendus si doux,
« qu'ils ont courbé la tête sous les pierres, qu'ils se
« sont attelés à des chariots pesamment chargés,
« qu'ils ont obéi à des maîtres, pour vous bâtir des
« églises. Vous les avez rendus si patients qu'ils
« n'ont pas compté les siècles pour vous ciseler des
« portraits superbes, des galeries et des flèches. Vous
« les avez rendus si hardis que la hauteur de leurs
« basiliques a laissé bien loin les plus ambitieux
« édifices des Romains, et en même temps si chastes
« que ces grandes créations architecturales, avec leur
« peuple de statues, ne respirent que la pureté et

« l'immatériel amour. Vous avez vaincu jusqu'à la
« fierté de ces Castillans qui abhorraient le travail
« comme une image de la servitude. Vous avez dé-
« sarmé un grand nombre de mains qui ne trou-
« vaient de gloire que dans le sang versé ; au lieu
« d'une épée, vous leur avez remis une truelle et un
« ciseau, et vous les avez retenus pendant trois cents
« ans dans vos ateliers pacifiques. O Notre-Dame !
« Que Dieu a bien récompensé l'humilité de sa ser-
« vante ! Et, en retour de cette pauvre maison de
« Nazareth où vous aviez logé son fils, que de riches
« demeures il vous a données (1) ! »

C'est d'une main affaiblie par une longue maladie
contre laquelle l'art et le dévouement furent impuis-
sants qu'Ozanam écrivit cette invocation partie du
fond de son âme ; la sainte ardeur qui l'animait, entretenait, malgré ses souffrances, sa vigueur intellectuelle et la mettait à l'abri de toute atteinte. Sur son
lit de douleur, où la prière, cette ascension de l'esprit
vers Dieu, à laquelle il avait recours comme au remède le plus efficace, lui donnait le courage de tout
supporter avec une patience inaltérable, il avait celui
de se surmonter pour adresser à un ami d'enfance
qu'il savait tourmenté par les angoisses du doute,
une remarquable exposition de la doctrine catholique (2).

Il avait fait des psaumes de David sa lecture favorite. Il traduisait de préférence les versets où les

(1) Voir note *uu*.
(2) Voir note *vv*.

plaintes sublimes, les élans d'espérance, les supplications pleines d'amour s'appropriaient à ses épreuves
et à ses aspirations. De là est né le *Livre des Malades*
publié par sa veuve.

Sa chère société de Saint-Vincent de Paul était sans
cesse présente à son esprit, et il prenait plaisir à s'occuper d'elle. Il recommandait, quelques mois avant
de mourir, qu'on formât des conférences dans les
maisons d'éducation. Il pensait qu'on ne pouvait commencer trop jeune l'apprentissage de la charité, qu'il
fallait que nos enfants fussent habitués de bonne heure
à voir de près les déshérités du monde, eux qui en
sont les privilégiés, à aimer tout ce qui souffre, eux à
qui tout sourit ici-bas ; il voulait que leur âme fût au
plus tôt ouverte à la pitié pour la misère, qu'on leur
enseignât le devoir de la secourir, et qu'on les initiât,
en les accoutumant à le pratiquer, aux ineffables
jouissances que procure l'assistance fraternelle, quand
elle est accompagnée de l'aumône du cœur (1).

Le 23 avril 1853, jour anniversaire de sa naissance,
en proie à un mal mortel, il jetait un regard sur le
passé, et, en rendant grâces à Dieu des bienfaits dont
il avait été comblé, il se livrait à cet épanchement de
piété filiale qui confirme d'une façon si attendrissante
tout le bien que j'ai dit de son père et de sa mère :

« Je repasse mes années devant vous, Seigneur,
avec reconnaissance. Quand vous m'enchaîneriez sur
un lit pour les jours qui me restent à vivre, ils ne me

____

(1) Voir note *xx*.

suffiraient pas pour vous remercier des jours que j'ai
vécus. Ah ! si ces pages sont les dernières que j'écris,
qu'elles soient un hymne à votre bonté ! Vous m'avez
fait, avant ma naissance, le plus grand de vos dons,
en formant le cœur de ma mère. Il vous a plu de façonner vous-même cette sainte femme, afin qu'elle
me portât dans ses flancs. J'ai appris sur ses genoux
votre crainte et dans ses regards votre amour. Vous
avez aussi conservé l'âme chrétienne de mon père. En
passant par les révolutions, par les camps, par les
adversités, il avait gardé la foi, un noble caractère,
un grand sentiment de justice, une infatigable charité pour les pauvres... Ajoutez qu'il aimait la science,
les arts, le travail, qu'il savait le latin, comme nous
autres, professeurs, nous ne le savons plus.

« Vous avez de plus donné, ô mon Dieu, à ces bons
parents le secret de bien élever leurs fils. Au milieu
de ses fatigues, put-on jamais accuser mon père de
négliger nos études ? Notre mère manqua-t-elle de
patience, de douceur, et cependant de fermeté ? Elle
tenait toujours le frein, et pourtant nous ne sentions
jamais sa main peser sur nous. Elle nous gouvernait
par la confiance, par l'honneur. Aurais-je osé lire
la page qu'elle me défendait dans un livre tout en me
le laissant sur ma parole ? Pendant mon séjour à
Paris, elle ne me perdit pas de vue ; elle sut par
d'exacts renseignements tout ce que je faisais ; mais
je ne m'en doutai jamais ; je me croyais libre, et je
ne m'en trouvais que plus lié. Si un jour ma fille
élève des fils, qu'elle imite cette conduite. C'est ainsi

qu'on inspire des sentiments généreux, qu'on donne
des ailes à l'âme, et qu'on l'habitue à se porter au
bien par un essor dont elle est fière, au lieu de l'y en-
chaîner par les liens d'une surveillance, d'une servitude humiliante qu'elle a hâte de secouer. »

Toutes les mères peuvent puiser là d'utiles leçons
pour l'éducation de leurs enfants.

C'est ainsi que Frédéric Ozanam se préparait au
moment suprême qui s'approchait à grands pas. Sa
mort eut la sérénité de sa vie, et fut, comme elle, un
merveilleux enseignement. Frappé dans la force de
l'âge, il éprouva d'amers regrets, quand tout espoir
de guérison s'évanouit ; car il laissait, en mourant,
une femme adorée et bien digne de l'être, une ravissante enfant qui faisait sa joie et son orgueil, petite
fleur fraîchement éclose dont il lui était dur d'abandonner la douce culture (1) ; il laissait des travaux
inachevés, des études longtemps caressées avec délices et maintenant à jamais interrompues.

Mais, lorsque, soumis à la volonté de Dieu, il eut
consommé moralement son sacrifice en y apportant
la plus noble résignation, la mort ne lui apparut plus,
entre les ombres de la terre et les rayons du ciel, que
comme l'aurore d'un beau jour qui ne devait pas finir.
Soutenue par la foi au milieu des cruels déchirements
de son cœur, « celle qui fut Béatrix » pour cet admi-
rateur passionné de Dante, recueillit le dernier soupir
de l'époux tendrement aimé qu'elle avait le malheur

______

(1) Voir note *yy*.

de perdre après quelques années d'un bonheur sans
mélange, d'un bonheur fondé sur cet accord si parfait, cette harmonie si exquise que j'appellerai l'unisson chrétien (1). Sous les ailes de l'ange de la charité
qu'il avait toujours eu pour guide pendant sa vie,
Frédéric Ozanam comparut devant le Souverain Juge,
escorté en quelque sorte de toutes les âmes qu'il avait
sauvées en les ramenant à Dieu, de tous les pauvres
qu'il avait soulagés et consolés : quel riche cortège
pour une telle comparution ! Le concert de bénédictions que ce cortège dut faire entendre, fut sans
aucun doute le plus éloquent de tous les plaidoyers en
faveur de celui à qui elles s'adressaient ; la religion
nous révèle la puissance d'une pareille intervention.

Dans un discours prononcé par Ozanam au Cercle
catholique de Paris, où il présidait une nombreuse
assemblée, je lis ces belles paroles auxquelles on ne
saurait trop applaudir :

« Tous les jours nos amis, nos frères, se font tuer
comme soldats ou comme missionnaires, sur la terre
d'Afrique ou devant les palais des mandarins. Que
faisons-nous pendant ce temps-là ? Croyez-vous donc
que Dieu donne aux uns la tâche de mourir au service
de la civilisation et de l'Église, aux autres celle de se
coucher sur des roses ? Ah ! Messieurs, travailleurs
de la science, gens de lettres chrétiens, montrons que
nous ne sommes pas assez lâches pour croire à un
partage qui serait une accusation contre Dieu qui

(1) Voir note zz.

l'aurait fait, et une ignominie pour nous qui l'accepterions. Préparons-nous à prouver que, nous aussi, nous avons nos champs de bataille *où parfois l'on sait mourir.* »

Ozanam avait prouvé à son tour qu'*il savait mourir*. Son champ de bataille à lui, c'était sa chaire ; il y avait sacrifié sa vie ; il tombait victime de son zèle pour l'accomplissement d'un devoir ; il tombait comme le soldat tombe au champ d'honneur ; il avait lutté contre la maladie avec toute l'énergie d'une âme ardente mal servie par une constitution frêle et délicate que les veilles avaient épuisée, et il succombait glorieusement dans cette lutte, aux yeux de tous ceux qui connaissaient la vraie cause de sa funeste issue. Quoiqu'il n'eût pas eu le temps de « remplir tout son mérite », selon le mot du cardinal de Retz, on comprit que les lettres et la religion venaient de faire en sa personne une perte immense, et le deuil fut universel.

Je ne reviendrai pas sur ce que j'ai dit, dans l'*Avant-Propos*, des hommages rendus à la mémoire de Frédéric Ozanam par les hommes les plus distingués et par l'Académie française elle-même ; mais il en est de moins éclatants qui ne sont pas pour cela moins significatifs et que je me reprocherais de n'avoir pas mis ici en lumière.

Je n'ai rien lu de plus touchant que la correspondance de l'abbé Perreyve qui semblait avoir hérité de l'onction et de la suavité de saint François de Sales ; elle a quelque chose des parfums qu'exhale celle

d'Ozanam ; elle est comme embaumée de l'amour de
Dieu et de l'amour des pauvres. L'abbé Perreyve
avait habité, à Lyon, pendant son enfance, la même
maison qu'Ozanam ; nul n'était enthousiasmé plus
que lui de son talent et de ses vertus. Un heureux
hasard les réunit aux Eaux-Bonnes, quand Ozanam
y fut envoyé par les médecins. Il y avait entre eux
tant de traits de ressemblance qu'ils se lièrent bien
vite de la plus étroite amitié : hélas ! ils devaient se
ressembler jusque dans la mort ; car Dieu n'a pas
accordé de plus longs jours à l'abbé Perreyve qu'à
Frédéric Ozanam ; il lui a plu de le moissonner dans
sa fleur. Dès qu'il apprit la fatale nouvelle, l'abbé
Perreyve s'empressa d'écrire à Mᵐᵉ Ozanam la lettre
suivante qui porte évidemment le cachet de l'éloquence
du cœur :

« Permettez-moi de venir déposer, au pied de cette
tombe si chère, ma part de regrets et de douleur. Je
ne vous dirai pas si ces regrets sont profonds, si cette
douleur est sincère ; vous ne pourriez en douter sans
me croire bien ingrat. Dieu sait, madame, que je lui
ai demandé du fond de mon cœur d'accepter les jours
inutiles de ma vie en échange de quelques jours de
plus d'une vie si précieuse. Cette pensée m'avait rempli de foi ; j'avais cru qu'une destinée soutenue par
de telles prières ne pourrait s'évanouir... La Providence avait ses desseins... Parmi les âmes dont Dieu
a voulu entourer ma jeunesse, celle-là était ardem-
ment aimée. Le jour où j'avais senti en elle quelque
amitié pour moi, j'en avais remercié le ciel comme du

plus beau présent qu'il pût me faire. Dès ce moment, j'en avais connu la valeur, et je n'ai jamais passé une heure en sa chère compagnie sans prendre bien soin d'en jouir, comme si j'avais prévu le petit nombre de ses jours et leur rapide fin.

« Quelle vive affection était née dans mon âme pour lui, après ce beau soir où, lui ayant confié mes projets d'avenir, j'en reçus des paroles et des embrassements qui vivent encore en moi ! Sa sympathie m'avait transporté de joie et d'espérance ; j'en avais pleuré une grande partie de la nuit. Ce sont là de ces heures qu'on ne peut oublier, ni les cœurs choisis de Dieu pour les rendre si belles.

« Oui, je l'aimais beaucoup ; mais la mort n'a rien fait à cet égard ; elle n'a pu rompre les liens qui unissent une âme immortelle aux âmes qu'elle aime immortellement. Les élans de nos cœurs la suivront où elle vit immédiatement auprès de Dieu. C'est là que nous la consulterons encore ; c'est là que nous apprendrons d'elle les secrets d'une charité puissante et modeste, que nous irons lui demander les inspirations de cette science chrétienne qui cherche et qui aime Dieu jusqu'au martyre. Puisse ma prière être entendue ! Puissé-je, dans ma vie de prêtre, retrouver seulement quelques-unes des vertus de son apostolat ! »

Qui ne serait attendri par une telle oraison funèbre ! Mme Ozanam n'est pas la seule à qui elle ait fait verser des larmes.

Dans les autres lettres de l'abbé Perreyve, le souvenir d'Ozanam revient souvent. Il écrit au Père Lacordaire : « Toute l'éducation de mon esprit et de mes idées m'est venue de vous et de M. Ozanam ; je me réjouissais de voir son nom s'élever devant le siècle porté par votre nom. »

S'il passe à Marseille, l'abbé Perreyve ne manque pas d'aller en pèlerin, plein de vénération pour Frédéric Ozanam, prier dans la chambre où il avait expiré en arrivant d'Italie, au milieu de sa famille en pleurs et de plusieurs de ses confrères de Saint-Vincent de Paul agenouillés autour d'elle. C'était comme un culte de respect et d'amour.

Mme la comtesse de Flavigny a eu la bonne pensée de composer un recueil de prières et de méditations avec des extraits de nos meilleurs écrivains et des plus grands saints du christianisme. Elle a voulu mettre entre les mains des fidèles un livre de piété où les vérités de la religion, les préceptes de l'Évangile, fussent présentés sous une forme parfaite, où Dieu fût glorifié dans un langage digne de lui ; elle a merveilleusement réussi : cette collection de morceaux choisis de littérature sacrée fait l'effet d'un chœur de beaux génies unissant leurs voix pour chanter les louanges du Très Haut et célébrer ses bienfaits. Ce livre renferme des conseils pour toutes les situations de la vie, des remèdes pour tous les maux de l'âme, du baume pour toutes les plaies morales. Là, le nom d'Ozanam se trouve mêlé à ceux de saint Augustin, de saint Bonaventure, de Bossuet, de Fénelon, et de tant d'autres non moins illustres. Les pages qui lui appartiennent, ne le cèdent nullement à la plupart de celles

qui les précèdent ou les suivent ; elles sont empruntées à la triste période de sa maladie.

« Il y a bientôt trois mille ans qu'un roi improvi-
sait, dans des jours de désolation et de repentir, ces
Psaumes qui répondent à tous les besoins, à toutes
les détresses de la nature humaine, et nous y trouvons encore l'expression de nos angoisses et la consolation de nos maux. Il est de l'office du prêtre de les
répéter chaque jour, et de nombreux monastères ont
été fondés pour que cette voix suppliante ne se tût
jamais... Quelle meilleure préparation à la mort
qu'une longue maladie et beaucoup de bonnes œuvres ? Pour moi, quand je vois des chrétiens éprouvés
par ces maux lents et cruels, je me figure des âmes
qui font leur purgatoire en ce monde, et qui ont droit
à la pitié respectueuse que nous devons aux justes de
l'Église souffrante. Ah ! si Dieu veut accepter, pour
l'expiation de leurs péchés, ces peines supportées ici-
bas, qu'ils sont heureux de s'être purifiés à ce prix
par des douleurs infiniment au-dessous de celles de
l'autre vie, au milieu des affections de la famille,
auprès d'une femme qui s'épuise de tendresse et de
bons soins, avec de joyeux enfants qui ramèneraient
le sourire sur les lèvres les plus désolées ! Souffrir
ainsi deux ans, dix ans même, et ensuite entrer de
plain-pied dans la paix du ciel, ne serait-ce pas la plus
enviable destinée ? *Il est écrit, mon Dieu, que je dois
faire votre volonté, et j'ai dit : Je viens, Seigneur* (1). Je

(1) Ps. XXXIX, 10, 11.

viens, si vous m'appelez, et je n'ai pas le droit de me plaindre. Que les miens ne se scandalisent point, si vous ne faites pas aujourd'hui un miracle pour me sauver. Peut-être, Seigneur, vous les exaucerez d'une autre manière. Vous me donnerez le courage, la résignation, la paix de l'âme, et ces consolations inexprimables qui accompagnent votre présence réelle. Vous me ferez trouver dans la maladie une source de mérites et de bénédictions, et ces bénédictions, vous les ferez retomber sur ma femme, sur mon enfant, sur tous les miens, à qui mes travaux eussent peut-être moins servi que mes souffrances.

« Je sais que mon mal est grave, et que je puis ne pas guérir ; mais je m'efforce de m'abandonner avec amour à la volonté de Dieu, et je dis : « *Je veux ce que vous voulez ; je veux comme vous voulez ; je veux, parce que vous voulez* (1). »

Voilà ce que lisent tous les jours des milliers de chrétiens dans cet excellent livre où ils s'imprègnent de l'esprit de Dieu. Je ne doute pas que l'hommage qu'a rendu à Ozanam Mme la comtesse de Flavigny en l'associant dans son œuvre à tant de grandes illustrations, ne soit, de tous les hommages qu'il a reçus, celui auquel il a été le plus sensible ; car toute sa vie il fut consumé du désir de contribuer à la propagation de la foi et de la charité, et rien assurément ne saurait lui être plus doux que de voir son action s'exercer encore après sa mort d'une manière continue. Telle

____

(1) *Imitation de Jésus-Christ.*

est la récompense des écrivains qui se sont voués à la
défense du vrai, du beau et du bien ; leur salutaire
influence ne se borne pas au temps présent ; elle
s'étend dans un avenir indéfini. C'est cette récompense qu'Ozanam a le plus ambitionnée dès sa jeunesse, et celle-là lui a été largement accordée.

Le testament de Frédéric Ozanamachève son portrait : qui ne s'est point lui-même, comme à son insu,
dans l'expression de ses dernières volontés ? C'est
pourquoi je reproduis les principales dispositions de
ce testament :

« Je remets mon âme à Jésus-Christ, mon Sauveur.
Effrayé de mes péchés, mais confiant dans l'infinie
miséricorde, je meurs au sein de la religion catholique, apostolique et romaine. J'ai connu les doutes
du siècle ; mais toute mon existence m'a convaincu
qu'il n'y a de repos pour l'esprit et pour le cœur que
dans la foi de l'Église et sous son autorité. Si j'attache
quelque prix à mes longues études, c'est qu'elles me
donnent droit de supplier tous ceux que j'aime de
rester fidèles à une religion où j'ai trouvé la lumière
et la paix.

« Ma prière suprême à ma famille, à ma femme, à
mon enfant, à mes frères et beaux-frères, à tous ceux
qui naîtront d'eux, c'est de persévérer dans cette foi,
malgré les humiliations, les scandales, les désertions
dont ils seront témoins.

« A ma tendre Amélie, qui a fait le charme de ma
vie, et dont les soins si doux ont soulagé, depuis un
an, toutes mes souffrances, j'adresse des adieux

courts comme toutes les choses de la terre. Je la remercie, je la bénis, et je l'attends. Je donne à mon
enfant la bénédiction des patriarches, au nom du
Père, du Fils et du Saint-Esprit. Il m'est triste de ne
pouvoir travailler plus longtemps à sa chère éducation ; mais je pars tranquille en la confiant à sa vertueuse et bien-aimée mère. »

Ensuite Ozanam fait un legs à la société de Saint-
Vincent de Paul, legs modique comme sa fortune, et
il manifeste le regret de ne pouvoir donner davantage
à cette société pour laquelle il avait un si vif attachement. Enfin il ajoute :

« Je remercie encore une fois ici tous ceux qui
m'ont rendu service. Je demande pardon de mes
vivacités, et de mes mauvais exemples. Je sollicite
les prières de tous les miens, de mes confrères en
Saint-Vincent de Paul, de mes amis de Lyon...
Ne vous laissez pas ralentir par ceux qui vous
diront : *Il est au ciel.* Priez toujours pour celui qui
vous aime beaucoup, mais qui a beaucoup péché.
Aidé de vos supplications, chers bons amis, je quitte-
rai la terre avec moins de crainte. J'espère fermement
que nous ne nous séparerons pas ; je reste avec vous
jusqu'à ce que vous veniez avec moi. »

Ozanam est là tout entier avec sa foi, son humilité,
sa charité, sa bonté naturelle, avec sa science même,
dont le souverain Maître était le principe et la fin,
avec cette science éclairée par le divin flambeau, qui
n'avait fait que fortifier en lui les pieuses croyances
qu'il dut d'abord à sa mère.

En résumé, chez Frédéric Ozanam, l'homme, l'apôtre, le professeur et l'écrivain se confondent dans une harmonieuse unité. Si à la gloire véritable qu'il s'est acquise, à plus d'un titre, parmi les catholiques, vous joignez le « murmure d'estime » qui ne cessa de s'élever des rangs de ses adversaires, « le respect tendre, l'admiration recueillie » que, dans les camps opposés au sien, il sut inspirer à tous, vous avez une des plus pures renommées devant lesquelles puissent s'incliner « les bons esprits et les bons cœurs » (1).

Ce Vauvenargues chrétien aima d'un religieux amour la jeunesse de son temps et fut aimé d'elle autant que vénéré. Il fit comprendre à l'élite de cette jeunesse la nécessité du sacrifice de soi-même pour le soulagement des misères d'autrui. Elle écouta sa voix éloquente, et n'hésita pas à le suivre dans l'exercice incessant d'un dévouement qui le rendait cher aux pauvres. C'est là, je ne saurais trop le répéter en finissant, ce qui assure à Ozanam, plus encore que ses œuvres littéraires, l'immortalité du souvenir. La fondation de ces conférences charitables, devenues si nombreuses et si populaires que, selon Louis Veuillot, il n'y a pas pour elles d'éloge plus grand que leur nom, sera toujours considérée comme son plus bel ouvrage, grâce au rôle prépondérant qu'eut dans leur institution sa généreuse initiative.

De pareilles renommées sont destinées à durer tant qu'il y aura de nobles âmes dans le monde, des âmes

(1) Voir note *aaa*.

éprises de l'idéal, de cet idéal qui fut la passion constante de mon saint ami, et dont la complète réalisation est le couronnement de la vertu dans le sein de Dieu.

Quant à moi, je ne pense jamais à Frédéric Ozanam sans que je me sente plus porté, malgré les humbles recommandations de son testament, à l'invoquer qu'à prier pour lui. L'auréole de sainteté qui l'entourait à mes yeux, quand il vivait, n'a rien perdu de son éclat. Je crois le voir dans le ciel, entre saint Vincent de Paul et saint François de Sales, occupant la place qu'ils avaient gardée pour leur fidèle disciple. Je ne suis pas moins enclin aujourd'hui qu'autrefois à fléchir le genou au pied de l'autel qu'il m'est doux de me représenter paré de son image, et cette piété si sincère, qui a déjà subi l'épreuve de bien des années, conservera toute sa ferveur jusqu'à mon dernier jour (1).

(1) Voir note *bbb*.

NOTES

Note *a*, page **v**. — Ce que je dis ici de cette nation généreuse, qui de nos jours a été cruellement éprouvée par le malheur, n'est, en quelque sorte, que la traduction d'un vieil adage latin parfaitement approprié aux événements qui s'y rapportent, de cet adage si beau dans sa concision : *Gesta Dei per Francos*.

Note *b*, page **x**. — En 1843 et 1844, Ozanam avait été professeur de rhétorique au collège Stanislas, tout en suppléant M. Fauriel à la Sorbonne. Son successeur prononça son panégyrique à la distribution des prix, qui suivit sa mort. L'orateur dit, dans ce discours, que les intelligences les plus rebelles ne résistaient pas à son action, que parmi les élèves chez qui il savait éveiller le sentiment de l'admiration littéraire, il n'y avait pas d'indifférents, que tous l'adoraient, et que la salle presque entière redoubla pour être plus longtemps avec lui. Quand il recueillit, à titre définitif, l'héritage de M. Fauriel, ils furent unanimes pour adresser au ministre de l'instruction publique une requête dans laquelle ils le suppliaient d'autoriser leur cher maître à rester, contrairement à l'usage, titulaire de deux chaires, l'une au Collège, l'autre à la Faculté. Cette démarche, qui honore à la fois élèves et professeur, ne pouvait réussir ; mais comme elle met bien en relief et la bonté d'Ozanam et l'autorité que cette bonté lui donnait autant que son talent !

Note *c*, page **xiv**. — C'est au concours des amis et des admirateurs d'Ozanam qu'est due la publication de ces œuvres complètes. La liste des souscripteurs, où se trouvent des hommes d'opinions diverses, est en tête du premier volume. Cette sous-

cription, témoignage public d'estime et de sympathie, fait le plus
grand honneur à Ozanam.

Note *d*, page 10. — Le professeur de rhétorique qu'eut Ozanam
au collège de Lyon, était fier de son élève. Il avait conservé soigneusement la plupart de ses devoirs, et il en a publié plusieurs
après sa mort dans une *Étude biographique*. Cette publication est
fort intéressante ; elle nous montre l'homme dans l'écolier. Les
vers latins y abondent ; Ozanam aimait beaucoup cet exercice littéraire si propre à former le goût et à développer l'imagination des
jeunes gens, et il y excellait. Dans ces nombreuses pièces de vers
il y a une grande variété de tons ; on passe de l'idylle à l'élégie,
de l'élégie au dithyrambe pindarique. En s'arrêtant à l'élégie où
Ozanam déplore la fin prématurée de Gaston de Nemours, le héros
de Ravenne, on se dit avec un sentiment de peine que de tels
vers peuvent s'appliquer à sa propre destinée ; on y voit l'image
du sort qui l'attendait lui-même.

Ozanam faisait de temps en temps des vers français marqués,
eux aussi, au bon coin. Parmi ceux que M. Legeay a insérés dans
son étude, on remarque un chant de guerre adressé à l'armée
lors de l'expédition d'Alger ; il respire le plus ardent patriotisme.

M. Legeay y a, de plus, ajouté quelques-uns des meilleurs discours du jeune rhétoricien. Celui qu'Ozanam met dans la bouche
de Witikind parlant à Charlemagne, mérite particulièrement
d'être signalé, parce que ce discours semble le prélude de ses
vues si profondes sur la Germanie et sur la civilisation chrétienne.

Note *e*, page 14. — L'*Abeille lyonnaise* était un recueil mensuel,
spécialement consacré à l'éducation de la jeunesse, et dirigé par
M. l'abbé Noirot. On y trouve des dissertations philosophiques
et religieuses d'Ozanam d'une certaine étendue. L'une d'elles
roule sur la vérité de la religion chrétienne, prouvée par la conformité de toutes les croyances considérées dans leur partie fondamentale ; conformité qui résulte des histoires sacrées de tous
les peuples, de leurs dogmes, des mystères qu'ils admettent, de
l'unité de leur morale, des caractères de leur culte extérieur.

M. Legeay la cite tout entière ; elle annonce une telle précocité d'esprit, qu'elle étonne encore plus que les vers qu'il nous a fait connaître.

Note *f*, page 20. — Même au temps de ses plus grands succès, Ozanam se distinguera toujours par sa modestie. En 1850, il écrira : « Je me connais depuis longtemps, et si Dieu a bien voulu m'accorder quelque ardeur au travail, je n'ai jamais pris cette grâce pour le don éclatant du génie. Sans doute, au rang inférieur où je suis, j'ai résolu de consacrer ma vie au service de la foi, mais en me considérant comme un serviteur inutile, comme un ouvrier de la dernière heure que le maître de la vigne ne reçoit que par charité. »

Note *g*, page 22. — Il m'écrivait six ans après : « Je trouve en moi une chose, une seule chose qui ne me déplaît pas, c'est le besoin d'aimer, c'est de conserver des frères qui m'aiment, surtout lorsque l'amitié s'est formée, pour ainsi dire d'elle-même, par un concours de circonstances imprévues, par la volonté de Dieu qui s'est servie de ces circonstances pour rapprocher deux hommes ; alors cette amitié me semble plus précieuse encore et en quelque sorte sacrée. Telle est celle qui s'est formée entre nous il y a six ans, et que le temps et la distance n'ont pas affaiblie, n'est-ce pas ? »

Nul, du reste, ne fut plus que lui sensible à l'amitié. Ses lettres le prouvent surabondamment, surtout celles où nous lisons : « La tendresse qui vient du sang et l'affection qui procède de la sympathie sont deux jouissances dont nous ne saurions nous passer et dont l'une ne peut remplacer l'autre. La tendresse des parents a cela de plus sacré qu'elle est établie immédiatement par le Créateur lui-même ; l'amitié a cela de plus flatteur qu'elle est plutôt notre propre ouvrage. Les parents pèsent plus dans la balance sans doute ; mais il ne faut pas que l'autre plateau reste vide... »

« Nos âmes sont comme deux jeunes étoiles qui se lèvent ensemble et s'entre-regardent à l'horizon ; une vapeur légère peut passer entre elles et les voiler quelques heures ; mais bientôt l'illusion se dissipe, et elles reparaissent pures, intactes, brillantes l'une pour l'autre, et elles se retrouvent sœurs... »

Note *h*, page 22. — Voici ce que disait, en 1823, Victor Hugo au sujet du grand ouvrage de M. de La Mennais, qui venait alors de paraître :

« L'époque de l'apparition de l'*Essai sur l'indifférence en matière de religion* sera une des dates de ce siècle... Tour à tour majestueux et passionné, simple et magnifique, grave et véhément, profond et sublime, l'auteur qui, dès les premiers pas, est parvenu au sommet de la réputation littéraire et semble n'avoir rencontré la gloire humaine qu'en passant, s'adresse au cœur par toutes les tendresses, à l'esprit par tous les artifices, à l'âme par tous les enthousiasmes ; il éclaire comme Pascal ; il brûle comme Rousseau ; il foudroie comme Bossuet... Cet ouvrage a produit un phénomène remarquable, c'est la discussion publique d'une question de théologie. Et, ce qu'il y a de singulier, ce qu'on doit attribuer à l'intérêt extraordinaire excité par l'*Essai*, la frivolité des gens du monde et la préoccupation des hommes d'État ont disparu un instant devant un débat scolastique et religieux.

« Partout l'œuvre de ce prêtre, aidé dans sa force par la force d'en haut, révèle en lui la possession d'une grande pensée. Il la développe dans toutes ses parties, l'illumine dans tous ses détails, l'explique dans tous ses mystères, la critique dans tous ses résultats... Un des bienfaits de ces sortes d'ouvrages, c'est qu'ils dégoûtent profondément de tout ce qu'ont écrit de dérisoire et d'ironique les chefs de la secte incrédule. Quand une fois on est monté si haut, on ne peut plus redescendre aussi bas. Tandis que l'âme du chrétien, pareille à la flamme tourmentée en vain par les caprices de l'air, monte incessamment vers le ciel, l'esprit de ces infidèles est comme le nuage qui change de forme et de route, selon le vent qui le pousse. »

Ce jugement du livre d'un grand génie par un autre grand génie exprime éloquemment le sentiment d'admiration qu'avait éveillé, en ce temps-là, l'*Essai sur l'indifférence*. Hélas ! ils devaient tous les deux se laisser égarer par l'orgueil et, sous sa funeste

influence, abjurer la foi chrétienne, après l'avoir professée avec
tant de zèle, défendue avec tant d'éclat que, pour combattre vic-
torieusement leurs erreurs, on n'a qu'à les opposer à eux-mêmes.
Quoiqu'ils soient morts, aux yeux du monde, dans l'impénitence
finale, espérons que Dieu, dont la miséricorde est infinie, leur
aura tenu compte du bien qu'ils ont fait, en glorifiant le christianisme dans les plus belles années de leur vie.

Je me rappellerai toujours la vive impression que j'ai ressentie
au fond du cœur à la lecture d'un passage du discours prononcé
par Victor Hugo le jour de sa réception à l'Académie française ;
ce passage est un des hommages les plus saisissants qui aient
jamais été rendus au souverain Maître.

« Quoi que vous fassiez, quoi que vous disiez, s'écrie l'orateur,
rapportez tout à Dieu. Que dans vos compositions, comme dans
la création, tout commence à Dieu. Croyez en lui comme les
femmes et les enfants. Faites de cette grande foi toute simple le
fond et comme le sol de toutes vos œuvres. Qu'on les sente marcher sur ce terrain solide. C'est Dieu, Dieu seul qui donne au génie
ces profondes lueurs du vrai qui nous éblouissent. Sachez-le
bien, penseurs, depuis quatre mille ans qu'elle rêve, la sagesse
humaine n'a rien trouvé hors de lui. Parce que, dans le sombre
et inextricable réseau des philosophies inventées par l'homme,
vous voyez rayonner çà et là quelques vérités éternelles, gardez-
vous d'en conclure qu'elles ont même origine, et que ces vérités
sont nées de ces philosophies. Ce serait l'erreur de gens qui
apercevraient les étoiles à travers les arbres, et qui s'imagine-
raient que ce sont là les fleurs de ces noirs rameaux. »

Les réflexions qui accompagnent tous les chapitres de l'*Imitation de Jésus-Christ* traduite par l'abbé de La Mennais, ne sont
pas moins remarquables que cette profession de foi. Rien de ce
qui est émané des saintes doctrines de l'Église, n'est plus propre
à faire pénétrer la piété dans les âmes et à l'y entretenir. Or,
cet heureux effet se produit sans cesse parmi les innombrables
lecteurs de ces touchantes homélies, et continuera à se produire
d'âge en âge.

Voilà ce qu'il ne faut pas perdre de vue, quand on veut appré-

cier, dans une juste mesure, l'action exercée par ces deux écrivains qui sont tombés de si haut, et plus particulièrement par
l'abbé de La Mennais.

Il m'est souvent arrivé d'entendre Ozanam tenir un langage à
peu près pareil en parlant de ce prêtre dévoyé dont il ne pouvait
s'empêcher d'admirer les beaux côtés, quoiqu'il déplorât, avant
tout, ses égarements. Victor Hugo n'avait pas encore tout à fait
rompu avec son glorieux passé. Ozanam n'eut pas la douleur
d'être témoin de sa chute profonde ; il put rester longtemps sous
le charme de la *Prière pour tous* (1) ; il fut seulement attristé par
les premières défaillances du poëte. Je n'ai fait que répéter, en
quelque sorte, ses propres observations sur l'abbé de La Mennais ; l'esprit de justice et de charité qui animait le bon Frédéric,
se manifestait en toute occasion.

Note *i*, page 34. — Après la mort du Père Lacordaire, M. de Montalembert écrivit son panégyrique ; on y reconnaît l'accent d'un
cœur brisé par la douleur et servi, pour la circonstance, par un
merveilleux talent ; jamais plus belles fleurs ne furent déposées
sur un tombeau.

Note *j*, page 52. — Dans une lettre adressée à son père, il décrit
ainsi son installation chez M. Ampère : « Je suis installé dans une
belle et bonne chambre planchéiée et boisée, ayant deux portes
sur le jardin, une bibliothèque pleine de livres allemands, italiens,
voire même suédois et espagnols, dont je n'use guère, et quelques
bons ouvrages de littérature française en petit nombre. C'est la
bibliothèque de M. Ampère fils, qui est absent en ce moment.
J'ai un bon poêle de faïence où je ne fais que peu de feu par économie, une cheminée en marbre ornée d'une amphore antique,
mais vide depuis bien des siècles de ce bon falerne mousseux
dont parle mon ami Horace.

« Je vous envoie le plan géométrique de ma chambre. Vous
allez peut-être vous moquer de moi ; cependant, je parie que ce
gribouillage amusera maman : elle se figurera me voir assis

(1) C'est une des plus ravissantes pièces des *Feuilles d'automne.*

devant ma table, allant de cette table à mon bûcher, et du bûcher au poêle. ».

Note *k*, page 65. — Dans une de ses lettres, Sainte-Beuve constate le grand succès de l'orateur. En 1828, un homme qui fut l'un
des meilleurs amis d'Ozanam, Léon Cornudet, écrivait à M. de
Montalembert : « Quelle grande œuvre consommerait celui qui
parlerait, avec éloquence, à cette jeunesse qui a soif de religion,
un langage qu'elle comprendrait, parce qu'il répondrait à ses
besoins, et qui la ramènerait peu à peu au catholicisme ! » C'est
au vœu exprimé dans cette lettre que l'abbé Lacordaire donnait
satisfaction.

Note *l*, page 75. — Saint Vincent de Paul disait à ses chères
filles : « Il faut que vous traitiez les pauvres avec douceur, compassion et amour ; car ce sont vos seigneurs et vos maîtres et les
miens aussi. Oh ! que ce sont de grands seigneurs au ciel ! Ce
sera à eux d'en ouvrir les portes, comme il est dit dans l'Évangile ;
voilà qui vous oblige à les servir avec respect comme vos Maîtres,
et avec dévotion comme représentant la personne de Notre-Seigneur. » Il leur recommandait ensuite « d'assister leur âme,
de les instruire et de les aider à aller au paradis ». La supérieure, *Angélique Hesnard*, ajoutait dans ses instructions à ses
sœurs :
« Souffrons de la part des pauvres ; mais qu'ils ne souffrent
jamais de la nôtre. C'est là notre règle invariable et comme un
de nos premiers principes. Pour cela, ne nous permettons aucun
trait qui les contriste... c'est la charité la plus parfaite qui doit
animer tous les services dont ils sont les objets : notre vie même
leur appartient, et ce sera toujours notre gloire de la sacrifier
en leur faveur dans les circonstances qui l'exigeraient. »
Le dévouement des sœurs de Saint-Vincent de Paul a inspiré à
Louis Veuillot une de ses pages les plus éloquentes : « Une palme
pure et digne de figurer dans le deuil de la patrie est abandonnée
sur un tombeau. Ramassez-la ; elle est belle, chrétienne et française. En moins de quatre mois, du 27 février au 30 mai 1878,
quatorze sœurs de la Charité sont mortes en soignant les malades

dans les hôpitaux pestilentiels de Constantinople. Grâces soient rendues à Dieu, nous reconnaissons la France ; par ce sublime dévouement de ses enfants, elle reparaît digne de son grand nom. Vaincue et mourante, elle est au chevet des mourants. Elle a sa noble part dont Dieu et l'histoire se souviendront. Ces sœurs meurent victimes de la charité, fidèles à l'honneur de la patrie. On les ensevelira près de leur église, sur leur champ de bataille, tenant dans leurs mains saintes et innocentes le signe sacré de la croisade où elles ont succombé les dernières. Les yeux des Français, troublés de tant d'humiliations amères, les verront encore dans l'avenir, et ils seront consolés. »

Ailleurs, le même écrivain oppose aux disciples de saint Vincent de Paul les philanthropes et les entrepreneurs de bienfaisance : « Gens de bien, dit-il, qui ne fuient pas leurs aises et qui ne dédaignent pas les fumées de la gloire ! Ils ne s'accommoderaient pas, comme saint Vincent de Paul, d'habiter toute leur vie une chambre sans feu ; ils ne diraient jamais ce que ce saint enseignait à ses disciples, « qu'il vaudrait mieux être jeté pieds « et mains liés parmi les charbons ardents, que de faire une « action en vue d'obtenir les louanges des hommes ». Au contraire, ils se font, le plus promptement qu'ils peuvent, authentiquer bienfaiteurs du genre humain. Accumulant les décorations et les prix de vertu, ils trempent convenablement leur soupe avec le bouillon des pauvres. »

Note *m*, page 26. — Quand la sœur Rosalie mourut, l'admiration publique lui fit des funérailles de reine. Sur sa tombe on grava ces mots : « A sœur Rosalie, ses amis reconnaissants, les riches et les pauvres. » En 1848, elle sauva, au péril de sa vie, un brave officier en se jetant à genoux près d'une barricade pour demander sa grâce aux insurgés qui allaient le fusiller : « Voilà cinquante « ans, s'écria-t-elle, que je vous ai consacré ma vie ; pour tout « le bien que j'ai fait à vous, à vos enfants, je vous supplie d'é- « pargner la vie de cet homme. » Les révolutionnaires les plus farouches lui obéissaient comme les petits enfants d'une salle d'asile. Quelle institutrice pour nos néophytes de la charité !

Note *n*, page 80. — « C'est le pauvre qui tend la main, dit saint Chrysostome ; mais c'est Dieu même qui reçoit ce qu'on donne au pauvre. » Dieu rend toujours au centuple ce qu'il a reçu de la sorte.

Malgré le scepticisme qui règne à notre époque, on y a hautement reconnu dans plus d'une circonstance solennelle, aussi bien qu'au temps des Pères de l'Église, que la Foi est mère de la Charité. M. Pailleron, appelé à prononcer le discours sur les prix décernés à la vertu par l'Académie française, faisait entendre ces admirables paroles : « Le devoir peut se comprendre par la Raison, la bienfaisance par la Bonté, l'héroïsme par le Courage ; mais il n'y a que la Foi qui puisse expliquer la Charité. C'est un Dieu qui l'a révélée au monde, et elle est restée divine. »

Cette profession de foi d'un homme d'esprit, qui est en même temps un homme de cœur, mérite d'être mise à côté de celle d'un savant de génie, de M. Pasteur, qui, dans la même enceinte, peu d'années auparavant, protestait contre l'athéisme, le sensualisme, le positivisme, variétés d'une même erreur, se posant en spiritualiste d'autant plus convaincu qu'il avait plus profondément pénétré les secrets de la nature ; déclarant sans hésiter que la matière qu'il avait tant étudiée, était impuissante à donner la solution du moindre problème intellectuel et moral ; montrant enfin, dans la notion mystérieuse de l'infini, c'est-à-dire dans l'idée d'un Dieu créateur et législateur de l'univers, la source vive des grandes actions comme des grandes pensées et par-dessus tout de l'esprit de sacrifice.

Un autre homme éminent, un artiste de premier ordre, M. Bouguereau, demandait, dans une séance publique des cinq Académies, que la science respectât la foi, « fleur estimée de nos pères comme un remède divin contre bien des blessures, comme un baume précieux pour fortifier les âmes ».

Ainsi les lettres, la science et les arts se sont unis pour rendre hommage à la religion d'une manière éclatante.

Note *o*, page 84. — M. Philippe Eyssette, maire de Nimes dans des temps difficiles, homme de talent et de conviction, et M. Monnier, un des professeurs les plus distingués du pensionnat de l'Assomption. Ce sont des noms que j'aime à citer ; car j'avais voué, pendant leur vie, la plus tendre affection à ceux qui les portaient, et leur souvenir est toujours vivant dans mon cœur.

Note *p*, page 84. — Je ne puis m'empêcher d'en extraire quelques passages non moins remarquables par la forme que par le fond :

« La philanthropie est une orgueilleuse pour qui les bonnes actions sont une sorte de parure, et qui aime à se regarder au miroir. La charité est une tendre mère qui tient les yeux fixés sur l'enfant qu'elle porte à la mamelle, qui ne songe plus à elle-même et oublie sa beauté pour son amour.

« L'humanité de nos jours me semble comparable au voyageur dont parle l'Évangile ; elle aussi, tandis qu'elle poursuivait sa route dans les chemins que le Christ lui a tracés, elle a été assaillie par des ravisseurs qui lui ont enlevé ce qu'elle possédait, le trésor de la foi et de l'amour, et ils l'ont laissée nue et gémissante, couchée au bord du sentier. Les prêtres et les lévites ont passé, et cette fois, comme ils étaient des prêtres et des lévites véritables, ils se sont approchés de cet être souffrant, et ils ont voulu le guérir. Mais, dans son délire, il les a méconnus et repoussés. A notre tour, faibles samaritains profanes et gens de peu de foi que nous sommes, osons cependant aborder ce grand malade, et essayons de verser de l'huile sur ses plaies. Puis, quand ses yeux seront dessillés, nous le remettrons entre les mains de ceux que Dieu a constitués les gardiens et les médecins des âmes.

« Hélas ! nous voyons chaque jour la scission commencée dans la société se faire plus profonde. Un seul moyen de salut nous reste, c'est que les chrétiens s'interposent, au nom de la charité, entre le camp des riches et le camp des pauvres... Cette charité, paralysant, étouffant l'égoïsme des deux partis dont l'un veut tout retenir et l'autre s'emparer de tout, diminuera chaque jour les antipathies. Les deux camps se lèveront ; ils détruiront leurs barrières de préjugés ; ils jetteront leurs armes de colère, et ils marcheront à la rencontre l'un de l'autre, non pour se combattre, mais pour se confondre, s'embrasser et ne plus faire qu'une bergerie sous un seul pasteur. »

Note *q*, page 86. — Le premier essai de ce genre fut fait par saint Vincent de Paul lui-même. Il confia la direction de la Société de laïques charitables, qu'il avait fondée, au baron de Renty. Cette Société renaissait sous le titre de Conférence. « Ces conférences, a dit Louis Veuillot, sont devenues si nombreuses et si populaires, qu'il n'y a pas pour elles d'éloge plus grand que leur nom. »

Note *r*, page 89. — Ozanam, que toute bonne action attirait comme par un aimant irrésistible, eut à s'occuper plus tard d'une autre œuvre non moins digne d'intérêt, de l'*Œuvre de Saint-François-Xavier*. Cette œuvre, conçue en faveur des ouvriers, joignait les avantages d'une société de secours mutuels aux caractères d'une association chrétienne. Les ouvriers, faisant partie de la Société, se réunissaient le dimanche dans la chapelle souterraine de Saint-Sulpice. Là, Ozanam avait pour principal auxiliaire M. Cochin, dont M. de Falloux a retracé la vie d'une manière si remarquable ; ils unirent leurs efforts pour diriger vers le bien ces hommes du peuple. Frédéric se plaisait à leur faire le récit de quelques légendes pieuses : « Mes amis, leur disait-il, chacun a son métier ici-bas ; mon métier à moi est de compulser les vieux livres : eh bien ! dans la poussière des bibliothèques, je trouve parfois des leçons que le passé nous a léguées sous une forme pleine d'attrait. Laissez-moi donc vous raconter une de ces vieilles histoires qui charmaient les veillées de nos pères... Ces histoires sont l'image de l'autre vie où sont récompensées ou punies toutes les actions de celle-ci. Nous sommes tous comme ces ouvriers des Gobelins qui, suivant les plans d'un artiste inconnu, s'appliquent à assortir les fils de diverses couleurs sur le revers de la trame ; ils ne voient pas le résultat de leur travail. C'est seulement lorsque tout est terminé, qu'ils peuvent admirer à leur aise ces fleurs, ces figures, ces scènes splendides et dignes des palais des rois. Ainsi de nous, mes amis ; nous travaillons, nous souffrons ici-bas sans en voir le terme ni le fruit. Mais Dieu le voit, et quand il nous relève de notre tâche, il montre à nos regards émerveillés ce que Lui, le grand artiste, invisible et présent partout, a fait de toutes ces fatigues qui nous semblent si stériles, et il daigne placer dans son grand Palais ces faibles œuvres de nos mains. »

En 1862, quelques vrais amis du peuple, qui étaient en même temps des écrivains distingués, formèrent le projet de publier les *Vies des saints de l'Atelier ;* ils mirent leur entreprise sous le patronage d'Ozanam, qui avait été le premier à concevoir une si belle pensée, et qui avait commencé à la réaliser en écrivant la *Vie de saint Éloi*, patron des orfèvres et des serruriers. Cette glorification du travail que la religion a relevé, ennobli, transfiguré, était destinée à offrir, aux ouvriers de toutes les professions, de parfaits modèles à imiter, en leur montrant qu'il n'y avait pas de condition où la sainteté ne se fût déjà rencontrée et où elle ne pût aisément renaître par la pratique de ces vertus chrétiennes, qui sont accessibles aux plus humbles comme aux plus grands parmi les hommes. Ces bons jeunes gens inaugurèrent leur publication en faisant imprimer la *Vie de saint Éloi*, fort appréciée du Père Lacordaire à qui Ozanam l'avait communiquée. Il est à regretter qu'elle n'ait pas été reproduite dans ses *OEuvres complètes*, non seulement à cause de la valeur réelle de l'opuscule lui-même, mais encore à cause de l'idée qui lui a donné naissance, idée bien digne d'un fondateur de la Société de Saint-Vincent de Paul : l'éducation du peuple par la presse n'était pas moins méritoire assurément que le soulagement de ses misères par la charité. Tout se tient dans l'ordre moral, et le merveilleux enchaînement qui le caractérise, suffirait pour attester sa céleste origine.

Note *s*, page 97. — Ayant un jour entendu Lamartine à la Chambre des députés, Ozanam, que son talent d'orateur avait vivement impressionné, fut heureux de pouvoir dire : « Lui seul représentait la pensée chrétienne dans cette discussion (il s'agissait du système pénitentiaire) où il s'est montré si charitable. » De son côté, Lamartine ne cessa pas d'aimer « ce pieux et studieux

jeune homme » comme il l'appelait, quand ses idées se furent
modifiées. Nous en avons la preuve dans l'entretien de son *Cours
familier de littérature*, où il trace d'une manière touchante le
portrait d'Ozanam : « Il ressemblait, dit-il, par la physionomie,
par l'âme, par la sérénité du regard, par le timbre monotone,
affectueux de sa voix, à un brahme chrétien venu des Indes pour
prêcher l'Évangile de la science calme, de la contemplation mystique et de l'adoration extatique à notre monde de discorde et de
contention. Il croyait, comme nous, que la vérité était à plus
forte dose dans le cœur que dans l'esprit. Ses dogmes ruisselaient
d'onction comme les soleils d'Orient ruissellent le matin et le soir
de rosée. Bien que ma philosophie ne fût plus la sienne dans
tous les articles de ce grand symbole qui unit les intelligences
à la base et qui les sépare quelquefois au sommet, ces différences, également respectées, parce qu'elles étaient également
sincères, n'établissaient aucune divergence d'âme ni aucune
froideur de sentiment entre nous. Son orthodoxie parfaite pour
lui-même était une charité d'esprit parfaite aussi pour les autres.
Cette charité d'esprit adoucissait toutes les aspérités entre les
idées... On pouvait différer, on ne pouvait disputer avec cet
homme sans fiel ; sa tolérance n'était pas une concession, c'était
un respect. »

Note *t*, page 113.— Sous l'influence de son mépris pour l'homme
(mépris qui n'était que trop fondé), Joseph de Maistre s'est montré
injuste envers le savant et le philosophe. Il reproche à Bacon de
s'être trompé sur la logique, sur la métaphysique, sur l'histoire
naturelle, sur l'astronomie, sur les mathématiques. « Il se trompe,
dit-il, quand il affirme ; il se trompe quand il nie ; il se trompe
quand il doute ; il se trompe enfin de toutes les manières dont il
est possible de se tromper. » Joseph de Maistre ne voit en lui
qu'un bel esprit, un moraliste ingénieux, un écrivain élégant
avec je ne sais quelle veine poétique qui lui fournit sans cesse
une foule d'images extrêmement heureuses, de manière que ses
écrits « comme fables » sont très amusants ; mais sa philosophie
n'est qu'une aberration continuelle, selon ce juge si sévère qui

va jusqu'à le déclarer « le plus détestable raisonneur et le plus grand ennemi de la science qui ait jamais existé. »

C'est la contre-partie de l'opinion exagérée, dans le sens opposé, d'Horace Walpole et de Bolingbroke, pour qui Bacon est le prophète des vérités que Newton est venu révéler au monde. Il est si haut placé à leurs yeux par son génie, que « sa grandeur leur fait oublier ses vices ».

Ozanam a énergiquement flétri l'homme ; mais, loin de refuser tout mérite au savant et au philosophe, il leur a rendu la justice qu'on leur doit. Seulement, après avoir exposé tant de turpitudes, il eût dû, ce me semble, reconnaître qu'il était lui-même allé trop loin en présentant Bacon comme un homme *profondément* religieux. Sans doute Bacon avait théoriquement des croyances religieuses. L'abbé Émery a prouvé, dans son livre intitulé le *Christianisme de Bacon*, qu'il n'y avait rien de commun entre l'illustre Anglais et les encyclopédistes du dix-huitième siècle, malgré les prétentions de ces derniers. Mais Bacon s'inquiétait trop peu de mettre ses actes en harmonie avec ses croyances, pour qu'on pût affirmer qu'elles avaient de *profondes* racines dans son âme. Il n'avait vu que le côté dogmatique et le côté poétique de la religion ; ses passions ne lui avaient pas permis d'en voir le côté pratique ; son admiration pour le christianisme était toute spéculative. Un sentiment religieux réellement *profond* ne saurait se concilier avec une conduite aussi ignominieuse, avec une telle persévérance dans le mal. Personne certainement n'était, plus qu'Ozanam, convaincu de cette vérité ; l'esprit général de son ouvrage si éminemment chrétien l'indique du reste suffisamment. Ce n'est donc, en définitive, qu'une querelle de mot que je me permets de lui faire sur ce point.

Note *u*, page 119. — Mgr Darboy, archevêque de Paris, cette noble victime de nos discordes civiles, a écrit un livre sur saint Thomas Becket, qui se termine par le récit de l'acte non moins insensé qu'odieux de Henri VIII et par sa juste appréciation : « On enleva, dit-il, l'or, l'argent et les joyaux qui enrichissaient la sépulture de Thomas Becket, et tout fut transporté dans le trésor royal. Henri VIII fit monter, pour le porter au doigt, le diamant dont Louis VII avait orné la châsse du saint martyr en 1179. Huit jours après, les vénérables restes du pontife furent brûlés sur la place publique, et ses cendres jetées au vent. Cette profanation est une sorte d'hommage rendu par Henri VIII à la mémoire de Thomas Becket. D'abord, un tel prince ne pouvait qu'insulter un tel évêque : le vice n'a pas d'autre moyen d'honorer la vertu. Ensuite, de pareilles violences ne font que relever la gloire de ceux qui les subissent et manifester l'impuissance et l'abjection de ceux qui les commettent. Enfin, quand le monarque, pour condamner sa victime, se nomme chef suprême de l'Église anglicane et prend le titre de juge souverain en matière ecclésiastique, il proclame à sa manière que Thomas Becket a succombé pour la dignité de la conscience humaine, pour la justice et pour la liberté de l'Église catholique. Or, c'est précisément le témoignage que l'Église elle-même a rendu au grand archevêque de Cantorbéry en le plaçant sur ses autels ; c'est aussi le témoignage que lui rend l'histoire. »

Note v, page 156. — Ces notes sont disséminées çà et là parmi les matières de quarante-sept leçons. Si je réunissais ici celles qui m'ont le plus frappé par les idées générales qu'elles renferment et par leur caractère philosophique, elles formeraient comme un petit recueil de hautes pensées et d'ingénieux aperçus. Ozanam y mêle parfois des appréciations historiques. J'en citerai quelques-unes :

« L'invasion des barbares changea la face de l'Europe. Si, comme ils en faisaient gloire, l'herbe des champs se consumait sous les pas de leurs chevaux, quel dut être le sort des villes envahies par leurs bandes indisciplinées ! Tandis que d'immenses capitaux disparaissaient au milieu du pillage universel, les lumières, les connaissances de toute nature, le courage, le crédit qui repose sur la confiance, c'est-à-dire le capital intellectuel et moral plus précieux encore, se retiraient peu à peu du sein des populations tremblantes. »

« Les croisades relèvent le moral de la chrétienté, raniment les sciences en étendant leur sphère d'action, émancipent le peuple par la confraternité militaire au dehors, par l'absence du maître au dedans, enseignent au commerce de nouvelles routes, lui ouvrent des débouchés sûrs, l'obligent à un vaste développement de navigation. Les institutions municipales refleurissent au douzième siècle, et les anciens juges commerciaux reparaissent avec elles. Le Droit commercial est intimement lié avec l'organisation des communes. »

« C'est du règne de François Ier que date la vénalité des offices. Ce monarque, dont l'injuste popularité est l'œuvre des écrivains qu'il pensionnait, qui soudoyait le protestantisme en Allemagne et le brûlait à Paris, qui épuisa la nation pour remplir ses coffres et assouvir des femmes impudiques, qui inaugura l'absolutisme sur les ruines de la royauté représentative, cet homme qui achetait tout, jusqu'aux consciences, voulut vendre jusqu'à la justice. »

Ce jugement sur François Ier n'est pas trop sévère assurément ; ce roi prodigue et libertin a mérité tous les reproches qu'Ozanam lui adresse. Mais il faut reconnaître qu'il y eut chez François Ier un côté chevaleresque qui lui a fait pardonner bien des fautes, et celui qui, vaincu par Charles-Quint, prononça ces belles paroles si souvent citées : Tout est perdu, *fors l'honneur*, occupera toujours une grande place dans l'histoire ; ce cri si éminemment français ne cessera jamais de retentir dans les cœurs généreux.

Note *x*, page 145. — Sainte-Beuve dit que « les déductions déliées de sa dialectique aboutissent toujours vite en fleurs et s'enlacent en berceaux » ; il ajoute que « son âme était veloutée et savoureuse, de miel et de soie. »

Note *y*, page 150. — « Le moyen âge, dit-il quelque part, condamné par une école qui ne le comprenait pas, a été réhabilité par une école qui le comprenait mal. Le moyen âge, saint Thomas, Dante, sont grands, non pour avoir rompu avec l'antiquité, mais pour l'avoir continuée, pour avoir préparé les temps modernes, non pour en être séparés par des abîmes. Le mérite des travaux de ce siècle que nulle réaction ne peut détruire, c'est d'avoir renoué les traditions, d'avoir cessé de supprimer d'un trait de plume dix siècles d'histoire. On nous accuse de mépriser l'esprit humain; c'est au contraire par respect pour lui que nous ne permettons pas qu'on oublie les travaux de nos pères. Rien n'est beau comme cette perpétuité ». — « Le moyen âge, dit-il ailleurs, cette époque plus douée d'inspiration que de mesure, plus prompte à concevoir les grandes pensées que persévérante à les soutenir, qui commença tant de monuments et en acheva si peu, qui poussa si vigoureusement la réforme chrétienne et qui laissa subsister tant de désordres..... » On voit qu'il déplorait les abus si criants de ce temps-là, tout en se passionnant pour ses beaux côtés.

Note z, page 150. — Ozanam a écrit ailleurs, sur le même sujet, quelques belles pages; car Dante est revenu souvent sous sa plume, et il a consacré sept années à le commenter dans sa chaire de professeur de littérature étrangère. Voici une de ses meilleures pages : « Dante va chercher le langage poétique à sa vraie source, c'est-à-dire dans le peuple ; il ramasse les fortes expressions, les rudes métaphores que le moissonneur a laissées tomber sur le sillon, et le pèlerin sur le bord de la route. Il n'hésite pas, j'oserai même dire pas assez, à recueillir le terme trivial dont il aime la saveur amère et sauvage. C'est ainsi qu'il se fait sa langue et qu'il fixe en même temps celle de son pays. Nourri dans les écoles et pénétré de la lecture des classiques, Dante fut tenté d'écrire son poème en latin et composa, d'abord en hexamètres, le début de l'*Enfer*. Mais il ne tarda pas à s'indigner de veiller et de pâlir pour le plaisir des esprits dégénérés qu'il rencontrait parmi les lettrés... Dans ses perplexités, il eut sous les yeux l'exemple du franciscain Jacopone; il vit que la foi n'enseignait pas de mystères si purs, ni la philosophie de spéculations si hautes qui ne pussent descendre dans l'idiome de la multitude. Il brûla donc ses vers latins, et bientôt après les forgerons et les muletiers chantaient les stances de *la Divine Comédie*, en même temps que les docteurs montaient en chaire pour l'expliquer. »

Je cède encore au plaisir de citer les passages suivants où de graves pensées s'allient à tant de grâce :

« Le Purgatoire de Dante est sévère ; il n'est pas désolé ; il faut le comparer aux déserts des anachorètes où tout est pénitence, mais qui ont leurs palmiers, leurs fontaines et qui sont visités par les anges. » Comparant ces anges de Dante, qui répandent sur les tourments de l'expiation comme un reflet céleste, aux anges des peintres florentins, Ozanam ajoute : « Dante a donné la parole aux anges de Giotto, Giotto a saisi les anges de Dante et les a fixés par le crayon et la couleur, pour qu'ils ne s'envolassent plus...

« Dante travaille sur les idées de son temps ; mais il leur prête l'essor poétique ; il fait comme l'Enfant Jésus dans les légendes de la Sainte Enfance avec ses compagnons de jeu ; le divin Enfant pétrit, comme eux, des oiseaux d'argile, souffle dessus, et les oiseaux s'envolent. Ainsi, le poète pétrit la même argile que ses contemporains ; il remue les mêmes idées ; mais il souffle dessus, et voyez comme elles planent. »

Les mêmes pensées se reproduisent souvent dans les œuvres d'Ozanam ; mais il savait si bien en varier la forme ! Qu'on en juge en rapprochant de ce dernier petit morceau celui-ci qui appartient à un autre de ses écrits :

« Dante n'employait pas une image où quelqu'un n'eût laissé un souvenir, un sourire ou une larme. Comme les enfants et les jeunes filles qui portaient des briques d'or à la cour céleste rêvée par le visionnaire de saint Grégoire le Grand, ainsi tous les siècles catholiques apportaient leur offrande à son œuvre. »

Nous lisons un peu plus loin comme si l'auteur voulait nous prouver que la grâce n'exclut pas la force :

« *La Divine Comédie* rappelle ces grandes représentations du jugement dernier que les artistes sculptèrent sur le portail de nos cathédrales. Devant le tribunal du poète paraissent les rois et les peuples, et dans les jugements qu'il en porte, il y a toute une philosophie de l'histoire. »

Note *aa*, page 151. — Ozanam ajouta, quelques années après,

aux sources poétiques déjà signalées par d'autres, le résultat de
ses propres recherches, et en fit l'objet d'un autre ouvrage plein
d'intérêt, qu'il intitula : *des Sources poétiques de la Divine Comédie.*
C'est un ouvrage très curieux qui est évidemment le fruit d'un
travail énorme. Les nombreuses visions et descriptions de l'invisible que fournissent les diverses littératures de l'Occident et de
l'Orient depuis le treizième siècle jusqu'aux siècles les plus reculés, y sont passées en revue, comme pour nous montrer combien la grande question de l'*au delà* préoccupa, en tout temps et
en tout lieu, l'humanité. Je note, en feuilletant ce livre, cette jolie
phrase : « Il n'y a point de poésie inspirée où l'on ne sente la
présence de la religion, comme, au parfum de l'encens, on reconnaît le voisinage du sanctuaire. » Rien n'est plus touchant que
la *Vision d'Albéric*, qui voit une larme de repentir répandue par
un pécheur aux derniers jours de sa vie, recueillie par l'ange de
la miséricorde, effacer l'écriture qui le condamne sur le registre
divin où sont consignées ses fautes. Ozanam conclut de ce long
exposé : « La gloire de Dante est d'avoir mis sa marque, la
marque de l'unité, sur un sujet immense dont les éléments
mobiles roulaient depuis bientôt six mille ans dans la pensée
des hommes. »

Note *bb*, page 152. — Ozanam a tracé ce plan dans l'*Avant-propos*
qui précède son cours sur la *Civilisation au cinquième siècle*, et qu'il
écrivit le vendredi saint de l'année 1851. C'est un morceau achevé
qu'il suffit de lire pour apprécier les rares qualités de l'auteur.
« Je commence ce travail, dit-il, dans un moment solennel et sous
de sacrés auspices. Au grand jubilé de l'an 1300 et le vendredi
saint, Dante, arrivé au milieu du chemin de la vie, désabusé de
ses passions et de ses erreurs, commença son pèlerinage en enfer,
en purgatoire et en paradis. Au seuil de la carrière, le cœur un
moment lui manque ; mais trois femmes bénies veillaient sur lui
dans la cour du ciel : la vierge Marie, sainte Lucie et Béatrix.
Virgile conduisait ses pas et, sur la foi de ce guide, le poète
s'avança courageusement dans le chemin ténébreux. Ah ! je n'ai
pas sa grande âme, mais j'ai sa foi ; comme lui, dans la maturité

de ma vie, j'ai vu l'année sainte, l'année qui partage ce siècle
orageux et fécond, l'année qui renouvelle les consciences catholiques. Je veux faire aussi le pèlerinage de trois mondes, et
m'enfermer d'abord dans cette période des invasions, sombre et
sanglante comme l'enfer. J'en sortirai pour visiter les temps qui
vont de Charlemagne aux croisades, comme un purgatoire où
pénètrent déjà les rayons de l'espérance. Je trouverai mon paradis dans les splendeurs religieuses du treizième siècle. Mais,
tandis que Virgile abandonne son disciple avant la fin de la
course, car il ne lui est pas permis de franchir la porte du ciel,
Dante, au contraire, m'accompagnera jusqu'aux dernières hauteurs du moyen âge, où il a marqué sa place. Trois femmes bénies
m'assisteront aussi : la vierge Marie, ma mère et ma sœur; mais
celle qui est pour moi Béatrix, m'a été laissée sur la terre pour
me soutenir d'un sourire et d'un regard, pour m'arracher à mes
découragements, et me montrer, sous sa plus touchante image,
cette puissance de l'amour chrétien dont je vais raconter les
œuvres. »

Note *cc*, p. 157. — Dans ses notes de voyage, Ozanam dit de
Florence que « cette cité de marbre semble vraiment comme un ouvrage d'albâtre et d'ébène déposé dans une corbeille de fleurs ».
Puis il se demande comment a pu se faire, au milieu des guerres
civiles, l'éducation de toute cette école de peintres dont elle
s'honore et qui a des anges dans ses rangs. « Où prenaient-ils
leurs vierges et leurs chérubins? C'est qu'il faut passer par la croix
pour aller à la gloire ; c'est dans les rigueurs de la pénitence et
les douleurs de la vie que descendent les visions du ciel. »

Note *dd*, page 162. — Dans la *Dispute du Saint Sacrement*,
Raphaël donne à la Théologie le costume symbolique dont Dante
a revêtu Béatrix dans la vision du *Purgatoire*, la couronne d'oli-
vier, le voile blanc, le manteau vert et la robe rouge.

Note *ee*, page 174. — Ce n'est donc pas sans raison que certains critiques l'ont présenté comme un révolutionnaire; mais
ce qu'il y avait d'exagéré dans ses idées, était trop mitigé par

ses sentiments religieux en parfait accord avec ceux qui dominaient à cette époque, pour offrir alors quelque danger.

Note *ff*, page 176. — Dans une bulle d'Innocent IV de 1254, on lit : « Nos hommes d'Église, montés sur des chevaux superbes, vêtus de pourpre, couverts de pierreries, d'or et de soie, réfléchissent dans leurs parures les rayons du soleil scandalisé, vont promener partout le spectacle de leur orgueil ; ils font voir, en leur personne, au lieu des vicaires du Christ, des héritiers de Lucifer, et provoquent la colère du peuple, non seulement contre eux-mêmes, mais contre l'autorité sacrée dont ils sont les indignes représentants. »

Note *gg*, page 178. — La dernière partie du livre d'Ozanam est intitulée : *Recherches et documents pour servir à l'histoire de Dante et de la philosophie contemporaine*. Ce n'est peut-être pas la moins curieuse, et elle est loin d'être dépourvue de charme littéraire, comme le titre pourrait le faire supposer. Il y a là de fort beaux passages sur l'influence des femmes dans la société chrétienne où « rien de grand ne se fit au sein de l'Église, sans qu'une femme y eût part », sur la chevalerie, cette école de l'honneur, « l'honneur, pudeur virile qui interdisait aux preux tout acte capable de faire rougir le front de leur dame », sur le symbolisme catholique des arts, « qui deviennent pour ceux qui s'y vouent avec foi un ministère auguste, dont la mission est de rechercher à travers le chaos de la nature déchue, les restes dispersés du dessein primordial, de les reproduire ensuite en de nouveaux ouvrages, de saisir et d'exprimer l'idée divine du beau. »

Ozanam examine, dans cette dernière partie, quelles significations différentes prirent successivement les noms rivaux de Guelfes et de Gibelins, et à quel titre Dante mérita l'un ou l'autre. Il nous apprend que l'Italie emprunta ces deux mots magiques aux querelles domestiques de l'Allemagne, qu'ils s'attachèrent alors aux défenseurs du sacerdoce et de l'empire, puis se réduisirent à un rôle plus humble dans la lutte des communes contre le système féodal, et finirent par désigner les imprudents alliés de la domination étrangère. Il démontre que, par son respect pour l'Église, par ses attaques philosophiques contre la féodalité, Dante inclinait au parti guelfe, que les dogmes monarchiques dont il faisait profession, les inimitiés qu'il nourrissait contre la France depuis l'entrée de Charles de Valois à Florence, le rapprochaient des Gibelins, mais que l'effet de ces impulsions diverses ne fut pas de l'entraîner tour à tour dans les deux sens contraires, qu'il planta sa tente sur un terrain indépendant, non pour se renfermer dans une indifférente neutralité, mais pour lutter seul avec la puissance de son génie.

« Lorsque les factions, ajoute-t-il, semblaient l'envelopper dans leurs mouvements tumultueux et lui imposer la solidarité de leurs crimes, il protestait hautement contre elles ; ses paroles sévères tombaient, comme les coups alternatifs d'une massue infatigable, sur la tête des auteurs et des compagnons de son exil, des Gibelins et des Guelfes. Il ne craignit pas de multiplier parmi ses contemporains le nombre de ses ennemis, afin de garder son nom pur de toute alliance humiliante aux yeux de la postérité... L'heure est venue de rendre au vieil Alighieri ce témoignage ambitionné qu'il se fit décerner d'avance par son aïeul Cacciaguala, dans la merveilleuse entrevue décrite au *Paradis,* qu'il ne confondit pas sa cause avec celle d'une race impie, et qu'il eut la gloire d'être à lui seul tout son parti. »

Ozanam revient à Béatrix pour compléter les preuves qu'il a données du double rôle attribué à la belle Florentine, réel dans la vie du poète, figuratif dans la fable du poème. Il voit dans la *Vita Nuova,* où Dante raconte comment naquit son amour pour Béatrix, la préface de la *Divine Comédie,* et l'apothéose de cette jeune fille lui paraît en être le thème primitif :

« Ainsi, dit-il en concluant, cette œuvre magnifique aurait subi la loi qui pèse sur toutes les œuvres humaines ; elle aurait été enfantée dans la douleur pour croître ensuite sous la sueur du front. La première inspiration serait venue de l'amour. Mais, comme, sous les traits qui lui étaient chers, le poète chrétien savait reconnaître le reflet de la pensée créatrice ; comme, pour lui, plus encore que pour Platon, le beau était la splendeur du vrai, il confondit dans un même culte, il devait confondre dans une même glorification, l'amour et la science. Plus tard, quand, précipité dans les luttes civiles, il se fut mis au service de l'idée du bien, quand il eut vu cette notion sainte outragée, dénaturée par la perversité des factions, il entreprit de la venger par la parole et, dans l'épopée de l'amour et de la science, il fit une place à la justice. Ces trois grandes lumières du monde moral, la justice, la science et l'amour, forment comme la triple auréole que Dante voulut mettre sur la tête de sa bien-aimée. Obscure enfant des bords de l'Arno, à peine connue de ses concitoyens, sitôt oubliée dans sa tombe précoce, il avait promis de la faire célèbre. Grâce à la *Divine Comédie*, le nom de Béatrix a pénétré en tous les lieux où la douce langue d'Italie n'est pas étrangère ; il se répétera dans tous les temps qui n'auront pas perdu l'héritage de la littérature chrétienne. »

Note *hh*, page 179. — Il semble, d'après cette phrase, que, dans la pensée de Lamartine, toutes les âmes, quelles qu'elles soient, doivent finir par s'unir à Dieu en passant par des évolutions successives ; ce qui est contraire au dogme de l'éternité des peines de l'Enfer.

Note *ii*, page 181. — Ozanam rend parfaitement les passages pleins de grâce, tels que celui de la fin du vingt-quatrième chant, qu'il traduit ainsi : « Comme, messagère des premières blancheurs du jour, la brise de mai passe et embaume, tout imprégnée des parfums de l'herbe et des fleurs, je sentis un souffle me toucher au milieu du front, et le battement de l'aile qui me parfuma d'ambroisie. »

Dans la préface des œuvres complètes d'Ozanam, M. J.-J. Ampère dit que Frédéric avait aussi traduit l'*Enfer* de Dante et une partie du *Paradis ;* mais la traduction du *Purgatoire* a seule été publiée. Quand cette traduction parut, M. J.-J. Ampère en fit le plus grand éloge dans un excellent article du *Journal des Débats* : « En la lisant, disait-il, on contemple Dante à travers un voile sans doute, car toute traduction est un voile, mais un voile aussi léger, aussi transparent que possible. On y trouve, ce qui est plus important que la fidélité des détails, la fidélité de l'ensemble ; on y sent, d'un bout à l'autre, la suavité mélancolique qui donne au *Purgatoire* un charme si pénétrant, une beauté si attendrissante, et que l'âme noble et douce, passionnée et souffrante d'Ozanam était si bien faite pour exprimer. »

Dans son ouvrage sur *la Grèce, Rome et Dante*, M. J.-J. Ampère loue, sans réserve, *Dante et la philosophie catholique au treizième siècle*. « Ozanam, dit-il, a cherché à reconstruire le système théologique contenu dans le prodigieux poème de la *Divine Comédie*, et il l'a fait avec une vraie supériorité. »

Note *jj*, page 187.— On lit dans la même lettre ces belles réflexions :

« Il me semble que je vois se reformer dans un monde meilleur cette société de personnes respectables et chères qui m'entourèrent à l'entrée de la vie et m'attendent à la fin. Je m'habitue à m'entretenir avec elles ; par elles, mes pensées s'élèvent plus facilement vers ces régions invisibles où Dieu réside. Si Dieu y résidait seul, nous pourrions trop l'oublier; mais, en rappelant ainsi l'un après l'autre ceux que nous aimons, il nous force bien de prendre avec eux le chemin du ciel. Quand tout petits, nos mères nous apprenaient à croire, à espérer, à aimer, elles posaient, sans y penser, les degrés par où nous remontons jusqu'à elles, maintenant que nous les avons perdues. »

Note *kk*, page 199. — Victor Hugo raconte dans ses *Lettres sur le Rhin* qu'en 1814 les souverains alliés firent, à Aix-la-Chapelle, « leur visite à l'ombre du grand Charles », et que le roi de Prusse se fit expliquer, par le prévôt du chapitre, le couronnement des empereurs d'Allemagne, auquel servait, depuis Frédéric Barberousse jusqu'à Ferdinand 1er, le fauteuil de marbre où Charlemagne était assis dans son tombeau. Le roi de Prusse avait-il déjà le pressentiment de l'avenir réservé, au moins pour un temps, à son pays et à sa dynastie, la France d'Austerlitz et d'Iéna étant alors accablée sous les coups de la coalition, et commençant à expier sa gloire que plus tard, hélas ! elle expiera plus durement encore?

Note *ll*, page 199. — L'archevêque de Cologne était à cette époque en prison, pour avoir résisté, en digne émule de saint Thomas de Cantorbéry, à la tyrannie du gouvernement prussien qui voulait le forcer à violer les lois de l'Église.

Note *mm*, page 217. — C'est le mot méprisant dont un Français, hélas ! aimait à se servir, en parlant de ses compatriotes, dans sa correspondance avec son royal ami, Frédéric II ; ce Français, c'était Voltaire !

Note *nn*, page 224. — M. de Montalembert était le chef de l'école des « catholiques avant tout ». Nul ne l'exaltait plus qu'Ozanam, qui lui écrivait le lendemain d'un de ses plus beaux triomphes oratoires : « Je reconnais l'accent de saint Grégoire VII, de saint Anselme et de saint Bernard, quand vous défendez les libertés de l'Église, les plus vieilles et pourtant les plus jeunes et seules impérissables libertés. » Ozanam avait depuis longtemps adopté la devise de M. de Montalembert ; il était, comme lui, « catholique avant tout ». Il faisait de la charité — ce grand principe auquel il subordonnait toutes ses idées — le fondement de ses opinions politiques. Tout bon gouvernement devait, selon lui, avoir la charité pour but ; il ne considérait l'autorité et la liberté que comme des moyens de la pratiquer sur une large échelle. La république chrétienne, c'est-à-dire le sacrifice de chacun au profit de tous, tel était son idéal. « Je crois, disait-il, qu'on doit avertir d'une voix courageuse et sévère le pouvoir qui exploite au lieu de se sacrifier. La parole est faite pour être la digue qu'on oppose à la force ; c'est le grain de sable où vient se briser la mer... L'opposition est une chose utile et louable, mais non l'insurrection. Obéissance active, résistance passive : les *Prisons* de Silvio Pellico, et non les *Paroles d'un croyant*. »

Ozanam soutenait que l'Église ne patronnait ni ne proscrivait tel ou tel système politique, et qu'elle était l'alliée sincère de tous les gouvernements, lorsqu'ils se montraient respectueux de ses droits et de ses libertés. La belle Encyclique où brille la sagesse de Léon XIII l'eût comblé de joie, s'il eût été encore de ce monde, quand elle a paru. Ce fervent catholique, qu'on ne pou-

vait accuser de faiblesse, fut constamment l'apôtre des concilia-
tions basées sur la raison et sur l'équité.

Note oo, page 225. — Le jour de Pâques de l'année 1842, où pour
la première fois eut lieu la grande cérémonie qui termine, tous les
ans, depuis cette époque, la retraite de Notre-Dame, Ozanam
écrivait à son plus jeune frère : « Le jour est trop beau pour ne
pas le passer en famille. Déjà ce matin, je n'étais pas seul. Depuis lundi dernier, chaque soir, plus de six mille hommes assistaient à la retraite prêchée par le Père de Ravignan. J'ai suivi
ses admirables discours : il était impossible de rien entendre de
plus élevé et de plus solide ; surtout on ne pouvait rien voir de
plus imposant que l'assemblée. A la sortie, la foule se pressait
par les trois portes pour couvrir la place. La grande basilique,
avec sa façade noire et ses tours majestueuses, laissant apercc-
voir, par son portail ouvert, la nef illuminée, représentait, pour
ainsi dire, l'édifice sacré de la foi dont les mystères sont sévères
au dehors, mais recèlent au dedans d'infinies clartés. »

Le côté poétique de toute chose impressionnait vivement Ozanam, et il excellait, comme on vient de le voir, à le peindre. Il
était naturellement porté à mêler un grain de poésie à tout ce
qui sortait de sa plume.

Parlant de la communion générale des hommes à laquelle il
avait pris part, heureux de voir se réaliser à la Table sainte, par
la réunion de toutes les classes sociales, la véritable égalité et
la véritable fraternité :

« Nos rangs serrés, dit-il, remplissaient la grande nef du milieu ; il y avait là de nobles et riches personnages, et à côté
d'eux des pauvres en veste à demi déchirée. J'ai remarqué des
étudiants en grand nombre... Après le *Te Deum* magnifique qui a
retenti sous ces immenses voûtes, nous nous sommes séparés
profondément émus. »

Ces réflexions d'Ozanam sur la belle solennité de Notre-Dame
me rappellent un article qu'il fit paraître dans *le Correspondant*,
quelques mois avant sa mort. Pendant son séjour à Pise, il avait
découvert, à la bibliothèque du couvent de Sainte-Catherine, un

manuscrit tout poudreux écrit en vieux français, et il y avait trouvé, en le déchiffrant, la description d'*Une communion pascale au douzième siècle* du temps de l'évêque Maurice, alors que le monument était encore inachevé. Cette description lui avait fourni le sujet de son article. Il rapprochait les deux époques et s'écriait dans un beau mouvement d'éloquence : « Il semble que des dalles soulevées de Notre-Dame sorte pour la remplir tout le peuple chrétien dont nous sommes les fils... Chaque année, au même jour, la vieille basilique, élevée par la simplicité hardie de nos aïeux, revoit la même foule : jeunes novices arrachés à la corruption des ateliers, jeunes soldats enlevés à la licence des casernes, jeunes disciples des Écoles, hommes de lettres et hommes d'État échappés au naufrage de toutes les doctrines et de toutes les révolutions. Le successeur de l'évêque Maurice, comme lui conduit aux honneurs de l'Église par la science et la vertu, comme lui béni des pauvres, monte dans la même chaire pour y porter la même parole. Et, lorsqu'il finit, en entonnant le *Te Deum*, quand l'hymne de reconnaissance, répété par trois mille voix, ébranle les nefs triomphantes, nous touchons aux générations qui les ont bâties ; les sept cents ans écoulés disparaissent comme un jour ; la pensée du temps s'évanouit, et ne laisse plus courir dans l'assemblée frémissante que le sentiment de l'éternité. »

Note *pp*, page 230. — M. J.-J. Ampère, et le Père Lacordaire lui-même, très bons juges l'un et l'autre en pareille matière, ont admirablement fait ressortir les qualités de premier ordre qu'Ozanam déploya dans sa chaire de littérature.

« Ceux qui n'ont pas entendu professer Ozanam, dit M. Ampère, ne connaissent pas ce qu'il y avait de plus personnel dans son talent. Préparations laborieuses, recherches opiniâtres dans les textes, science accumulée avec de grands efforts, et puis improvisation brillante, parole entraînante et colorée, tel était l'enseignement d'Ozanam. Il est rare de réunir au même degré les deux mérites du professeur, le fond et la forme, le savoir et l'éloquence. Il préparait ses leçons comme un bénédictin et les prononçait comme un orateur. »

Le Père Lacordaire insiste encore davantage sur tous ces points si importants :

« Ceux-là seuls qui ont dit leur âme devant un auditoire, savent les tourments de la parole publique, tourments qui arrachaient à Cicéron ce cri plaintif : « Quel est l'orateur qui, au « moment de parler, n'a senti ses cheveux se raidir et ses extré- « mités se glacer ? » Ozanam plus qu'un autre était sujet au mal de l'éloquence... Défiant de lui-même, il amassait, pour chacune de ses leçons, avec une fatigue religieuse, des matériaux sans nombre autour de sa pensée, les fécondant par ce regard prolongé de l'intelligence qui les met en ordre, et, enfin, leur donnait la vie dans ce colloque mystérieux de l'orateur qui se dit à lui-même ce qu'il dira demain, ce soir, tout à l'heure, à l'auditoire qui l'attend. Ainsi armé, tout pâle cependant et défait, Ozanam montait à sa chaire. Il n'y avait rien de bien ferme ni de bien accentué dans son début; les mots semblaient lui arriver difficilement; son geste était embarrassé; son regard mal sûr paraissait craindre d'en rencontrer un autre ; mais peu à peu, par l'entraînement que la parole se communique à elle-même, par l'action d'une conviction forte sur l'esprit qui s'en fait l'organe, on voyait de moment en moment la victoire grandir, et lorsque l'auditoire lui-même était une fois sorti de ce premier et morne silence si accablant pour l'homme qui doit le soulever, alors l'abîme rompait ses digues, et l'éloquence tombait à flots sur une terre émue et fécondée. Des applaudissements sincères répondaient à l'orateur, et, tout palpitant d'un bonheur acheté par huit jours de travail et par une heure de verve, il retournait chez lui retrouver la peine qui est la condition de tout service et l'instrument de toute gloire... Quoique la patience nécessaire à l'investigation des livres et des antiquités s'allie mal au feu qui jaillit d'une imagination créatrice, Ozanam, par un don singulier, possédait à la fois l'éloquence et l'érudition. L'une lui était aussi naturelle que l'autre. Il pouvait toute une nuit veiller dans les régions abstruses d'une langue ensevelie ou d'une œuvre inconnue, et le lendemain écrire des vers, préparer un discours, s'échauffer solitairement dans la contemplation directe du vrai et du beau... Il était grand dans la poudre, avec la pioche du mineur ; il était grand dans la lumière, avec le simple regard de l'esprit. Cela lui donnait sa physionomie, mélange de solidité et d'enthousiasme jeune et ardent. »

C'est là sans contredit un des meilleurs portraits qui aient été faits de Frédéric Ozanam, considéré surtout comme professeur. Le fait suivant le complète de la façon la plus glorieuse pour lui.

Un de ses collègues, M. Lenormant, fut l'objet de manifestations hostiles de la part des jeunes incrédules qui suivaient son cours, quand, après avoir été ramené au catholicisme par des études consciencieuses, il eut modifié l'esprit de son enseignement. Ozanam alla sans hésitation s'asseoir à ses côtés, et, protestant avec énergie, au milieu du tumulte, contre cette violation de la liberté de conscience, imposa silence aux perturbateurs par sa fermeté. Ce jour-là, en se montrant le généreux défenseur du droit, Ozanam ajouta une bien belle page à sa noble vie. Il juge ainsi dans une de ses lettres l'émeute suscitée contre M. Lenormant à la Sorbonne : « C'est une affaire arrangée sans passion, mais avec un indigne calcul, dans les bureaux de quelques journaux révolutionnaires, afin d'entretenir le public irréligieux dans cette espèce de fièvre où il était ces dernières années, et de créer de nouvelles difficultés au gouvernement. Comme ces gens-là y mettent toute l'opiniâtreté d'un parti pris, et que le gouvernement y met toute la faiblesse qu'il continue de montrer, dès qu'il s'agit de protéger les croyances, il est à craindre que les violences ne se renouvellent, et, n'y eût-il, comme la dernière fois, qu'une soixantaine de tapageurs, s'ils reviennent à la charge, ils finiront bien par faire fermer le cours. » Ce fut en effet ce qui arriva ; quelques étudiants réussirent à intimider le gouvernement, qui n'avait pas le courage d'Ozanam, et l'enseignement si bienfaisant de M. Lenormant, trahi par la mollesse de ceux dont le devoir était de défendre, là comme ailleurs, la cause de l'ordre public, fut suspendu.

Ozanam était profondément attaché à sa brillante profession ; il sentait vivement ce qu'elle avait de noble et d'élevé. Il écrivait,

pendant que la maladie l'avait forcé à interrompre son cours :
« Après les consolations infinies qu'on trouve au pied des autels,
après les joies de la famille, je ne connais pas de bonheur plus
grand que celui de parler à des jeunes gens qui ont de l'intelligence et du cœur. »

Il avait eu de bonne heure comme l'intuition de ce qu'il convenait de faire pour donner satisfaction aux exigences des situations, si différentes les unes des autres, que devaient occuper
dans le monde les diverses catégories d'élèves soumises alors
par l'Université au même régime intellectuel.

Un de ses articles, publié en 1840 dans *le Contemporain*, renferme le développement de ses vues sur l'enseignement qu'on a,
depuis, appelé *l'enseignement spécial*. C'est en quelque sorte
l'exposé anticipé du système qui fonctionne aujourd'hui sous ce
nom dans tous les établissements universitaires.

Note *qq*, page 238. — « Nulle part, dit Ozanam dans une de ses
lettres, on ne voit mieux l'innocence, la simplicité, l'invincible
courage de l'Église naissante, et tout ce qui fait sentir sa divinité.»
Dans son ouvrage sur les *Poètes franciscains,* Ozanam consacre
plusieurs pages à la description des Catacombes. J'y remarque le
passage suivant : « Aucun édifice sorti de la main des hommes
ne donne de plus grandes leçons. En pénétrant dans ces voies
ténébreuses, on apprenait à se séparer de tout ce qui est visible,
et de la lumière même par laquelle tout est visible. Le cime-
tière y enveloppait tout le reste, comme l'éternité enveloppe le
temps, et les oratoires pratiqués de distance en distance étaient
comme autant de jours ouverts sur l'immortalité, pour consoler
les âmes de la nuit d'ici-bas. »

Note *rr*, page 246. — Son inépuisable correspondance prouve
bien que, tout sérieux qu'il était, Ozanam savait manier la plai-
santerie. Voici une petite scène de comédie qu'il a vraiment bien
rendue dans une lettre : « Excusez mes pieds de mouche et les
ratures dont ils sont ornés. Mais je vous écris à la Sorbonne, au
milieu des candidats au baccalauréat, pendant que mes collègues
interrogent. — « Quelle est l'assemblée qui précéda les États

« généraux de 1789 ? » — L'auditoire souffle : « Les notables. » —
Le candidat : « Monsieur, c'est l'assemblée des notaires. » —
L'examinateur : « Vous saurez mieux l'histoire du siècle de
« Louis XIV. Comment se nommait le surintendant des finances
« célèbre par ses malheurs ? » — L'auditoire souffle : « Fou-
« quet. » — Le candidat : « Monsieur, il s'appelait Fould. » —
Voyez si l'on peut faire une lettre au milieu de pareils gail-
lards. »

Un voyage qu'il fit, vers l'époque de laquelle date cette lettre,
dans une partie de la Bretagne, de ce pays si remarquable, d'un
côté, par la variété de ses sites pittoresques, de l'autre, par
l'inébranlable fidélité de ses habitants à la foi de leurs pères,
lui fournit l'occasion d'être témoin d'une lutte entre paysans bretons un jour de fête locale ; il se plaira à la raconter en vers :

> C'était sur le penchant d'une verte colline,
> Que l'Aven caressait de son onde argentine.
> La lice allait s'ouvrir, et le lutteur debout
> Toisait son adversaire et mesurait son coup;
> On voyait accourir et se former en haies
> Bretons aux longs cheveux, Bretons aux larges braies.
> Un pourpoint bleu descend sur leur triple gilet.
> Leur front brun s'arrondit sous un chapeau coquet.
> J'adore ce costume ; il occupe son homme
> Et ne tolère point qu'un petit-maître chôme;
> Car, s'il ne retient pas sa culotte à la main,
> L'utile vêtement l'abandonne en chemin.
> Les dames étalaient, en habits des dimanches,
> L'édifice orgueilleux de leurs cornettes blanches,
> Et les petits Bretons, à l'envi bretonnants,
> Se suspendaient en grappe aux pins environnants.
> Quand un cri tout à coup a soulevé la foule :
> Tel aux rocs de Penn-March le vent pousse la houle.
> Le combat s'échauffait, l'Hercule de céans
> A saisi son rival entre ses bras géants,
> Lorsque lui, se baissant pour recueillir sa force,
> La chemise et la braie achèvent leur divorce,
> Et promettent soudain à ce peuple moral
> Un spectacle nouveau, mais peu municipal.
> Mais le maire veillait sur la vertu publique.
> Courageux magistrat ! vers le groupe athlétique

> Il s'élance, et, mettant la pudeur en repos,
> La canne officielle intervient à propos.
> Le reste se passa comme au siècle d'Homère :
> Le plus adroit des deux mit son homme par terre,
> Et, triomphant, reçut, pour prix de son savoir,
> Un gras mouton qu'il fit rôtir le même soir,
> C'est alors que le cidre et le vin circulèrent,
> De buveurs trébuchants les gazons s'émaillèrent,
> Et plus d'un Bas-Breton, dans l'ornière bercé,
> Goûta jusqu'au matin l'oubli du mal passé.

En 1851, quelques jours avant le coup d'État du 2 décembre, il écrira à M. Ampère alors en Amérique : « Pour peu que vous tardiez à revenir, je ne puis vous garantir que vous trouverez votre fauteuil à l'Académie française ; il pourrait bien avoir chauffé la soupe des insurgés. Heureux mortel, vous ne verrez pas la fumée de nos incendies ! Mais vous serez là-bas, sur ce rivage paisible, pour y recevoir vos amis fugitifs. Vous protégerez Mme Ozanam, et vous lui ferez avoir une échoppe de bouquetière dans *Broad street*. Quant à moi, je parle trop mal l'anglais pour exercer mes petits talents de professeur et d'avocat, et je ne me vois guère d'autre carrière que de battre la grosse caisse derrière la voiture de mon frère, quand il ira arracher les dents. Voilà pourtant la fin de cette famille Ozanam qui avait promis de grandes choses. »

Note *ss*, page 249. — Pendant qu'Ozanam professait à la Sorbonne, l'épiscopat français réclamait d'une voix unanime la liberté d'enseignement, l'une des grandes libertés de l'âme. M. de Montalembert brillait au premier rang, par son énergie non moins que par son talent, parmi les catholiques qui s'associaient à leurs évêques dans cette lutte ardente contre le monopole universitaire battu en brèche de tous côtés. Ozanam pensait et sentait comme eux au fond du cœur ; il faisait des vœux pour leur succès ; mais il se trouvait dans une situation délicate. Le Père Lacordaire va nous dire comment il en surmonta les difficultés et parvint à tout concilier, sans manquer jamais ni à ses devoirs de chrétien ni à ses devoirs de professeur de l'Université :

« Sous M. de Montalembert, et chacun à son poste, on s'ani-

mait au combat, et, si l'injure et l'injustice appelaient trop souvent des représailles qu'il eût mieux valu ne pas mériter, du
moins la trahison n'était nulle part. On pouvait regretter des
paroles; on n'avait point à regretter de silence. Ozanam, par la
position qu'il tenait de Dieu, était de nous tous le plus douloureusement placé. Catholique fervent, ami dévoué des libertés
sociales, de celles de l'âme en particulier, parce qu'elles sont le
fondement de toutes les autres, il ne pouvait cependant mé-
connaître qu'il appartenait au corps dépositaire légal du monopole de l'enseignement. Fallait-il rompre avec ce corps qui
l'avait reçu si jeune et comblé d'honneurs? Fallait-il, demeurant dans son sein, prendre une part active et nécessairement
remarquée à la guerre qui lui était faite? Dans le premier cas,
Ozanam abdiquait sa chaire : pouvait-on le lui conseiller? Dans le
second cas, il appelait le même résultat, en se donnant le tort de
l'attendre : pouvait-on encore le lui conseiller? Et cependant
le professeur chrétien, le chrétien libéral, Ozanam, pouvait-il
se séparer de nous?

« Il est rare que, dans les situations les plus difficiles et où
tout semble impossible, il n'y ait pas un certain point qui concilie
tout, comme en Dieu les attributs en apparence les plus dissem-
blables se rencontrent quelque part dans l'harmonie d'une parfaite unité. Ozanam conserva sa chaire : c'était son poste dans
le péril de la vérité. Il n'attaqua point expressément le corps
auquel il appartenait : c'était son devoir de collègue et d'homme
reconnaissant. Mais il demeura dans la solidarité la plus entière
et la plus avérée avec ceux qui défendaient de tout leur cœur la
cause sacrée de la liberté d'enseignement.

« Aucun des liens qui l'attachaient aux chefs et aux soldats
ne subit d'atteinte. Il était et il fut de toutes les assemblées, de
toutes les œuvres, de toutes les inspirations de ce temps, et ce
qu'il ne disait pas dans sa chaire ou dans ses écrits ressortait de
son influence avec une clarté qui était plus qu'une confession.
Aussi pas un seul moment de défiance ou de froideur ne dimi-
nua-t-il le haut rang qu'il avait parmi nous; il garda tout ensemble
l'affection des catholiques, l'estime du corps dont il était membre,

et, au dehors des deux camps, la sympathie de cette foule mobile et vague qui est le public, et qui tôt ou tard décide de tout. »

Ce témoignage du Père Lacordaire, qui joua un si grand rôle dans la conquête de la liberté d'enseignement, honore infiniment Frédéric Ozanam. Nul ne pouvait mieux le juger que lui, et l'hommage qu'il rend au professeur et au catholique, après les avoir vus à l'œuvre de si près, est un des plus beaux titres de ce saint homme à notre admiration. Ozanam eut toujours cette modération intelligente qui est un des charmes de la vertu, et ajoute en même temps à son influence non moins puissante que douce. Il se montre sous son vrai jour, quand il dit, au sujet du cours de M. Lenormant et du sien, dans une lettre écrite au plus fort de la lutte : « Nous avons hautement professé notre foi, réfuté les systèmes contraires, nous efforçant à servir Dieu en servant les bonnes études. Mais nous n'avons pas cherché à mettre dans la Faculté de Paris une division qui n'existait pas, à faire deux camps, à livrer des batailles, et je crois qu'il importe beaucoup au bien de la jeunesse qu'il n'en soit pas ainsi, que nos leçons ne soient pas regardées par nos collègues comme des provocations qui solliciteraient une réponse, et que, si plusieurs sont étrangers à la foi, on n'en fasse pas des ennemis. »

Note *tt*, page 250. — M. Foisset et M. J.-J. Ampère ont rendu compte de l'ouvrage d'Ozanam intitulé *les Poètes franciscains*, l'un dans *le Correspondant*, l'autre dans la *Revue des Deux-Mondes*. Ce qu'ils admirent le plus tous les deux, c'est cette alliance d'une profonde érudition et d'un enthousiasme non moins poétique que religieux, qui distingua toujours les écrits comme la parole d'Ozanam. Cet enthousiasme a, dans le livre dont il s'agit, un caractère de naïveté vraiment angélique, en parfaite harmonie avec les chants composés par les humbles disciples de Saint-François, et avec les récits qui forment la légende du saint. Nous avons là, à la suite d'un aperçu de l'art chrétien et de la poésie chrétienne, ces récits eux-mêmes sous le nom de *Fioretti* (petites fleurs de saint François), choisis et mis en français « par une main plus délicate que celle d'Ozanam, **et qu'il** avait été heureux de trouver si près de lui. »

En glissant sur ces *Fioretti,* M. Foisset fait observer que « les fleurs se respirent et ne s'analysent pas ». Il en est une que je ne peux m'empêcher de détacher de ce bouquet : tant elle me paraît exquise ! « Un jour, épuisé de combats et d'abstinence, François d'Assise pria Dieu de lui faire essayer, dès ce monde, la joie des bienheureux dans le ciel. Or, pendant qu'il était dans cette pensée, un ange lui apparut environné d'une grande lumière, lequel tenait une viole de la main gauche et un archet de la main droite, et, François demeurant tout ébloui à l'aspect de l'ange, celui-ci poussa une seule fois l'archet sur la viole et en tira une mélodie si suave qu'elle pénétra l'âme du serviteur de Dieu, la détacha de tout sentiment corporel, et, si l'ange eût retiré l'archet jusqu'en bas, l'âme, entraînée par cette irrésistible douceur, se fût échappée du corps. » Ozanam a bien raison de dire, dans *les Sources poétiques de la Divine Comédie,* qu'il était difficile de représenter le bonheur sous une image plus immatérielle et en même temps plus charmante.

Ozanam s'étend longuement, dans *les Poètes franciscains,* sur Jacoponi de Todi, l'auteur du *Stabat,* « cette complainte si triste dont les strophes monotones tombent comme des larmes, si douce qu'on y reconnaît une douleur toute divine et consolée par des anges, si simple enfin dans son latin populaire que les femmes et les enfants en comprennent la moitié par les mots, l'autre moitié par le chant et par le cœur ». C'est une étude très complète sur ce poète « qui, dit-il, se détache si bien de la foule, qu'il faut aller chercher sous des haillons et dans un cachot », sur ce poète « tout brûlant d'amour de Dieu et de passions politiques, humble et téméraire, savant et capricieux, capable de tous les ravissements, quand il contemple, de tous les emportements, quand il châtie, et, lorsqu'il écrit pour le peuple, descendant à des trivialités incroyables, au milieu desquelles il trouve tout à coup le sublime et la grâce ».

Après avoir énergiquement condamné ses excès de langage, Ozanam ajoute avec sa mansuétude habituelle : « Au spectacle qu'il nous offre, nous apprendrons, pour les temps de discorde, à croire la vertu possible dans des rangs qui ne sont pas les nôtres, et à mesurer nos coups dans la mêlée, puisqu'ils peuvent tomber sur des adversaires dignes de tous nos respects. »

Les torts graves du bienheureux Jacopone, dans lesquels il a su puiser une si utile leçon, lui inspirent d'autres réflexions d'un ordre encore plus élevé : « La gloire de Dieu, dit-il, n'est pas intéressée à cacher les fautes des justes. Les incroyants peuvent s'en réjouir, les faibles s'en étonner; les esprits fermes dans la foi en prennent sujet d'admirer la supériorité du christianisme, qui jamais n'imagina ses saints comme des hommes sans passions et sans faiblesses; il les conçoit tels que la nature les a faits, passionnés, faillibles, mais capables d'effacer, par un jour de repentir, plusieurs années d'erreurs. »

Ozanam a découvert que Fra Giacomino de Vérone avait fait un poème sur *l'Enfer* et *le Paradis*, et que Dante l'avait imité en plusieurs endroits. C'est dans les moines franciscains qu'il a trouvé les prédécesseurs des trois grands poètes italiens, de Dante, de Pétrarque et du Tasse, comme il avait trouvé dans les Catacombes la tige originelle de la poésie italienne elle-même; de cette poésie, dont il met si bien en relief, dans une ingénieuse comparaison, la puissance créatrice. « La Fable, dit-il, raconte que Mercure enfant, jouant au bord de la mer, ramassa dans le sable une écaille de tortue dont il fit la première lyre. Ainsi le génie italien prit, à ses pieds dans la poussière, l'humble idiome dont il fit un instrument immortel. »

Note *uu,* page 252. — On trouve, dans une simple lettre écrite vers le même temps, cette description du cirque de Gavarnie : « Les Alpes n'ont rien de comparable au cirque de Gavarnie. Figurez-vous, non pas un cirque, mais une abside de cathédrale, haute de dix-huit cents pieds, couronnée de neige, sillonnée de cascades dont la blanche écume se détache sur des rochers de la plus chaude couleur. Les murs en sont comme taillés à pic. Quand les nuages flottent au-dessus, ils semblent comme les draperies

du sanctuaire, et, si le soleil y brille, le flambeau n'y paraît pas
trop éclatant pour éclairer cet édifice qu'on dirait commencé
par des anges et interrompu par quelque faute des hommes. »

Dans une autre lettre, datée de Pise, Ozanam décrit ainsi la
cathédrale de cette ville : « Ah! ces vieux maîtres avaient bien
compris que l'église doit être une Jérusalem céleste, et ils con-
struisirent celle-ci avec tant de légèreté qu'on ne saurait dire si
elle s'est élevée de la terre, ou si elle y pose seulement, descen-
due du ciel. Les quatre-vingts colonnes qui portent ses cinq
nefs, sont élancées comme les palmiers des jardins éternels. Des
anges qu'on croit peints par Guirlandaio, mais qui vivent assurément, montent et descendent en groupes charmants le long
du grand arc qui ouvre le sanctuaire. »

Il ne manque que la rime à de telles descriptions pour en
faire de belles poésies.

Note *vv*, page 252. — Voici quelques passages de la lettre qui
renferme cette exposition de la doctrine catholique :

« Il faut faire, en matière de religion, ce qu'on fait en matière
de science : s'assurer d'un certain nombre de vérités prouvées, et
ensuite abandonner les objections à l'étude des savants. Je crois
fermement que la terre tourne ; je sais pourtant que cette doctrine a ses difficultés ; mais les astronomes les expliquent, et s'ils
ne les expliquent pas toutes, l'avenir fera le reste. Ainsi de la
Bible ; elle est hérissée de questions difficiles ; mais les unes
sont résolues ; d'autres, jusqu'ici considérées comme insolubles,
ont trouvé leur réponse de nos jours ; il en reste beaucoup ; mais
Dieu le permet, pour tenir l'esprit humain en haleine et pour
exercer l'activité des siècles futurs.

« Non, Dieu ne peut pas exiger que la vérité religieuse, c'est-
à-dire la nourriture nécessaire de toutes les âmes, soit le fruit
de longues recherches, impossibles au grand nombre des ignorants, difficiles aux savants. La vérité doit être à la portée des
petits, et la religion reposer sur des preuves accessibles au dernier des hommes. Tous les peuples ayant une religion, bonne
ou mauvaise, la religion est donc un besoin universel, perpétuel,

par conséquent légitime, de l'humanité. Dieu qui a donné ce besoin, s'est donc engagé à le satisfaire; il y a donc une religion véritable. Or, entre les religions qui partagent le monde, sans qu'il faille ni longue étude, ni discussion des faits, qui peut douter que le christianisme soit souverainement préférable, et que seul il conduise l'homme à sa destination morale? Mais, dans le christianisme, il y a trois Églises : la protestante, la grecque et l'Église catholique, c'est-à-dire l'anarchie, le despotisme et l'ordre. Il est aisé de choisir, et le christianisme n'a pas besoin d'autre démonstration.

« Voilà le court raisonnement qui m'ouvre les portes de la foi. Mais, une fois entré, je suis tout éclairé d'une clarté nouvelle, et bien plus profondément convaincu par les preuves intérieures du christianisme. J'appelle ainsi cette expérience de chaque jour qui me fait trouver dans la foi de mon enfance toute la force et la lumière de mon âge mûr, toute la sanctification de mes joies domestiques, toute la consolation de mes peines. Quand toute la terre aurait abjuré le Christ, il y a dans l'inexprimable douceur d'une communion, et dans les larmes qu'elle fait répandre, une puissance de conviction qui me ferait encore embrasser la croix et défier l'incrédulité du monde entier. Mais je suis loin de cette épreuve, et, au contraire, combien cette foi du Christ, qu'on représente comme éteinte, agit fortement dans l'humanité !.... Je ne citerai que les jeunes prêtres que je vois partir du séminaire des Missions étrangères pour aller mourir au Tonkin, comme mouraient saint Cyprien et saint Irénée, et ces ecclésiastiques anglicans convertis, qui abandonnent des bénéfices de cent mille francs de rente, et qui viennent à Paris donner des leçons pour faire vivre leurs femmes et leurs enfants. Non, le catholicisme n'est dénué ni d'héroïsme dans le temps de Mgr Affre, ni d'éloquence dans le temps du Père Lacordaire, ni de tous les genres de gloire et d'autorité dans le siècle qui a vu mourir chrétiens Napoléon, Chateaubriand et Royer-Collard.

« Indépendamment de cette évidence intérieure, depuis dix ans, j'étudie l'histoire du christianisme, et chaque pas que je fais dans cette étude affermit mes convictions. Je lis les Pères, et je suis ravi des beautés morales, des clartés philosophiques dont ils m'éblouissent. Je m'enfonce dans les âges barbares, et j'y vois la sagesse de l'Église et sa magnanimité. Je ne méconnais pas les désordres du moyen âge ; mais je m'assure que la vérité catholique y lutta seule contre le mal, et tira de ce chaos les prodiges de vertu et de génie que nous admirons. Je suis passionné pour les conquêtes de l'esprit moderne ; j'aime la liberté, et je l'ai servie ; mais je crois que nous devons à l'Évangile la liberté, l'égalité, la fraternité... Je crois à la vérité du christianisme ; donc, s'il y a des objections, je crois qu'elles se résoudront tôt ou tard ; je crois même que quelques-unes ne se résoudront jamais, parce que le christianisme traite des rapports du fini avec l'infini, et que jamais nous ne comprendrons l'infini. Tout ce que ma raison peut exiger, c'est que je ne la force pas de croire l'absurde. Or, il ne peut pas y avoir d'absurdité philosophique dans une religion qui a satisfait l'intelligence de Descartes et Bossuet, ni d'absurdité morale dans une croyance qui a sanctifié saint Vincent de Paul, ni d'absurdité philologique dans une interprétation des Écritures qui contentait l'esprit rigoureux de Sylvestre de Sacy. Quelques modernes ne peuvent supporter le dogme de l'éternité des peines ; ils le trouvent inhumain. Mais pensent-ils aimer plus l'humanité, ou avoir une conscience plus exacte du juste et de l'injuste que saint Augustin et saint Thomas, saint François d'Assise et saint François de Sales ? Ce n'est donc pas qu'ils aiment plus l'humanité ; c'est qu'ils ont un sentiment moins vif de l'horreur du péché et de la justice de Dieu.

« Ah ! mon ami, ne nous perdons pas dans des discussions infinies. Nous n'avons pas deux vies, l'une pour chercher la vérité, l'autre pour la pratiquer. C'est pourquoi le Christ ne se fait pas chercher. Il se montre tout vivant dans cette société chrétienne qui vous environne, il est devant vous ; il vous presse.... Rendez-vous à ce Sauveur qui vous sollicite. »

Note *xx*, page 253. — Ozanam avait été ravi de trouver à Florence, à Livourne, à Pise, comme à Londres et à Burgos, des conférences de saint Vincent de Paul. En écrivant à un des siens, il exprimait ainsi le bonheur qu'elles lui avaient fait éprouver :

« Les larmes de joie me viennent aux yeux, quand je retrouve à ces distances notre petite famille, toujours petite par l'obscurité de ses œuvres, mais grande par la bénédiction de Dieu. Les langues diffèrent ; mais c'est toujours le même serrement de main, la même cordialité fraternelle, et nous pouvons nous reconnaître au même signe que les premiers chrétiens : Voyez-vous comme ils s'aiment ? »

N'est-ce pas là le beau idéal de la charité ?

Note *yy*, page 255. — Voici ce qu'il écrivait à M. Foisset, en lui annonçant la naissance de cette enfant : « Quel moment que celui où j'ai entendu le premier cri de mon enfant ! où j'ai vu cette petite créature, mais cette créature immortelle, que Dieu remettait entre mes mains ! qui m'apportait tant de douceurs, mais aussi tant d'obligations ! Avec quelle impatience j'ai vu venir l'heure de son baptême ! Nous lui avons donné le nom de Marie, qui était celui de ma mère, et en mémoire de la toute-puissante patronne à laquelle nous attribuons cette heureuse naissance..... Nous commencerons de bonne heure l'éducation de ce petit ange, en même temps qu'il recommencera la nôtre... Je ne puis voir cette douce figure, toute pleine d'innocence et de pureté, sans y trouver l'empreinte du Créateur, moins effacée qu'en nous. Je ne puis songer à cette âme impérissable dont j'aurai à rendre compte, sans que je me sente plus pénétré de mes devoirs. Comment pourrai-je lui donner des leçons, si je ne les pratique ? Dieu pouvait-il prendre un moyen plus aimable de m'instruire, de me corriger, et de me mettre dans le chemin du ciel ? »

Dès ce moment, Ozanam voulut se préparer à former l'esprit et le cœur de l'enfant que Dieu lui avait donnée. Ce fut sans doute dans ce but qu'il traduisit de l'anglais les *Lettres de mistress Chapone pour servir à l'éducation d'une jeune fille*. Cette traduction est précédée d'une préface pleine d'observations judicieuses. Ozanam y rappelle les lettres de saint Jérôme à Leta et à Gaudentius sur l'éducation de leurs filles. « C'est là, dit-il, que le vieux solitaire de Bethléem prend au berceau les héritières des antiques matrones, choisit lui-même la nourrice et la servante qui portera l'enfant, règle ses jeux avec ses études. Il veut qu'on lui donne des lettres de buis ou d'ivoire, qu'elle assemblera en riant; que ses doigts, conduits par une main patiente, apprennent à promener le stylet sur les tablettes; que nulle amertume ne se mêle à l'habitude naissante du travail. Il permet que les fleurs et les jouets récompensent un psaume fidèlement récité, un fuseau rempli jusqu'au bout. Il aime que la joyeuse enfant interrompe la tâche pour se suspendre au cou de sa mère, pour se jeter dans les bras du vieil aïeul, « aimable et souriante pour tous les siens », et que la famille entière se réjouisse de la jeune rose qui fleurit sur sa tige. »

Ozanam fait ensuite remarquer qu'au moyen âge, où le culte de la Sainte Vierge exerça un si grand ascendant sur les mœurs, une de ses images les plus aimées était celle qui la représentait enfant, lisant dans le livre que sainte Anne tenait ouvert sur ses genoux; exemple qui recommandait aux chrétiens le travail d'esprit et popularisait l'étude dans les familles comme dans les cloîtres.

Comme on devait s'y attendre, Ozanam épuise toutes les formules de l'éloge en parlant du livre de *l'Éducation des filles*, par Fénelon, œuvre de sa jeunesse, « où l'on trouve déjà, dit-il, la sagesse du vieux Mentor, avec le manteau mythologique de moins, mais avec cette parole qu'on ne se lasse pas d'entendre, et qui coule comme le miel... » — « Il n'y a pas un pli, ajoute-t-il, de ces faibles cerveaux qu'il n'étudie pour y laisser des impressions salutaires, pas un coin du cœur qu'il ne visite, afin d'effacer les instincts dangereux. En composant ce petit écrit pour Mme la duchesse de Beauvilliers et ses enfants, le jeune prêtre ne pensait rendre qu'un service d'amitié. Il fixait pour toujours la tradition de l'éducation chrétienne. »

« Mistress Chapone, s'inspirant des mêmes principes, fait sortir, nous dit Ozanam, des vérités de la loi évangélique, ces habitudes sérieuses, ces règles de sévérité pour soi, de charité pour autrui, ces grandes pensées dans l'accomplissement des petits devoirs, qui ennoblissent la vie et qui la charment. Ce traité d'éducation, l'un des meilleurs qui puissent être mis entre les mains de la jeunesse, est un de ces chefs-d'œuvre qui se font sans qu'on y songe, et quand on ne croyait que remplir un devoir. »

Note **zz**, page 256. — Ce parfait accord ressort clairement de la correspondance d'Ozanam. On ne saurait lire, sans être vivement impressionné, la lettre dans laquelle il se montrait si reconnaissant de tout ce que faisait son entourage pour le soulager et le distraire :

« Si Notre-Seigneur me fait part de sa croix, il m'en donne, comme à Rome, une parcelle bien légère et encadrée dans un beau reliquaire, je veux dire dans des consolations et des adoucissements infinis. Vous savez quel ange de bonté habite mon logis et quel lutin l'égaie. J'ai ma tendre Amélie qui sait mêler à ses soins tant de grâce et d'agrément. J'ai ma petite Marie toujours joyeuse et qui commence à nous réjouir de son babil italien. »

Ozanam épanchait ses sentiments en vers comme en prose. Quelle douce mélancolie règne dans les derniers vers qu'il composa presque à la veille de son retour en France, assis sur le rocher de San Jacopo, le regard perdu tantôt dans le ciel, tantôt dans l'immensité de la mer, sous l'impression d'un de ces rayons d'espérance, hélas! trompeurs qui venaient parfois répandre un peu de joie autour de lui !

> Sur un écueil lointain notre nef échouée
> Attend le flot sauveur qui la ramène au port,
> Et la madone à qui la barque fut vouée
> Semble sourde à nos vœux, et l'enfant Jésus dort.
>
> Pourtant, voici douze ans, sous ce doux patronage
> Nous partions pleins d'espoir; des fleurs ornaient ton front,
> Et bientôt pour charmer, pour bénir le voyage,
> A la poupe s'assit un petit ange blond.
>
> Depuis ce temps, le ciel s'est noirci sur nos têtes;
> Les vents ont ballotté notre esquif nuit et jour;
> Mais nous n'avons pas vu si cruelles tempêtes,
> Climats si rigoureux où s'éteignît l'amour.

Non, non; je ne veux plus craindre sous votre garde,
Compagne de l'exil que Dieu me prépara.
Déjà d'un œil clément la Vierge nous regarde...
Tout à l'heure l'enfant Jésus s'éveillera,

Et, sa main nous poussant sur une mer calmée,
Sans peur et sans effort nous toucherons enfin
Au bord où nos amis, foule ardente et charmée,
Signalent notre voile et nous tendent la main.

Note *aaa*, page 265. — Les mots placés dans ce paragraphe entre guillemets ont été extraits avec intention de l'*Éloge de Vauvenargues*, que j'ai déjà mentionné : sous plus d'un rapport Frédéric Ozanam donne l'idée de ce qu'eût été un Vauvenargues disciple du Christ, au lieu d'être disciple de Voltaire ; il rappelle le moraliste du dix-huitième siècle, surtout par un attrayant mélange de douceur et de gravité, par une nature à la fois maladive et passionnée ; mais entre eux il y a une différence fondamentale : Ozanam eut l'inappréciable avantage d'être profondément pénétré des vérités de la foi et de prendre pour règle ses préceptes ; Vauvenargues, dont les bonnes tendances avaient été détournées de leur voie par l'incrédulité qui régnait à cette époque, fut malheureusement en proie au scepticisme, et termina sa courte existence dans les angoisses du doute.

Note *bbb*, page 266. — M. de Villemarqué, qu'avait uni à Ozanam une amitié de longue date, fit paraître en 1855, dans la *Revue contemporaine*, un très bon article sur *ses derniers écrits*. Dans cet article, il commence par citer, comme une sorte d'épigraphe qui convient merveilleusement à son sujet, ce qu'avait dit, deux ans auparavant, M. J.-J. Ampère dans le *Journal des Débats* : « Ozanam aura cette espèce de gloire, la plus désirable peut-être, parce qu'elle est la plus touchante, qui s'attache aux belles œuvres inachevées, qui est gracieuse comme une espérance et triste comme un regret. »

« Son nom, dit ensuite M. de Villemarqué, prendra place en effet au premier rang de cette aimable et mélancolique pléiade où figurent Béattie, Théodore Kœrner, Gilbert, André Chénier

et tant d'autres hommes de génie morts avant le temps. Avec
Gilbert, il ne s'est assis qu'un moment au banquet d'une vie
pleine des plus riantes promesses. Aussi bien que le poète André
Chénier, il eût pu se dire en se frappant le front : « J'avais
« pourtant quelque chose là. » Mais, surtout, comme l'héroïque
Kœrner, dont un coup de lance traversa le cœur et le poème, rou-
gissant du sang du soldat les pages du Tyrtée moderne, il est
tombé en combattant... Vivre, pour lui, c'était travailler, et travailler, c'était combattre. Chacun de ses écrits est un champ
clos où il défend une vérité, où il attaque une erreur, aussi
préoccupé du fond que de la forme, et poursuivant l'idéal de
l'un et de l'autre avec une patience, une ardeur et une ténacité
inouïes. »

M. de Villemarqué est amené à raconter une scène bien émou-
vante dont il avait été témoin à la Sorbonne : « Au semestre de
Pâques 1852, dit-il, une espèce d'émeute eut lieu à la Faculté des
lettres. Les étudiants, arrivés, selon leur coutume, pour assister
aux cours, et trouvant les portes fermées, se mirent à faire du
tapage. Tous s'écrièrent : « Les professeurs ne font plus leurs
« cours; cependant ils sont payés par l'État. »

« Ces cris parvinrent aux oreilles d'Ozanam, déjà gravement
malade. Il se leva, malgré les prières de ses amis, les larmes
de sa femme, la défense du médecin, qui le condamnait à garder
la chambre et le silence. « Je veux, dit-il, honorer ma profes-
« sion. » Il courut à la Sorbonne et monta dans sa chaire. En le
voyant paraître plus jaune, plus défait, plus exténué encore
qu'à l'ordinaire, portant sur son visage les signes d'un mal trop
réel, et, pour tout dire, presque semblable à un spectre, les étudiants, saisis de pitié et de remords, l'accueillirent par des applaudissements frénétiques. Ces applaudissements se renouvelèrent plusieurs fois pendant la leçon et se changèrent à la fin
en une ovation véritable, quand le jeune professeur, répondant
directement aux cris injurieux qui venaient de troubler son âme,
s'exprima ainsi d'une voix épuisée :

« Messieurs, on reproche à notre siècle d'être un siècle d'é-
« goïsme, et l'on dit les professeurs atteints de l'épidémie géné-

« rale. Cependant, c'est ici que nous altérons nos santés; c'est
« ici que nous usons nos forces; je ne m'en plains pas; notre
« vie vous appartient; nous vous la devons jusqu'au dernier
« souffle, et vous l'aurez. Quant à moi, si je meurs, ce sera à
« votre service. »

Un an après avoir prononcé ces nobles paroles, Ozanam était
enlevé par la maladie mortelle qu'il avait héroïquement aggravée
ce jour-là!

M. de Villemarqué avait reçu Ozanam dans son château de
Bretagne, pendant les vacances de l'année 1851. Il fait revivre, en terminant son article, un souvenir bien attendrissant
du séjour que ce cher ami y avait fait, s'y montrant plein de
gaieté, aimant à manifester cette gaieté dans des vers pareils
à ceux où il dépeint si plaisamment une lutte homérique entre
paysans bretons. « Nous lisions, dit-il, le poème où le barde
breton Liwar'hen pleure la mort de ses vingt-quatre fils tués
dans les combats. Nous étions arrivés à la strophe relative au
plus jeune, au plus aimé, qu'il tient mourant sur ses genoux, au pied d'un poirier, et où il dit : « Doucement chantait
« un oiseau, sur le poirier, au-dessus de la tête de mon fils,
« avant qu'on le couvrît de terre; il brisa le cœur du vieux
« barde! » Nous n'en lûmes pas davantage; les larmes nous gagnaient. Je ne puis relire ces vers sans songer à l'ami mourant, au chevet duquel chantait de même l'oiseau de la poésie;
mais sa voix joyeuse me brise aussi le cœur, et je ne puis ache-
ver. » On peut juger, à de tels accents, de l'affection que les
amis d'Ozanam avaient pour lui.

APPENDICE

L'IRLANDE

Ozanam aima l'Irlande comme un enfant de cette verte Erin
tant vantée par Thomas Moore, que son ardent patriotisme portait à voir en elle « la première fleur de la terre, la première
perle de l'Océan ». Il l'aimait plus peut-être à cause de ses souffrances qu'à cause de ses vertus. Il s'identifiait en quelque sorte
avec ceux dont ce poète divin a dit : « Tes fils, ô mon pays,
comme les petits du pélican du désert, boivent l'amour dans
chaque goutte de sang qui coule de ton cœur. » Il connaissait à
fond l'histoire de l'Irlande, et les cruelles épreuves qu'elle avait
eu à subir, lui inspiraient la plus vive compassion. Les cris de
détresse arrivés jusqu'à lui, à travers les mers et à travers les
siècles, n'avaient pas moins excité son indignation que sa douleur. Dans ses *Études germaniques*, il consacre à cette partie de
la race celtique si dévouée au catholicisme un chapitre plein
d'intérêt qui a pour titre *la Prédication des Irlandais;* il y re-
trace, à larges traits, la mission de saint Colomban et de saint
Patrice, ces deux grands apôtres de l'Irlande. Ce chapitre commence ainsi :

« Le peuple monastique des temps barbares, le peuple missionnaire et destiné à porter la lumière de la foi et de la science
dans les ténèbres croissantes de l'Occident, c'est le peuple irlandais, dont on connaît mieux les malheurs que les services, et
dont on n'a pas assez étudié l'étonnante vocation... Cette île vierge
où jamais un proconsul de Rome n'avait mis le pied, qui n'avait
connu ni les exactions de Rome ni ses orgies, était aussi le seul
lieu du monde où l'Évangile se fût implanté pour ainsi dire sans
résistance et sans effusion de sang. La première ardeur de la

foi qui partout ailleurs conduisait les premiers chrétiens au martyre, poussait les néophytes irlandais au monastère, et saint Patrice se félicitait déjà de voir les fils et les filles des chefs des clans se ranger sous la loi du cloître en si grand nombre que lui-même ne pouvait plus les compter... Ces hommes qui avaient cherché la paix dans la solitude, se sentaient pressés d'en sortir, de répandre ce feu de la science sacrée qui les brûlait, d'évangéliser les infidèles et les chrétiens dégénérés... Ils franchirent le détroit et se répandirent sur les rochers des Hébrides, sur les hautes terres de l'Écosse et dans le Northumberland ; ils passèrent en Neustrie et en Flandre, traversèrent le continent et pénétrèrent jusqu'au fond de l'Espagne et de l'Italie... Du dixième au onzième siècle, c'est-à-dire précisément quand toute science et toute piété menaçaient de s'éteindre, ces maîtres infatigables ne cessaient de sillonner l'Europe, ouvrant des écoles monastiques, enseignant dans celles qu'ils trouvaient ouvertes... Sous leur conduite, nous verrons la conquête chrétienne passer le Rhin et s'étendre dans l'Allemagne et la Bavière. »

Dans un autre chapitre, Ozanam fait très bien ressortir le génie pratique, artistique et littéraire de la race irlandaise, qu'il nous montre non moins passionnée pour la culture des lettres que pour la propagation de sa foi religieuse : « La légende de saint Patrice, dit-il, rapporte qu'après trente ans de prédication, ayant désiré voir le fruit de ses travaux, il fut ravi en esprit, et se crut transporté au sommet d'une montagne d'où l'Irlande lui apparut toute en feu. Ce feu qu'il avait allumé, était celui de la science autant que de la foi... Ce peuple de pâtres, resté pendant tant de siècles hors du commerce intellectuel du monde, veut savoir tout ce qu'il a ignoré. Il se jette avec emportement dans toutes les études qui commencent à devenir trop vastes pour les sociétés dégénérées du continent. Les livres se multiplient : comme les rois ont leurs bardes et leurs généalogistes, chaque monastère a ses scribes qui propagent les textes sacrés et profanes. Un respect religieux s'attachait à l'humble travail des copistes. On montre à Kildare un livre enrichi de peintures, et la tradition voulait qu'un ange fût venu chaque nuit conduire la main

de l'écrivain... Quand les Anglais descendirent pour la première
fois, au onzième siècle, sur cette terre où ils devaient porter l'es-
clavage, leurs archers s'arrêtaient ravis aux accords que les
chanteurs du pays tiraient de leurs instruments. On admirait les
combinaisons savantes de leur jeu et la rapidité avec laquelle
leur main promenée sur les cordes en faisait jaillir des torrents
d'harmonie.

« C'est le mérite des Irlandais d'avoir su populariser l'antiquité,
d'avoir, pour ainsi dire, entrelacé le rameau d'or d'Homère dans
la couronne légendaire de leurs saints. La poésie des Irlandais
s'inspire de tous les souvenirs, et leurs moines, si passionnés pour
les lettres classiques, ne peuvent se détacher des chants de leurs
bardes parmi lesquels saint Patrice trouvera deux de ses plus
fidèles disciples... Les Irlandais, poussés par la vocation toute-
puissante qui les arrachait de leurs cellules pour les jeter sur les
côtes de Flandre, dans les déserts du Jura, et jusqu'au-delà des
Alpes, y portèrent les lettres avec l'Évangile. Saint Colomban,
ce prêtre si austère, retrouvait la grâce, l'enjouement et toute la
mythologie des poètes profanes pour adresser de petits vers à
un ami. Les trois grandes abbayes qui marquèrent le chemin de
son apostolat, Luxeuil, Bobbio et Saint-Gall, donnèrent à la
science irlandaise autant de chaires d'où elle se répandit chez
les peuples voisins... Le cloître de Luxeuil fut une pépinière de
grands évêques... Bobbio devint le flambeau de l'Italie septen-
trionale... Mais rien ne devait égaler la gloire littéraire de Saint-
Gall... Les Irlandais, comme parle un contemporain, ne ces-
sèrent de peupler ce nid d'aigles que leur intrépide compatriote,
saint Colomban leur avait fait dans la montagne... L'Irlande
avait porté à Saint-Gall qui conserva la tradition du culte de la
musique, sa harpe, emblème de son génie, que cette nation opprimée garde encore dans l'écusson de ses armes, symbole de la
parole chrétienne qui doit finir par vaincre les barbares de tous
les siècles, mais en les charmant. »

Un si brillant passé suffirait pour justifier la vive sympathie
de Frédéric Ozanam à l'égard de l'Irlande ; mais ce qui la
justifie encore plus, c'est la fermeté que cette île, où la foi s'était

établie sans effusion de sang, a déployée dans les luttes qu'elle
eut à soutenir pour la conserver : il fallait qu'elle payât un si
grand bienfait au prix d'odieuses persécutions héroïquement
supportées. Certes l'Angleterre est une des plus puissantes nations du globe, et, sous bien des rapports, les qualités qui la
distinguent et l'honorent, sont dignes d'exciter l'envie du reste
de l'univers ; mais il lui a manqué une chose essentielle pour
s'élever jusqu'à la véritable grandeur : cette chose essentielle,
c'est le sentiment de la justice. Elle a poussé si loin l'iniquité
envers l'Irlande qu'elle a mérité d'être mise au ban de l'humanité par tous les cœurs généreux. Une si dure et si longue
oppression a sans contredit mêlé d'ombres l'auréole lumineuse
qui brillait au front de la reine Victoria pendant la célébration
de son jubilé. Au milieu des acclamations d'un peuple heureux
et fier de sa prospérité, les malédictions de l'île-sœur ont sin-
gulièrement diminué, pour quiconque ne s'arrête pas à la surface, le prestige du beau spectacle qu'ont donné au monde ces
fêtes nationales.

Depuis la conquête de cette malheureuse contrée par Henri II,
un joug de fer a constamment pesé sur elle. La meilleure partie
du sol enlevée aux anciens propriétaires pour devenir la proie
des vainqueurs, le commerce et l'industrie anéantis au profit des
Anglais qui voulurent se délivrer par tous les moyens d'une
concurrence redoutable, tels furent, dès le début, les funestes
résultats de la victoire des conquérants, et, pendant sept siècles,
le mal n'a fait que s'accroître de jour en jour. Comme l'a dit
Mgr Perraud, évêque d'Autun, dans son ouvrage sur l'Irlande,
« une politique sans précédents, dans les annales de la chrétienté, a réuni, dans une même haine et une même injustice, les
Plantagenets et les Lancastres, les Tudors et les Stuarts, les
républicains de Cromwell et les orangistes de Guillaume, toutes
les dynasties et tous les partis ; l'Irlande n'était pas seulement
un pays *conquis*, mais un pays *confisqué*, et le caractère propre
de la domination anglaise en Irlande a moins été la suppression
d'une nation indépendante que la violation audacieuse et générale du droit de propriété. »

C'est surtout à partir du siècle de la Réforme que la tyrannie
sous laquelle elle a gémi, a pris les plus effrayantes proportions.
Du moment où Henri VIII eut proclamé sa suprématie religieuse, ses sujets catholiques furent réputés rebelles et traités
comme tels. Un écrivain résume ainsi la triste situation où se
trouva l'Irlande : « Derrière le soldat marche le spéculateur,
qui traîne à sa suite le légiste; à une ère de massacres succède
une ère de chicanes; les magistrats amovibles d'Irlande firent
si bien, par les arrêts qu'ils rendirent, sous l'impulsion du pouvoir, que, vers le milieu du dix-septième siècle, un tiers de la
propriété foncière était déjà passé entre des mains anglaises et
protestantes. »

Cette œuvre de spoliation, commencée par la violence, pour-
suivie à l'aide de manœuvres savamment combinées, a été continuée sans relâche. L'illustre Burke a qualifié de monstrueux
l'échafaudage de lois pénales qui, dès les premières années du
dix-huitième siècle, écrasait l'Irlande sous son poids : « Ce système de despotisme légal, dit-il, est une machine d'une adresse
rare et d'un travail achevé, aussi bonne pour l'oppression, l'ap-
pauvrissement du peuple et l'avilissement en sa personne de la
nature humaine que tout ce qui a jamais été produit par la perversité de l'homme. »

Jetons un coup d'œil rapide sur cette législation draconienne,
et l'on verra si les terribles accusations de Burke contre le gouvernement de son pays étaient fondées. J'emprunte la plupart des
détails qui suivent à l'écrivain que j'ai déjà cité; après les avoir
contrôlés, en consultant des documents d'origine anglaise, je peux
en affirmer l'exactitude. Non seulement il était interdit aux catholiques de siéger dans le Parlement d'Irlande ; non seulement
ils étaient privés du droit de suffrage, chassés des corporations,
de la magistrature, du barreau, du jury, de la marine, de l'armée ; mais encore un maire, un shérif pouvaient ordonner une
réquisition, pénétrer à toute heure dans la maison d'un catholique
et la bouleverser. Y trouvait-on une arme quelconque ou de la
poudre, on lui infligeait sans rémission l'amende, le fouet, le pi-
lori... Un catholique n'avait pas la permission de posséder un che-

val qui valait plus de cinq livres, et sa monture était au protestant qui en offrait ce prix... Un catholique ne pouvait acheter de la terre ou la recevoir, soit par héritage, soit par donation. Tenancier, il n'avait pas le droit de contracter un bail dont la durée dépassât trente et un ans, dont le bénéfice excédât le tiers de sa redevance. En cas de contravention, la terre ou la ferme passait au dénonciateur... La loi poursuivait le catholique jusque dans son foyer, offrant une prime à l'épouse adultère, au fils dénaturé. Il suffisait à la femme d'un catholique de se dire protestante pour obtenir une partie de son bien. Il suffisait au fils aîné d'un catholique de se dire protestant pour être l'héritier de toute sa fortune et pour jouir immédiatement d'une forte portion du revenu... Un catholique laissait-il des enfants mineurs, il avait, en mourant, le tourment inexprimable de savoir que leur tutelle appartiendrait à des protestants dont le devoir serait de les faire élever dans la religion des oppresseurs..... « En un mot, le catholique irlandais n'existait plus devant la loi ; elle ne le connaissait que pour le punir. »

Les évêques catholiques, les vicaires généraux, les hauts dignitaires de toute sorte, les moines de tout ordre étaient proscrits. Défense sous les peines les plus sévères de leur donner asile. Ils étaient eux-mêmes passibles de la prison et du bannissement. Rentraient-ils dans le royaume, leur cas était assimilé à un cas de haute trahison. Ils devaient en conséquence être pendus, leurs membres coupés en quartiers. Quant aux prêtres des paroisses, on leur permettait de vivre à la condition de prêter un serment en contradiction avec leur foi. Ils étaient inscrits comme des prostituées, soumis à la surveillance comme des forçats libérés... Ils ne pouvaient s'éloigner sans autorisation dans un rayon de plus de cinq milles. Il n'y avait plus d'évêques pour en ordonner de nouveaux, et on calculait que, dans quarante ou cinquante ans, l'Irlande serait, pour parler le langage du monde officiel, entièrement purgée du papisme. L'imagination du législateur se mit en frais pour trouver des châtiments inédits contre les prêtres insermentés. La Chambre des communes voulait les marquer d'un fer rouge à la joue ; le cabinet anglais ayant repoussé la motion, ce couronnement manqua aux lois pénales... Les lois contre les prêtres tombèrent promptement en désuétude; mais celles qui touchaient à la propriété et aux fermages furent rigoureusement appliquées jusqu'au jour de leur abrogation... L'émancipation de 1829 sembla un moment ouvrir une ère nouvelle pour l'Irlande; mais, si ses plaintes ne purent plus être étouffées, une mesure aussi restreinte ne suffisait pas pour mettre un terme à ses souffrances ; car elle laissait exister les abus les plus invétérés; la situation générale du pays n'était pas sensiblement modifiée; elle ne s'est guère améliorée depuis cette époque, les conséquences naturelles des fautes passées s'étant développées de plus en plus.

Le clergé anglican, qui ne représente que le onzième de la population, nage toujours dans l'or et jouit de privilèges exorbitants (1). Il faut aux prélats irlandais du culte protestant un yacht pour transporter leurs chevaux et leurs carrosses de Holyhead à Dublin. Ils mènent une vie de grands seigneurs, occupés de chasse, de courses, de distractions mondaines de tout genre. La plupart habitent Londres et ne paraissent que de loin en loin dans leurs résidences épiscopales ; ils pratiquent, eux aussi, cet *absentéisme* qui a nécessairement pour effet d'épuiser un pays auquel les *landlords* ne rendent jamais rien de ce qu'ils en tirent, en dépensant tout au dehors. Les simples recteurs cumulent sept ou huit paroisses ; ils en perçoivent les bénéfices et envoient un suppléant famélique garder les âmes à leur place. Parfois même on s'affranchit de ce soin, et le temple reste clos. En revanche, le paysan voit paraître à des dates fixes le percepteur chargé de recouvrer les redevances qui constituent la richesse du clergé anglican, le *proctor*, sinistre oiseau de proie qui prend la dîme du blé, la dîme des pommes de terre, et impose jusqu'à la fange des tourbières dont l'Irlandais se sert pour faire un peu de feu dans son réduit glacé. Ajoutez à cela que le paysan catholique, tombé, sous le coup des maux si divers qui l'accablent, dans les der-

---

(1) L'Anglais Macaulay, quoique protestant, déclare que de toutes les institutions qui existent dans le monde civilisé, l'Église établie d'Irlande est la plus absurde, que nulle part l'Église d'une petite minorité n'est aussi privilégiée.

nières profondeurs de la misère, a de plus à payer le tribut volontaire destiné à assurer l'existence de son propre clergé, condamné comme lui à la plus dure pauvreté, et il ne recule devant aucune privation pour remplir ce devoir pieux... Le peuple irlandais est sans contredit le plus mal nourri, le plus mal vêtu, le plus mal logé qu'il y ait en Europe. La pomme de terre est sa seule nourriture; jamais de pain, jamais de viande; de l'eau pour seule boisson ou par malheur du *whiskey*, si le paysan a quelque monnaie pour entrer au cabaret. L'habitation du villageois est partout une hutte de boue ou de paille couverte de jonc et de roseaux, sans fenêtre, sans cheminée, dépourvue de meubles et d'instruments de ménage ; tous, père, mère, enfants sont couverts de haillons. Heureux encore celui contre qui son propriétaire n'exerce pas ce droit d'*éviction* qui consiste à le jeter, lui et les siens, hors de cette misérable hutte où sont entassés pêle-mêle dans un étroit espace filles et garçons, mais à laquelle il est attaché comme à son dernier refuge...

Dans un discours prononcé en 1861, à l'occasion d'une quête qui avait pour but de secourir les Irlandais, Mgr Dupanloup raconte un cas d'*éviction* bien émouvant : « Par une pluie torrentielle, dit-il, dans les montagnes sauvages de Partres, soixanteneuf personnes étaient jetées sur la grande route, en plein hiver. Il y avait, parmi ces malheureux, un vieillard de quatre-vingts ans et une femme de soixante-quatorze ans. Le vieux couple était dans la désolation. « Ah ! s'écriait la pauvre femme, me « voilà à soixante-quatorze ans, sans un abri au monde, moi qui « ai souvent abrité les misérables ! Qu'ai-je fait pour mériter tout « ceci? » Le vieillard, écoutez cette parole et voyez ce qu'il y a de foi magnanime dans le cœur de ces pauvres Irlandais, le vieillard lui répondit : « Tais-toi, ma chère, la passion et la mort de « Jésus-Christ étaient pires que tout ce que nous avons à souffrir. » Il y a quelque chose de sublime dans une telle résignation.

Quand la récolte de pommes de terre vient à faire défaut, le pays est en proie à une épouvantable famine. La plus cruelle a sévi en 1846 ; tant par la famine que par l'émigration, l'Irlande a perdu en moins de dix ans 3 millions de ses enfants. « Quand les habitants d'un pays le quittent en masse, a dit John Stuart Mill, parce qu'ils ne peuvent y vivre, le gouvernement n'est-il pas jugé? » D'indignes calculs ont décidé l'Angleterre à favoriser cette émigration. Elle comprend maintenant qu'elle a fait fausse route en cherchant à rétablir l'équilibre par l'exil ; car cet exode de tout un peuple doté par la Providence d'un climat doux, d'un sol fertile qui, dans des conditions normales, eût pu aisément nourrir plus de huit millions d'hommes, s'est retourné contre elle. La race irlandaise tient aujourd'hui une place considérable dans l'Union américaine, et on ne saurait être surpris qu'il lui reste une haine persistante à l'égard de la race anglaise qui l'a forcée à s'expatrier. C'est de là que sont parties les excitations des Fenians, et, si quelques Irlandais se sont écartés de la voie qu'avait tracée à ses concitoyens O'Connell, d'immortelle mémoire, s'ils ont eu recours au crime, qui, dans aucun cas, ne peut être excusable, l'impulsion leur est venue de l'autre côté de l'Atlantique. L'Angleterre est punie par où elle a péché. Qui oserait nier qu'elle est réellement responsable des excès que le désespoir et la vengeance ont fait commettre aux Irlandais ?

Un homme d'État s'est rencontré, qui a conçu la pensée de réhabiliter son pays, en rendant justice à l'île-sœur, en l'appelant à se gouverner elle-même pour lui permettre de remédier sérieusement au mal par une législation appropriée à son état particulier, sans rompre le lien qui l'unit à l'empire britannique. Hélas! jusqu'à présent la majorité du peuple anglais ne l'a pas suivi ; mais chaque jour l'opinion, soutenue si énergiquement par M. Gladstone, fait de nouveaux progrès, et l'heure de la réparation ne tardera pas à sonner pour l'Irlande. J'espère que, malgré son âge avancé, ce grand Anglais ne mourra pas sans avoir obtenu la noble satisfaction qu'il ambitionne. « L'Irlande, dit M. Auguste Filon dans la *Revue des Deux-Mondes*, a touché de trop près à son indépendance pour y renoncer sans lutte. Du domaine des chimères dont on sourit, l'autonomie irlandaise passe au rang des problèmes qu'il faut résoudre. L'Angleterre qui a essayé en Irlande tous les systèmes, excepté la justice, n'a réussi, dans sa longue domination, ni à se faire aimer, ni à se faire obéir. » Il est temps qu'elle se résigne à lui accorder ce qu'elle ne saurait désormais lui refuser, sans s'exposer aux plus grands dangers et sans mettre le comble à sa honte.

Des esprits élevés ont entrevu pour l'Irlande un magnifique avenir, un avenir vraiment réparateur. A la fin d'un article sur l'Université d'Oxford qui ne lui paraissait pas dans une position assez centrale pour une école d'Église, assez rapprochée de la grande route des mers, le docteur Newmann s'écrie comme s'il faisait le récit d'un rêve merveilleux : « Je contemple un peuple qui a eu une longue nuit et ne pourra manquer d'avoir son jour ! Je jette les yeux au-delà d'une centaine d'années, et je vois obscurément l'île que je contemple devenir le chemin de passage, le point d'union entre deux hémisphères, et le centre du monde. Je vois ses habitants rivaliser avec la Belgique en nombre, avec la France en vigueur, avec l'Espagne en enthousiasme, et je vois l'Angleterre usant enfin envers ce pays de ce bon sens qu'elle sait montrer dans ses relations avec tous les autres. La capitale de cette terre heureuse et prospère est située au fond d'une belle baie et auprès d'une région pittoresque ; j'y vois une florissante université où des élèves se rendent en foule comme vers un sol sacré, venant de toutes les contrées de l'univers avec la facilité et la rapidité d'une locomotion non encore découverte, tous parlant la même langue, tous possédant une même foi, tous désirant une grande et vraie sagesse, et de là, quand leur séjour est terminé, s'en retournant pour porter la paix aux hommes de bonne volonté par toute la terre. »

Puisse ce rêve se réaliser ! Ce serait la juste récompense de l'héroïsme de l'Irlande. Elle a souffert pour sa foi tout ce qu'il est possible de souffrir ; elle a été vraiment un miracle nouveau dans l'histoire du martyre. « Un peuple tout entier, vivant dans un martyre continu, se transmettant l'héritage de la foi dans un supplice héréditaire aussi, voilà ce qui ne s'était jamais vu, dit le Père Lacordaire dans son oraison funèbre d'O'Connell. Ni la guerre, ni la spoliation, ni la famine ne sont parvenues à la lui faire abjurer. La loi disait : « Vous n'êtes rien, apostasiez, et « vous serez quelque chose ; vous êtes esclaves, apostasiez, et vous

« serez libres ; vous mourez de faim, apostasiez, et vous serez
« riches. » Quelle tentation ! Ce peuple cher et sacré a eu la gloire
d'y résister. »

C'était là ce qu'Ozanam admirait par-dessus tout, et son
admiration n'avait d'égale que la pitié qui faisait battre son
cœur, quand il se rappelait tout ce que l'Irlande avait si longtemps enduré pour rester fidèle à sa religion. Il donna une
preuve touchante de cette pitié, dans un voyage qu'il fit à
Londres en 1851, avec M. J.-J. Ampère, sous prétexte de visiter
la brillante exposition du Palais de cristal. Il reprochait sans
cesse à son compagnon, qui s'extasiait devant les témoignages de
la puissance et de la richesse de l'Angleterre, de trop oublier
l'Irlande. Quant à lui, il ne songeait qu'aux plaies toujours sai-
gnantes de cette île infortunée, que tout ce grand appareil ne
pouvait cacher à ses yeux ; il consacrait presque tout son temps
à aller porter des secours et des consolations aux pauvres Irlandais. Il ne craignait pas de descendre dans les caves humides
où ils étaient comme relégués, sans air et sans lumière, au
milieu du dénuement le plus complet. C'était dans ces affreux
taudis qu'étaient *exposées* en quelque sorte les misères de l'Irlande, et cette navrante exposition qui contrastait tant avec
celle du Palais de cristal, ne faisait pas assurément honneur à
l'Angleterre. Ozanam n'en sortait jamais sans éprouver un
surcroît d'indignation d'une part et de compassion de l'autre.
Ces malheureux apprenaient de lui à aimer encore plus la
France, qu'il représentait pour eux sous les traits divins de la
charité, et, comblé de leurs bénédictions, il n'avait pas à regretter
de s'être laissé attirer par l'extrême indigence, là où l'extrême
opulence étalait à côté d'elle ses plus riches trésors.

Tous les Français devraient partager les sentiments dont
Frédéric Ozanam était animé envers l'Irlande ; car cette nation,
aussi brave, aussi intrépide sur le champ de bataille qu'elle est
ferme dans sa foi, a souvent versé son sang pour la France ; de
1691 à 1745, plus de quatre cent mille soldats irlandais sont
morts à son service. A Fontenoy, la brigade irlandaise fit des
prodiges de valeur et contribua largement à la victoire. Témoin

de ses exploits, Georges III ne put s'empêcher d'exprimer un tardif et stérile repentir en s'écriant: « Maudites soient les lois qui m'ont privé de pareils soldats. » Au dix-huitième siècle, quand les plus saintes lois de l'humanité étaient journellement violées par le gouvernement anglais, la coupable indifférence de presque toute l'Europe parut encourager la tyrannie ; aucun de nos philosophes ne fit entendre la moindre protestation ; aucune voix ne s'éleva parmi eux pour défendre les intérêts de la pauvre opprimée et flétrir la conduite des oppresseurs ; ils trempèrent tous dans cette conspiration du silence. Les philosophes de ce siècle incrédule ne pardonnaient pas à l'Irlande son dévouement au catholicisme ; voilà pourquoi ils restèrent sourds à ses gémissements ; elle fut victime de leurs préjugés haineux ; c'était pour elle une autre manière de subir le martyre.

La génération actuelle ne saurait suivre le déplorable exemple qui lui a été donné. La France entière doit aujourd'hui s'associer du fond de l'âme au parti qui, en Angleterre, a pour devise la régénération de l'Irlande ; nous devons tous souhaiter vivement son triomphe. L'éloquent discours de l'évêque d'Orléans, dont j'ai déjà parlé, renferme une réflexion qui est de nature à frapper tous les esprits sérieux : « Si, dit-il, en s'adressant au gouvernement anglais, les calamités qui déciment chaque jour l'Irlande, et jettent par centaines de mille ses enfants hors de son sein, s'étaient produites, non pas depuis trois siècles, mais un seul jour dans les États du Pape, si l'on pouvait y signaler seulement quelques-unes des iniquités révoltantes qui pèsent sur cette terre catholique, soumise à votre empire, quelles accusations ne pousseriez-vous pas jusqu'aux cieux dans votre parlement et dans vos journaux ! »

Je trouve, dans ce même discours, cette belle apostrophe à l'Irlande, que je voudrais voir gravée en quelque sorte dans tous les cœurs : « O chère Irlande, noble terre catholique, vieille contrée de saints, terre féconde en vertus et en douleurs, patrie de la foi, de l'honneur, du courage, je suis heureux de te le dire, le monde te regarde avec respect et avec amour... Je ne puis, hélas ! rien pour toi ; mais ton nom fait palpiter mon âme d'une indicible émotion, tu m'es chère presque autant qu'une patrie..... Déjà, à l'horizon lointain, je crois apercevoir des signes qui annoncent des temps meilleurs et prophétisent ta délivrance. » — Ce cri d'espérance, mêlé à ces accents d'amour, a réveillé en moi le souvenir de ce qu'Ozanam m'a dit cent fois en me parlant de l'Irlande, avec moins d'éloquence sans doute (de simples entretiens n'en comportaient pas autant), mais avec non moins de chaleur et de conviction. Quand ces temps meilleurs seront arrivés, mon saint ami ne sera pas le dernier à s'en réjouir dans le ciel ; car nul n'a mis plus d'ardeur à les appeler de tous ses vœux.

TABLE DES MATIÈRES

CHAPITRE III.

CHAPITRE IV.

www.ingramcontent.com/pod-product-compliance
Lightning Source LLC
LaVergne TN
LVHW021229170726
843501LV00003B/716